AF153104

KiW
PAPERBA
1002

Verlag Kiepenheuer & Witsch GmbH & Co. KG,
Bahnhofsvorplatz 1, 50667 Köln

Kontaktadresse nach EU-Produktsicherheitsverordnung:
produktsicherheit@kiwi-verlag.de

Der Mann, der beim »Spiegel« Joachim Lottmann war, hat mittels seiner speziellen Reportagetechnik, die niemals an schnöden Fakten klebt, Deutschland inspiziert. Seine literarischen Reportagen über dieses Land sind allesamt Sternstunden der etwas anderen Wahrheitsfindung.

Joachim Lottmann, den manche Germanisten für den Erfinder der deutschen Popliteratur halten, hat als Jugend- und Zombie-Forscher im neuen Jahrtausend schon mehrere Bücher vollgeschrieben. In den letzten Jahren ist der ehemalige Pop-Autor aber vor allem als Reporter durch die Medienrepublik gepilgert. Er war dabei immer getarnt: mal als Faktenjournalist, mal als heißlaufender Wallraff-Epigone und »Graf Lottmann« beim Adelstreffen in Karlsbad (dem größten Heiratsmarkt Europas). Er war der Alfred Kerr im Merkelland, gab den Frauenversteher und höflichen Paparazzo, bei dessen Frontberichten »Dichtung und Wahrheit nicht immer sorgfältig getrennt werden können«, wie ein gewiefter »taz«-Redakteur korrekt bemerkte. Auf seiner Reise ans Ende des Kulturbetriebs traf er sie alle: Kerstin Grether und Bob Geldof, Tokio Hotel und Kathrin Passig, Maxim Biller, die Strokes und Phillip Boa. Als Ethnologe bereiste er Dortmund, Berlin Mitte, die hessische Stadt Schlitz und die karibische Insel Kuba.

Die sozialen, ästhetischen und politischen Wahrheiten, die Joachim Lottmann dabei der Wirklichkeit abgerungen hat, ergeben nicht weniger als eine subjektive Sittengeschichte der Gegenwart.

Joachim Lottmann wurde am 6. 12. 1959 in Hamburg-Hochkamp geboren, Kindheit in Belgisch-Kongo, Studium der Theatergeschichte (bei Diedrich Diederichsen) und Literaturwissenschaft (mit Maxim Biller und Ingeborg Harms) in Hamburg. 1986 Übersiedlung nach Köln, Romanerstling »Mai, Juni, Juli«. Freundschaft mit Martin Kippenberger, der nach »Die Frauen, die Kunst und der Staat« mit dem Autor bricht und dafür sorgt, daß er in Ungnade fällt. 13 Jahre schlägt sich Lottmann als Taxifahrer und als Leibwächter von Rainer Langhans durch, bis ihn der Literaturchef der »*FAS*« wiederentdeckt.

2004 sensationelles Comeback mit »Die Jugend von heute«. In

»ZOMBIE NATION« (2006) attackiert Lottmann die kulturelle Hegemonie einer bestimmten Generation und fällt erneut in Ungnade. Er lebt in Berlin Mitte und Tel Aviv, das er immer häufiger aufsucht, um »der Kultur von Neil Young bis Madonna, angereichert durch ein bisschen Hiphop«, zu entkommen.

WEITERE TITEL BEI KIEPENHEUER & WITSCH:
»Mai, Juni, Juli«, Roman, KiWi 767, 2003. »Die Jugend von heute«, Roman, KiWi 843, 2004. »ZOMBIE NATION«, Roman, KiWi 930, 2006.

JOACHIM LOTTMANN
AUF DER BORDERLINE NACHTS
UM HALB EINS. MEIN LEBEN ALS
DEUTSCHLANDREPORTER

KIEPENHEUER & WITSCH

© 2007 by Verlag Kiepenheuer & Witsch
Alle Rechte vorbehalten. Kein Teil des Werkes darf in irgend-
einer Form (durch Fotografie, Mikrofilm oder ein anderes
Verfahren) ohne schriftliche Genehmigung des Verlages
reproduziert oder unter Verwendung elektronischer Systeme
verarbeitet, vervielfältigt oder verbreitet werden.
Umschlaggestaltung: Maiko Gubler, realisiert mit
Scriptographer.com
Fotovorlage: © Hertha Hanaus
Gesetzt aus der Aldus und der The Sans Mono
Satz: Pinkuin Satz und Datentechnik, Berlin
Printed in Germany
ISBN: 978-3-462-03937-5

INHALT

Für Hans-Hermannn Tiedje

Dieses Kompendium des Popjournalismus ist mehr als ein Buch. So wie jeder, der »Mai, Juni, Juli«, »Die Jugend von heute« und »ZOMBIE NATION« gelesen hat, alles über Popliteratur weiß (und nie mehr etwas darüber lesen oder sagen muß), kann jeder deutsche Student für wenig Geld dieses »Borderline«-Taschenbuch erwerben und sich diesen historischen Ableger des englischsprachigen NEW JOURNALISM aneignen. Er kann es neben die »20 Jahre TEMPO«-Jubiläumsausgabe stellen, neben die neuen Hefte von Vanity Fair oder den Best-of-Band von Hunter S. Thompson. Er ist dann klüger.

Klüger als die, die heute noch schreiben. Vor allem kann er dann selber Artikel verfassen, wenn das Bafög mal knapp wird. Es ist nämlich ganz einfach, wie ich gesehen habe.

Bekanntlich bin ich selbst erst im hohen Alter Deutschlandreporter geworden. Ich schloß erst mit der Popliteratur ab, nach 32 Romanen für die Schublade, an meinem 45. Geburtstag am 14. April 2003, während einer tumultuarischen Veranstaltung im »Kurvenstar« am Hackeschen Markt in Berlin Mitte. Und danach erst wurde ich Journalist.

Die Veranstaltung hieß »Nie wieder 44, nie wieder Popautor« und zog die Medien an, das muß man wirklich sagen. Zwei Dinge hatte es vorher nicht gegeben: Daß Reporter sich für mich interessierten, und daß ich meine Geschichten »Popliteratur« nannte. Popliteratur war ein Schimpfwort und ist es noch. Aber man zieht damit Leute.

Und ebenso ist es mit dem Wort Borderline-Journalismus. Niemand, nicht einmal Tom Kummer, würde es wagen, dieses Schimpfwort auf seine eigenen Texte zu beziehen. Es ist, als würde eine attraktive Fernsehmoderatorin, zum Beispiel Brigitte Slomka, topless die Ansagen sprechen. Der Ruf wäre ruiniert, aber alle würden die Sendung anschalten. Deshalb weiß ich mit Sicherheit, daß mich dieses Buch reich machen wird, wie auch schon die Romane, seitdem sie unter der falschen Flagge der Popliteratur segeln. Natürlich wird keine Zeitung mehr einen Beitrag von mir drucken. So wie kein seriöses Feuilleton mehr meine Romane bespricht. Aber ich bin auch schon längst im Internet. Ich bin, während Sie diese Zeilen lesen, Blogger geworden.

Die Frage, die dieses Vorwort zu behandeln hat, ist die der Genese. Wie wurde ich Deutschlandreporter und warum?

Nun, es lag ein bißchen an besagter Veranstaltung, und ein bißchen an Stuckrad-Barre. Er war in der letzten langen Nacht der Popliteratur nicht erschienen, und ich hatte ihn von der Bühne im ›Kurvenstar‹ aus herzlich gegrüßt. Die Reaktion des Publikums, fast alles Medienvertreter, war seltsam gewesen. Sie alle lachten! Und zwar häßlich und höhnisch und schadenfroh. Sie verstanden mich also völlig falsch. Ich hörte, wie sie »Ha ha ha, genau! Richtig so, gib's ihm!« und dergleichen riefen.

Nun überlegte ich. War Benjamin von Stuckrad-Barre nicht der einzige, der immer getan hatte, was ich forderte? Und warum tat ich es dann nicht selbst? Wichtig war zunächst, daß ich den Eindruck geraderückte, der entstanden war. Ich schrieb meinerseits einen Artikel für die Zeitung, den ich ›Mein Leben mit Stuckrad-Barre‹ nannte.

Es war mein erster Artikel als Nicht-»Popautor« für eine Zeitung, und er war gar nicht einmal so schlecht geworden. Ich bemerkte, daß vor allem im ersten Teil ein Ton angeschlagen war, den es in den deutschen Zeitungen bis dahin nicht gab. Über mehrere Seiten beschrieb ich so redundant wie eindringlich die Mode des Stuckrad-Dissens auf Avantgarde-Partys. Erst durch die Wiederholung entstand dieses Gefühl, wie bohrend schmerzhaft und gnadenlos die Ablehnung war, die der junge Mann über Jahre hatte aushalten müssen. Es war also mehr als nur ein nachrichtlicher Text; er enthielt literarische Elemente. Das fehlte bisher, und diese Lücke wollte ich mit weiteren Texten ausfüllen.

Ich heuerte, als Journalist getarnt, beim SPIEGEL an, unterschrieb einen Einjahres-Vertrag und nahm Deutschland ins Visier. Eine meiner ersten Stationen war jedoch ein Adelstreffen in Karlsbad. Ich sollte als Quasi-Günter-Wallraff die Sitten und Gebräuche des europäischen Hochadels für das Hamburger Nachrichtenmagazin auskundschaften. Ich blieb 72 Stunden in dem Kurort und schrieb anschließend in einem kleinen Redaktionszimmer in der Brandstwiete darüber.

Dabei merkte ich, daß diese Geschichte, anders als die davor über Stuckrad, von mir unbewußt vorzensiert wurde. Bei ›Stuckrad‹ hatte ich noch nicht gewußt, für welche Zeitung ich schrieb. Jetzt wußte ich es. Und ich schrieb irgendwie Spiegel-like. Die Sätze wurden kürzer, Nebensätze kamen gar nicht mehr vor, alles ratterte im Subjekt-Prädikat-Objekt-Stil daher. Das war anders, aber war es schlecht? War es vielleicht sogar besser?

Mir war es unheimlich, und ich wollte sehen, ob dieser Stil wieder wegging, indem ich auch für die Frankfurter Allgemeine und die Süddeutsche schrieb. Am Ende schrieb ich neben den genannten auch noch für die linke ›taz‹, die linksradikale ›jungle world‹, die rechte ›Welt am Sonntag‹ und viele andere Zeitungen. Nebenher schrieb ich für den ersten Blog, der sich »Wir höflichen Paparazzi« nannte, und heute für einen Blog, der tatsächlich so heißt wie dieses Buch. Ich sagte es schon. Das Internet ist ein pubertäres Medium, und auch meine Texte wurden erst mal unreif, hemmungslos und bis zur Peinlichkeit pubertär. Wenn man alles darf, wenn kein Lektor, kein Ressortleiter, kein Schlußredakteur mehr aufpaßt, schreibt man wie ein mit Alcopops besoffener 15jähriger, dessen Eltern zum ersten Mal weg sind. Ich bitte das zu entschuldigen. Meine SPIEGEL-Texte, etwa als »Graf Lottmann«, verhalten sich zu den Blog-Texten, etwa in »Frauen in Freiheit«, wie eine Bach-Fuge zum Gitarren-Gewichse eines zugedröhnten Jimi Hendrix. Interessant für den Germanisten, bis auf die männlich-chauvinistischen Redundanzen. Die sind selbst mir heute zuwider.

Alles in allem waren es meine Jahre als Deutschlandreporter. Deren Ergebnis ist hier versammelt. Ich werde es vereinzelt, wo es nötig ist, kommentieren.

Joachim Lottmann, im August 2007

+++ DIE VERWANDLUNG +++

2. Vom Pop-Schriftsteller zum Deutschlandreporter oder Mein Leben mit Stuckrad-Barre

Es war wohl noch tief im letzten Jahrhundert, als ich in einem heruntergekommenen Eimsbütteler Lokal – ich glaube, es hieß ›Beach Star‹ – die wohl klügste Frau ihrer Epoche, die Foucault-Expertin Nicola Reidenbach, traf, um ihr meine Verlobte vorzustellen. Das Gespräch raste auf hohem Niveau dahin, man verstand sich ›blendend‹, schließlich war auch die Verlobte, Chefin des Literaturhauses Hamburg, nicht blöd.

Doch dann kam die Rede auf Stuckrad-Barre. Die Ablehnung dieses Autors durch die beiden female intellectuals übertraf alle Brandreden der Menschheitsgeschichte. Selbst ein Ajatollah Khomeini hätte einen Salman Rushdie nicht so hassen können wie diese Ikonen der Frauenkultur den kleinen Popautor. Das Dumme war nur: alle ihre Argumente hatte ich schon gehört. Eitelkeit, Narzißmus, der hat kein Thema, der kann nicht schreiben, der kann nicht lieben, der ist ein kleines Arschloch, der soll erst mal richtig arbeiten, der verhöhnt die kleinen Leute, der schreibt nur ab, der schreibt nur, was alle schreiben, der ist totaler Mainstream, der sieht scheiße aus, und so weiter. Das alles kannte ich schon – von den beiden Damen selbst. Ich rief also aus:

»Wie oft haben wir bereits über Stucki gestritten! Eure Wut muß sich doch allmählich gelegt haben!«

Sie sahen mich zwei Sekunden lang erregt an, der Schaum tropfte von ihren Lippen. Dann machten sie weiter. Sie höhnten, kreischten und berserkerten, daß sich die Tische bogen, und noch von draußen hörte ich ihre sich gegenseitig anfeuernden Injurien gegen den Mann.

Das ist ein halbes Jahrzehnt danach, nicht anders. Wir

haben eine Vereinbarung, das Thema zu meiden, aber irgendwann zu später Partystunde kommt es doch immer auf. Und zwar auch auf Partys, wo die beiden Hyänen gar nicht erscheinen. Kurz gesagt: auf ALLEN Partys. Irgendwann kommt immer die Stuckrad-Stunde, meistens in der Küche um halb drei Uhr nachts, wo sich der Rest der Gäste schmatzend und gut gelaunt eingefunden hat. Und alle vertreten dieselbe Meinung. Alle kotzen sich aus, übergangslos, auf Knopfdruck, als hätten sie seit Stunden darauf gewartet. Dieser Mistkerl, dieses Brechmittel, dieser Hochstapler, der kann nichts, der kommt mir schon aus den Ohren raus, das ist keine Literatur, der glaubt wohl, nur weil er gut aussieht, sei er schon wer, der war doch nur mit Anke Engelke zusammen, was die an dem fand, möcht ich mal wissen, dieser Pisser, dieser Idiot, wo ist denn da eigentlich die Lebensleistung, für mich hat der keine Existenzberechtigung, der kennt die normalen Menschen doch gar nicht, der ist doch nur angesagt, weil alle denken, er sei angesagt, der ist nur ein Produkt der Medien, der kriegt NIE den Literaturnobelpreis, der sieht scheiße aus und so weiter. Man hat das Gefühl: Wäre der schmächtige kleine Gescholtene zufällig unter den Gästen, würden sie ihn johlend hochzerren und ohne Umwege am Fensterkreuz aufhängen. Sie würden nicht eine Sekunde zögern.

Ich habe mich immer gefragt, warum das so ist. Warum wird Benjamin von Stuckrad-Barre so gehaßt? Warum erkennt man nicht, daß ›Soloalbum‹ einer der zehn besten Romane der Bundesrepublik ist und ›Deutsches Theater‹ das klügste Buch, das zur Zeit auf den Ramschtischen der Buchläden liegt?

Sein Ritt durch die Medien war gut durchdacht und genau so, wie ich es mir von einem politisch bewußten Menschen, ja einem Marxisten immer gewünscht hatte. Er war nicht ein Opfer der Medien, also der Umstände, des Systems, des Kapitalismus et cetera, sondern ein Benutzer und bewußtseins-stiftender Entlarver desselben. Wo er hinkam, kannte er die ungeschriebenen Gesetze und setzte sie gnadenlos um. Woher er sie kannte? Durchs Hinschauen! Der Mann hat eben mit seinem Fernseher wirklich gearbeitet, anstatt sich berieseln zu lassen. Seine Mittel: Übertreibung, Beschleunigung, Ästhetisierung. Seine Lehrer: Schlingensief, Harald Schmidt, J. D. Salinger. Natürlich auch Kracht und Lottmann. Sein Busenfreund Rainald (»Irre«) hat ihn dagegen ästhetisch eher behindert.

›Soloalbum‹ ist das eine und einzige Buch, das jeder Mensch schreiben kann und meiner Ansicht nach auch sollte (nach Baum und Kind). Jeder trägt eben EIN gutes Buch in sich, das ist sein Stoff. Danach erst beginnen die Second-order-Erfahrungen, das Ausgedachte, die Literatur, also der Krampf. Benjamin wußte das und hielt sich daran. Er wußte: einen weiteren Roman wird es nicht geben, allenfalls Bluff. Also ging er mit ›Soloalbum‹ auf eine deutschlandweite Lesereise und schrieb darüber sein nächstes Buch: ›Live Album‹. Danach hatte er den Status, um in jeder Zeitschrift schreiben zu dürfen. Er testete den Print-Bereich komplett durch und veröffentlichte seine Erfahrungen darin in dem dritten Buch ›Remix‹. Jeder Leser kann seine Erkenntnisreise für wenig Geld nachvollziehen und mit ihm profitieren: Medien, was ist das, wie geht das, tut das weh, was geschieht da? Medien, für oder gegen die Arbeiterklasse? Wer schafft an, wer blutet, wer wird betrogen?

Als nächstes warf er sich auf die Musiksender VIVA und MTV. Nicht, weil er DIESEN Teil der Medien auch noch im Selbstversuch durchleuchten und analysieren wollte. Das auch. Aber vor allem, weil dort und nur dort noch andere Bedürfnisse zu stillen waren. Hätte Nora Tschirner die Tagesthemen moderiert, wäre er dorthin gegangen. Sogar wenn er dann Angela Merkel hätte interviewen müssen. Aber

Tschirner war bei MTV. Und so machte er da eine Show, die noch rasanter war als Schlingensiefs 3000er-Sendung an gleicher Stelle.

Schon auf seiner legendären Leserreise hatte er vorgemacht, wie man eine Auftrittsform in die Luft sprengt. Seine eigenen Texte las er valentinesk und total gaga vor, als hätte ihn der Stechapfel gestochen. Er brüllte auf der Bühne, als wolle er Hartmann den Job beim Schauspielhaus abluchsen. Sah er hübsche Mädchen in der ersten Reihe, fegte er die Manuskripte vom Tisch und unterhielt sich nur mit ihnen. Ältliche Buchhändlerinnen ließ er vom Saaldienst abführen, wegen angeblichem Bombenalarm. Und so fort. Nie ließ er es zu, eine Sache zweimal zu machen. Deswegen stellte er Sylvester 2001 alle Lesungen ein und ward nicht mehr gesehen.

Die Frage, warum Stuckrad so gehaßt wird, ist damit noch immer nicht beantwortet. Verzeiht man ihm nicht, die Britpop-Band ›Oasis‹ obsessiv verehrt und zum strukturgebenden Thema von ›Soloalbum‹ gemacht zu haben? Ich verstand das sehr gut, erinnerte es mich doch an meine Bret-Easton-Ellis-Verehrung in ›Deutsche Einheit‹.

Es GIBT Obsessionen dieser Art, und sie kommen in der Literatur viel zu kurz. Zudem mag ich ›Oasis‹. Aber als Intellektueller hatte er damit natürlich ausgespielt, ›SPEX‹ kündigte ihm das Abo und so weiter.

Doch der Stuckrad-Haß hat andere Gründe. Sein Privatleben? Vier Gruppen von Menschen umgeben ihn: Die Leser, die ihn natürlich lieben und kaufen, ungefähr 100 000 Leute. Die sogenannte ›Szene‹, die ihn, wie beschrieben, haßt und lynchen möchte, circa 2 000 000 Leute. Die Pop-Autoren, die ihn durch die Bank innigst mögen und verdammt gut leiden können, das ist eine einstellige Zahl von Leuten. Und schließlich ich, der Autor dieser didaktischen Abhandlung: Natürlich verehre ich ihn.

Er fiel mir 1997 auf, noch vor seinem Romandebüt, als er recht scharfsinnig über Alexa Hennig von Lange schrieb. Ich nahm sofort Kontakt auf, wir trafen uns. Eine Freundschaft entwickelte sich, wir gingen gern spazieren, am liebsten die Biller-Route Hofgarten, Leopoldstraße, Hohenzollernstraße, Habsburgerstraße. Er war knapp über 20 Jahre alt, hätte fast mein Sohn sein können und war entsprechend klüger und schneller als ich. Ich bekam immer schon nach fünfundzwanzig Minuten Kopfschmerzen, weil mich das schnelle Sprechen extrem anstrengte. Die Erfahrung, so schnell denken und reagieren zu müssen, hatte ich nie vorher gemacht. Das war wirklich ein heller Geist, zu hell sogar, ich machte mir Sorgen. So einer, dachte ich, stirbt früh. Damals wußte ich noch nicht, daß er alles richtig machen würde in den folgenden Jahren. Daß er nicht verbrennen würde in den Medien, sondern den Strahl umkehrte.

Auch hatte er damals Pech bei den Mädchen. Ich vermutete damals, das würde so bleiben. Zumal sich das Pech während der Anke-Zeit in lebensbedrohliche Verzweiflung steigerte. Ich machte mir Ende der 90er wirklich große Sorgen. In aufrüttelnden Faxen beschwor ich ihn, sich nicht das Leben zu nehmen. Er zweifelte erstmals fast an sich selbst. Helge Malchow hatte ihm ›Mai, Juni, Juli‹ zugesteckt, und Benjamin bekannte plötzlich, er hätte ›Soloalbum‹ niemals schreiben können, wenn er das Buch zufällig vorher schon gelesen hätte. Dann hätte er sich nach dem Drittstudium vom sagenhaften Reichtum seiner Vorfahren, der von Stuckrads und von Barrés, ernähren müssen und wäre nutzlos gestorben.

Einmal rief ich ihn Mitte 1999 an und hatte Anke am Apparat. Zu meiner freudigen Überraschung plapperte sie in derselben halsbrecherisch schnellen Diktion wie Freund Stuckrad, unzähmbar, glutvoll, über Stock und Stein, von unbeschreiblicher Komik dabei und nicht endend und nicht beeinflußbar: irre! Ich dachte, daß sich da zwei gefunden hatten, die eine Liebe vom anderen Stern zelebrierten, und freute mich für Stucki. Ich habe mir nie wieder Sorgen um ihn gemacht, obwohl ich mitbekam, daß er Anke erst nach Jahren ganz und gar erobern und bezwingen konnte. Er hat es getan, er hat es geschafft, und als ich zuletzt heimlich in der Bild-Zeitung las, ›Deutschlands großer Dichter von Stuckrad-Barre‹ habe Anke Engelke ›aus seinem Leben geworfen‹, konnte ich das so deuten: Das Problem ist bewältigt, und zwar positiv.

Was ist heute mit ihm, lebt er noch in Zürich, was wurde aus der Anke-Nachfolgerin, die ihn verließ, und warum floppte der Film? Zunächst zu letzterem: Natürlich *wußte* Stuckrad, was deutsche Filmer aus einem Stoff wie ›Soloalbum‹ machen würden, nämlich eine Teenie-Komödie, sozusagen ›Eis am Stiel, Teil 14‹, mit dem Höhepunkt, daß der Held sich den Schwanz im Autofenster einklemmt und eine ganze Nacht nicht freikommt. Sie würden aus Gold Scheiße machen, das war ihm VORHER klar. Aber er wußte auch: Er konnte in seinem Leben nur diesen einen großen Kinofilm machen, weil er nur diesen einen großen Roman hatte schreiben können. Und so machte er es. Weil er auch dieses Medium testen wollte. Weil sein Erkenntnisinteresse größer war als sein Stolz. Weil Weisheit ihm wichtiger war als Ehre. Und weil er Nora Tschirner bekam (Hauptrolle).

Er will soviel wissen wie möglich. Dafür bleibt er gern der Stachel im Fleisch des deutschen Kulturkörpers. Denn das ist ohnehin die Funktion der Popliteratur gewesen.

PS: Heute schreibt Stuckrad-Barre, höre ich, für Helmut Dietl das Filmdrehbuch zu dessen »Kir Royal«-Nachfolgefilm, der in Berlin Mitte spielt. Wo sonst. Und wer könnte das besser schreiben als Stuckrad?

+++ FRAUEN IN FREIHEIT +++

3. Mit Kerstin Grether in der Kastanienallee

Wir drehen uns nach oben, zum Balkon, wo die Pet Shop Boys dröhnen.

»Da! Unsere Party. Eben waren wir noch drin.«

Unfaßbar, daß man sich eben noch diesem Lärmbrei ausgesetzt hat. Jetzt wölbt sich ein dichter, stiller Romantikhimmel über das sommerliche, nächtliche Berlin, über den Park und die Kastanienallee. Ein Uhr dreißig – Zeit für einen Spaziergang. Neben mir: Kerstin Grether, 27, blond, Knabenfigur, Autorin des neuen Kultbuches über Magersucht und Pop-Lifestyle-Feminismus »Zuckerbabys«.

»Ich muß um halb elf Uhr morgens aufstehen, was sehr früh für mich ist ...« Sie macht jetzt nämlich jeden Tag diese MTV-Sendung, deshalb. Aber sie freut sich, mal am frühen Morgen all die anderen Menschen mitzubekommen, die normalen, die zur Arbeit müssen wie sie. Sehr aufregend. Kerstin Grether wohnt in dieser Straße, der Kastanienallee, die sie Castingallee nennt.

»Das ist allgemein der Spitzname hier. Castingallee. Das finde ich gut, weil mein Roman doch auch vom Casting-Unwesen handelt.«

Sie fragt, von was »Deutsche Einheit«, ein alter Roman von mir, handelt, und ich sage, vom Unwesen der Subventionsliteratur. Sie sieht mich durchdringend an.

»Ja, ich habe noch NIE einen Preis bekommen. Andere wie Juli Zeh werden mit Fördermitteln überschüttet.«

Kerstin murkst sich auch keine kunsthandwerklichen Fleißarbeiten ab, sondern beschreibt die Welt, in der wir leben, und das ist die Pop-Welt. Dafür gibts nur Hiebe. Das hat natürlich auch eine schöne Tradition und ist seit 20 Jahren so. Schon erstaunlich, wie es eine doch so wichtige Richtung wie die Popliteratur geschafft hat, bis zum heutigen Tage verfemt zu bleiben.

Wir laufen an fünf neuen Internetcafés vorbei, alle offen. Die Kastanienallee wirkt wie geflutet von Leuten, und alle sehen jung aus, auch wenn sie es nicht sind. In die Stadt strömen jeden Monat zehntausend neue, lebenshungrige Menschen, getrieben einzig von dem Verlangen, sich nicht länger zu langweilen in einem Land, in dem einzig über Rente, Steuersatz und Hartz IV gestritten wird anstatt über große Utopien, Liebe, das Geschehen auf dem Planeten Erde …

»Die Journalisten können noch so oft schreiben, der Berlin-Hype sei vorbei – gegen diese Menschenmassen kommen sie nicht an. Sie sind die wahre Realität.«

Berlins geistiges Potential wächst immer noch, die Provinz stirbt weiter ab. Heißt: Die Popliteratur ist nicht totzukriegen, auch wenn in Klagenfurt ein weltfremder Ossi mit einem Dresdenroman aus dem vorletzten Jahrhundert mit Geld und Preisen überschüttet wird. Der Mann wird weiter in seinem Keller schreiben, 13 Stunden am Tag, und das Essen von seiner Frau hinabgereicht bekommen. Aber Kerstin Grether lebt! Wolfgang Herrndorf lebt! Hier in der Kastanienallee, in der schon Nina Hagen aufwuchs. Wir sind das Volk!

Wir kommen am Café Kani Mani vorbei. Hier hat Grether, einst Wunderkind bei »SPEX«, die Band Wir sind Helden interviewt, besser gesagt, deren Sängerin und Songschreiberin Judith Holofernes.

»Schau, hier hat sie gesessen! Hat ein Eis geschlotzt. Und da habe ich gesessen.«

»Hast du über die Jungs auch geschrieben?«

»Kein Wort. Die Band ist Judith. Die Presse sieht das natürlich immer umgekehrt: die Jungs sind das ernste Fundament, das Girl nur der Blickfang.«

Kerstin schrieb schon mit 13 für Fanzines, mit 15 dann für

SPEX. Relativ früh setzte sie sich von dem altehrwürdigen, jungsgesteuerten Avantgardeblatt wieder ab, jedenfalls ein bißchen:

»Diese bebrillten Nerds mit ihren Plattensammlungen. Für die ist Popliteratur, wenn jemand über seine Plattensammlung und seine Jugend aus den 80er Jahren schreibt. So Sätze, daß einer schon mit 17 Throbbing Grizzle gehört hat und seine Freundin das gar nicht verstanden hat.«

Dabei hat sie selbst 4000 Platten gesammelt. Aber sie schreibt nicht darüber, keine Angst.

Ihre These ist folgende: Die männliche Sozialisation zum Pop geht über die Plattensammlung, die weibliche über die Magersucht. Sie kann das wortreich erklären. Jedes Mädchen in der westlichen Welt, das den popkulturellen Zeichensystemen ausgesetzt ist (also alle), muß auf diese Schönheitsgebote irgendwie reagieren. Weder ist »Zuckerbabys« ein Roman gegen den Schönheitswahn, noch gar für ihn, sondern ganz realistisch über ihn. Genauer gesagt: über den fortgeschrittenen Medienkapitalismus, der bei ihr der Einfachheit halber schlicht Jugendkultur heißt ...

Natürlich hat Kerstin auch eine Band. Sie muß oft über die Wechselwirkung von Musikmachen und Romanschreiben extemporieren. Das interessiert mich aber nicht. Was soll das sein, eine Band zu haben? Mit 27? Einen Satz kriegt sie dennoch unter:

»In Hamburg ist das Paarbeziehungsmodell ein ganz anderes. Dort stehen die Jungs auf der Bühne, und die Mädchen sind Groupies. Da bin ich lieber nach Berlin gegangen!«

Klar. Die Hamburger Jungs sind ja nun auch schon alle über 40, da wächst nichts mehr nach. Was ist denn nun mit dem Diät-Ding?

»Durch dieses ewige Hungern wird den Frauen systematisch Energie geraubt.«

Ist sie denn selbst magersüchtig?

»Nie gewesen. Nicht, als ich das Buch schrieb. Das habe ich ja immer abgelehnt. Ich war vielleicht eher der fette Typ. Schließlich war ich ja recht politisch, und es machte mir nicht mal viel aus, wenn sie mich im Haus Specki nannten. Nein, erst jetzt bin ich es.«

»Was?«

»Ja, das war eine Reaktion darauf. Ich wollte nicht immer dasselbe sagen und tun.«

»Wie ist es denn so, als Magersüchtige?«

»Lies das Buch.«

Sie strubbelt ihre Debbie-Harry-Haare zurecht. Sie hat sie extra mit Seife gewaschen, weil sie dann besser strubbeln. Auf dem Tisch liegt das neue »I-D« mit einer langen Fotostrecke über die neue Insider-Autorin Kerstin Grether. Man kann sie jetzt perfekt fotografieren. Im Heft davor war Stuckrad-Barre dran.

»Ich mag Stuckrad. Er hat für sich diesen kultur-industriellen Rahmen gewählt, das finde ich gut.«

»Genau. Er forscht für uns in diesen Bereichen, in die nicht jeder reinkann. Sehr verdienstvoll.«

»Ein Michael Moore im Mediensumpf.«

»Deshalb hassen ihn die Medien.«

»Logo. Alles Schweine da.«

»Halt! Journalisten sind eigentlich tolle Menschen. Was die alles machen, ehe sie einen Künstler interviewen. Wie die sich interessieren für einen. Und der Künstler ist dann meistens ignorant und arrogant!«

Oft hat sie unbekannten Bands mit ihren genialischen Berichten den Weg geebnet, zum Beispiel Tocotronic, die sie zur Platte des Monats machte:

»Danach konnten die überall spielen. Ich selbst habe für meinen Artikel 10 Mark bekommen.«

Fünf Euro. Nicht viel, wenn die Leute sich dann auch noch beim Chefredakteur beschweren, weil Kerstin einen Interviewsatz gekürzt hat. Gerade bei Newcomern passiert es oft, daß sie Journalisten von oben herab behandeln. Bei jedem eigenen Satz des Schreibenden wittern sie Manipulation. Denn: Journalisten stehen in der sozialen Rangordnung ganz unten, bei den Politikern.

»Da fragt man sich unwillkürlich, ob nicht auch Politiker ganz nette Menschen sind.«

»Hey! Gestern sah ich Renate Schmidt im Fernsehen, wie sie sagte: ›Was haben Sie immer gegen die Politiker? Die sind doch die einzigen, die sich den ganzen Tag mit den kleinen Leuten beschäftigen.‹«

»Ich verstehe, daß sie alle Alkoholiker werden.«

»Die Politiker?«

»Die Journalisten.«

Wir passieren ein paar Teenie-Boutiquen. Kerstin kauft da gern ein. Sie lebt zwar seit ihrem 13. Lebensjahr in der (wirtschaftlichen) Krise, wie sie gerade im Kursbuch schrieb, shoppt aber trotzdem gern.

»Teenie-Boutiquen sind einfach billiger. Wenn man den Körper dazu hat, wenn man das Gesicht dazu hat – warum nicht.«

Sie sagt aber auch den bedenklichen Satz:

»Nachdem ich den Distinktionsterror 300 Seiten lang gebrandmarkt habe, übe ich einen noch schlimmeren Schönheitsterror aus als andere ...«

Alles, was sie im Buch anprangert, macht sie nun selber: das ist die Dialektik der Aufklärung, wie Adorno sie wohl übersehen hat. Pop-Literatur war ihre Art zu leben, zu denken und zu fühlen: »Ich wollte einfach die populäre Kultur beschreiben, die uns alle umgibt.«

Doch auf einmal findet sie sich stundenweise in einem besinnungslosen Konsumismus wieder. Seit wann genau? Als der Verlag nach wenigen Tagen meldete, die erste Auflage sei verkauft. Laut grölend schlägt sie Einkaufsschneisen in die westdeutschen Innenstädte. Dabei besteht sie darauf, daß Pop nicht bunt und schrill sei, sondern ernst und politisch.

Wir kommen an der Teenie-Boutique ›crème fraiche‹ vorbei. Kerstin zeigt auf einen Pucca-Rucksack, den sie gerne hätte. Es folgt das Café Naan, in dem sie mit ihrer Schwester manchmal Kaffee trinkt. Im Pop-Kaufhaus ›Uranus‹ liegt ein hellblauer Blechwecker im Schaufenster, den sie sich holen wird, nach der dritten Auflage von ›Zuckerbabys‹. Am Ende unseres Spazierganges erreichen wir das legendäre John-Lennon-Gymnasium.

»Wie gern wäre ich auf dieses Gymnasium gegangen! All die Graffitis … die Schüler durften selbst bestimmen, wie die Schule heißt!«

»Ist die Jugend von heute denn jetzt wieder politisiert?«

»Ja. Definitiv.«

Sie reicht die Wange zum Kuß. Kerstin Grether wohnt im Gymnasium, in einem leerstehenden Nebentrakt. Sie tänzelt weg, leichtfüßig, mädchenhaft, magersüchtig, wird schnell verschluckt vom Dunkel des Schulhofes. Möge ihr Roman noch viele Auflagen erleben.

Draußen dieses blaue Zelt, jeder kennt es, man fährt dran vorbei, auf dem Schloßplatz, dieses seltsame Gebilde aus Kinderlampen und blauem Neon: das BKA-Zelt.

»Wir alten Hippies sind immer noch da, neben Gerhard Schröders Schreibtisch«, sagt Nina Hagen dazu. Es ist ihr erster Satz an diesem Abend, beiläufig, fahrig, lustlos. Stimmt: Der Kanzler arbeitet nur einen Pflastersteinwurf entfernt und soll, laut Nina, Kontakte mit ihr pflegen.

Der Wahnsinn nimmt seinen Lauf: Mißgestimmt und bockig absolviert sie die ersten Nummern, produziert Fehler über Fehler, trifft den Ton nicht, ärgert sich über das Publikum, das sich nicht provozieren läßt. Unbändiger Jähzorn packt sie. Minutenlang bricht sie ab, dann ist sie wieder lieb und säuselt, dann brüllt sie ohne Kontrolle wie ein BSE-verseuchter Nachwuchs-Hitler.

Die armen Leute denken betrübt: Da schüttelt sich des Wahnsinns fette Beute. Andererseits war sie nie anders. Ein Pflegefall. Nina-Hagen-Fans sind es aus einem Helfersyndrom heraus. Sie wissen: Sie müssen ihr helfen, das durchzustehen, da auf der Bühne. Vor allem in dem Alter, da muß man schon ein bißchen aufpassen, denken die. Und spüren gleichzeitig, daß sie diese Furie im Ernstfall niemals stoppen könnten. Daß sie selbst in ihren besten, präsentesten Momenten nur fünf Prozent gibt; 95 Prozent lauern in der Reserve: böse, anarchisch, balla-balla. Was ist der Störfall von Tschernobyl gegen ein cholerisches Liebeslied der Hagen? Nichts! Deswegen die vielen Sicherheitskräfte. Das ganze Zelt ein Krankenhaus. Viele hundert Ärzte und ein Patient. Aber die Lämmer schweigen alle, selten nur regt sich eine Hand zum Beifall, warum? Als externer Gast hat man das leicht peinliche Gefühl, einer doch recht intimen Party heruntergekommener enger Spinnerfreunde beizuwohnen. Wie die Bundeshauptversammlung der Briefmarkensammler, da wird doch auch mehr geklatscht. Aber Nina-Hagen-Fans sind stille, stumme Wesen, altgewordene Ossis, vom Leben Besiegte. Natürlich nicht nur. Es sind auch Leute versteckt im alten Kinder-Zirkus-Zelt, wenige nur, die wissen: hier erleben sie die größte Rocksängerin, die Deutschland nach dem Krieg hatte, vielleicht sogar die einzige. Die größte Zerstörerin, eine echte Künstlerin.

Leichtfüßig explodierend macht sie das gesamte Spektrum alternativer Kultur nieder: subkulturell Versprengte aus drei Dekaden, frauenbewegte Linke, Sexualkämpfer jeglicher Schattierung, Transen, Glatzenfrauen, Esoteriker, Ost-Nostalgiker, Kinderselige, Hippies, Radikalökos, Indienfahrer, Altrocker, Verschwörungstheoretiker, UFO-Gläubige, AIDS-Theoretiker und Zeugen von Sebnitz – nur Nina Hagen selbst ragt aus allem hervor wie Jesus mit der Peitsche im Tempel, der die Geldwechsler vertreibt.

Sie ist der permanente Gegenimpuls zu allem, was sie präsentiert. Sie bedient die Minderheiten – und verbrennt sie genüßlich. Sie säuselt mit verdrehter Piepsstimme irgendwelche Indienkitsch-Weisheiten und schmeichelt damit den im Publikum ausharrenden Esoterikern, aber die wissen bald nicht mehr, ob sie Männlein oder Weiblein sind. Dann wieder »fetzt« die Band, und die Puhdys- und Peter-Maffay-Fans beginnen mit den grauen Matten zu wippen, doch selbst dieses widerliche Fetzen wird von Nina schon nach sechzig Sekunden durch ausbrechende Zerstörungswut, durch Grimassieren, Übertreiben, anarchisches Grölen zum Einsturz gebracht. Es ist, als schrie sie gegen die Dummheit an, und wenn Nina schreit, schweigt bald der Rest. Und die Band, eben noch »echt tierisch geile Rock 'n' Roller«, stehen als Mainstream-Schweinerock-Langweiler da, die auch für Udo Jürgens ›fetzige‹ Stimmung machen würden. Zur Strafe müssen sie nun Zarah-Leander-Lieder spielen, erst süßlich (Freude bei der Lesbenfraktion), dann als Stuka-Angriff. Ein Hurrikan tobt hernieder, Graue Panther fallen in Ohnmacht.

»Der Wind hat mir ein Lied erzählt«, wer ahnt schon, daß Stalingrad daraus wird. Anders als der ewige Casdorf bricht sie auch das nach Belieben und schlechter Laune wieder ab; über den deutschen Kulturscharmützeln steht eine, die selbst englisch besser singt als Jennifer Lopez und besser kompiliert als Frank Zappa, weit drüber. Wehe, wenn Nina Hagen rappt, das tat sie nämlich schon, als Sabrina Setlur noch die Brust bekam, da wird dann alles noch mal eine Dimension gewalttätiger, kraftvoller, härter, potenter – anschließend ist der aktuelle deutsche Hiphop als folgenlose Gesinnungssingerei enttarnt.

Man hat in jeder Sekunde das Gefühl, daß sie nicht weiß, was sie im nächsten Moment sagen wird. Was sie sich gleich einfallen läßt. Welche Laune sie gleich reiten wird. Und immer wieder wird Berlin thematisiert, Schröders herrliche Hauptstadt. Und die Hagen ist immer am besten, wenn sie Großdeutsches intoniert. Wenn sie eine Hitlerrede imitiert, kriegte selbst der Führer Angst. Oder wenn sie von Honekker erzählt. Oder von Menschenliebe, Tantra, den Pyramiden, den UFOS, der ewigen Sonne in indischen Tempeln: alles Bullshit, unterm Strich. Subkultureller Brei zum Gehirnverkleben. Die ständigen »Ich liebe Euch alle!«-Appelle ans Publikum haben soviel Gewicht wie dieselben von Yoko Ono dereinst.

Sie hat nicht das geringste Lampenfieber, würde auch ohne Skrupel auf der Bühne zwei Stunden lang den SPIEGEL lesen können, so egal ist ihr das Publikum, und die Presse erst recht. Sie ist nun mal keine Dienstleisterin, sondern hat etwas zu sagen. Aber nicht diesen Idioten hier.

Tja, so paradox kanns zugehen. Das Leben ist es sowieso, und bei großen Künstlern spielen die Paradoxien dann oft ganz verrückt. Warum es nicht zugeben? Warum nicht gleich mit der Stimme einer Dreijährigen plappern? Nina ist so frei. Mitten in der Show wirft sie dann noch ein ambitioniertes Benefizprojekt an: ›Kinder zurück‹. Da soll man spenden, kann Gegenstände ersteigern, es geht um einen ›guten‹ Zweck, und wem dabei nicht schlecht wird, dem ist die ganze Spenden- und Charityverlogenheit der enthirnten Warengesellschaft noch nicht aufgegangen.

Für die ganz Langsamen quakt Nina, nun Daisy Duck im Zeichentrickfilm, die Spendenaufrufe gleich mehrmals: für die von Schändern entführten Kinder, damit sie nicht mehr von Nazis im Freibad ertränkt werden, oder so ähnlich. Das Ganze wäre Comedy, wenn es nicht Nina Hagen wäre. Aber so ist es Schlingensief, der in seinem zweiten Leben als Andreas Baader auf die Welt kommt, oder besser umgekehrt.

Nina, Tochter des Verräters Hagen (Hans Hagen, Brechtassistent, von der Stasi lange Jahre verhaftet, seine Stelle nahm Wolf Biermann ein), ist ein moderner Dekonstruktivist. All die herrschenden Verabredungen, Meinungen, Wahrheiten werden als gemacht entlarvt und hübsch zerlegt in ihre Einzelteile. Vor allem wird das sogenannte Authentische nachhaltig zugrunde gerichtet. Nina benutzt ihren früheren Ruhm als Treibstoff für ihr bitterböses, lichtbringendes Tun in der Gegenwart des vereinigten Deutschlands. Johann Wolfgang von Goethe wird ebenso verbrannt wie Transenkitsch, Opernpathos, Mutter Teresa, Gutböse-Nazischelte, Minderheitenfolklore, ja sogar der Medienkanzler und große Kommunikator: Nina flüstert aufgeregt von heimlichen Treffen, die sie mit Gerhard Schröder habe, von »gigantischen Thesen und Hypothesen«, die sie mit ihm tausche, und daß diese Gespräche so bedeutsam seien, daß sie demnächst die Öffentlichkeit davon unterrichten werde (vom Bundeskanzleramt war dazu keine Stellungnahme zu erhalten). Daß

hinter einer restlos abgewirtschafteten ›Kultur‹ nur eine
ebenso tote Alternativ- und Subkultur steht und daß dieses
Deutschland nach der Vereinigung nur noch eine Pappkulis-
se mit Kasperlefiguren ist, würde selbst den Kasperlefiguren
deutlich – wenn die Nina-Hagen-Show (war nur im Internet
live zu verfolgen unter www.kanal.web.tv) einen guten Sendeplatz im Fernsehen bekommen hätte. Aber dann wäre dies
Land nicht das, was es ist.

5. Mit Ariane Sommer im »90 Grad«

Natürlich fand ich Ariane Sommer immer schon klasse. Aber als sie dann vor mir stand, im Café des Literaturhauses in der Fasanenstraße ...

Doch ich will der Reihe nach berichten. Jede Geschichte hat ihre ganz besondere Vorgeschichte, wußte schon Lukrez, und die von Ariane Sommer ist nicht nur besonders lang, sondern besonders einzigartig, ja verblüffend.

Als Pubertierender sah ich einmal nachts im Fernseher unter dem Bett den Film »Ekel« von Roman Polanski, in dem die blutjunge Cathérine Deneuve eine verhaltensgestörte, autistische Blondine spielt, in Schwarzweiß. Ich komme noch darauf zurück.

Am 19. Januar 1982, ich war nun schon ausgewachsen, erlebte ich den ersten und ganz sicher auch letzten epileptischen Anfall meines Lebens. Ich hatte mit einer jungen Frau, mit der ich einst die Schulbank »gedrückt« hatte, wie es so sinnig heißt (natürlich drückt man etwas ganz anderes), eine Woche lang nichtsexuellen Verkehr gehabt. Ich hatte sie immer schon morgens getroffen, in dieser Woche, dann waren wir spazierengegangen, dann in die Museen (sie war kunstinteressiert, als Tochter eines großen deutschen Nachkriegsmalers), dann in die Cafés, dann wieder die Boulevards entlang (d. h. die Leopoldstraße in München hinauf und hinunter und wieder hinauf), dann nach Hause, wo wir Alkohol tranken. Mein Ziel war es natürlich, mit der jungen Künstlerin zu schlafen. Wir hatten das nämlich schon auf dem Schulhof verabredet. Ich hatte sie damals gefragt: »Wenn ich keine Freundin hätt', gell, und du amal keinen Freund ... dann ...« Sie nickte: »Dann gehn wir miteinander.«

Und so war es gekommen. Meine Freundin Kirstin Ruge hatte mit mir Schluß gemacht, und der Maler Jan Philipp v. Bertheaux hatte mit ihr aus Standesgründen die Trennung vollziehen müssen, was ihm gewiß nicht leichtgefallen war. Wir waren beide solo. Ich löste das alte Gelöbnis ein und fuhr von Hamburg, wo ich geboren war, nach München, wo ich zur Schule gegangen war mit besagter Dame. Sie empfing mich mit offenen Armen, wie sich denken läßt. In ihrem kleinen Zimmer in der Maxvorstadt tranken wir immer mehr Alkohol. Sie war wirklich ein schönes Mädchen geworden, fast schon eine richtige kleine Frau und wahrlich gut entwickelt. Sie hatte herrliche Brüste, eine sehr helle Haut und fast weiße, langsträhnige, glatte und dichte Blondhaare, die ihr nervös ins Gesicht hingen und die sie immer wieder ebenso nervös wegpustete. Die Haare waren gefärbt, aber das waren die von Cathérine Deneuve auch.

In der Schule, auf den Innentüren der Knabentoiletten, hatten einst eingekratzte Botschaften auf Eva Maria, so hieß die Schöne, aufmerksam gemacht: »Try Eva *fast hand* Maria«, »Eva *fast hand* Maria rides best«, und so weiter. Es gab an der Schule mehrere Mädchen mit diesen in Bayern häufigen Vornamen, aber ich glaubte, es könne nur meine hübsche Banknachbarin sein, mein Deneuve-Lookalike. Ein Fehler?

Ich war jedenfalls nervlich beschädigt ins Bett gegangen, als mich Eva Maria am ersten Abend nicht angefaßt hatte. Auch ich hatte sie natürlich nicht angefaßt, so etwas muß in unserem Kulturkreis stets die Frau machen; das ist ihr kulturhistorisch verbrieftes Recht, alles andere zählt als Vergewaltigung.

Nun, die vielen Stunden des Redens, Lachens und Scherzens hatten mein Nervenkostüm wundgescheuert. Ich bin normalerweise ein nervlich sehr stabiler Mensch. Ich könnte Jahre auf einer einsamen Insel durchhalten, ohne depressiv zu werden. Aber das Soziale strengt mich an. Etwas in mir fordert anschließend eine Kompensation in Form von körperlicher Wärme. Das muß gar nicht Sex sein, da Sex ebenfalls etwas Soziales ist und anstrengt. Nein, ich muß meinen armen, vom Kommunizieren wirr gewordenen und heißgelaufenen Kopf auf eine wohlwollende, üppige, noch stramme, weil junge Brust betten. Am liebsten ist es mir, die Frau schläft schon, und ich höre ihren ruhigen, gleichmäßigen Herzschlag. Das, nur das, zusammen mit der warmen, gutdurchbluteten Haut, dem nachtwarmen Körper unter der gemeinsamen Decke, beruhigt mich und macht das grelle, sinnlose, uferlose Geplapper und Geschnatter des Tages vergessen. Die vielen »Meinungen«, die keine sind, die ganze Verirrung und Fehlsteuerung eines jungen Menschen im Hoch- oder Spät- oder Postkapitalismus, diese ahnungslose Verzweiflung eines Gehirns ohne Bewußtsein. Welch ein Segen, wenn solch ein Geist endlich ruht und alles seinem gewissenhaften, unbeschädigten, ja blühenden Frauenkörper überläßt …

Jedoch, es kam ja nicht dazu. Ich wurde am ersten Abend nach 14½ Stunden der charmantesten Konversation nervlich erschöpft und mental zugrunde gerichtet abgeschoben, und am zweiten Tag wiederholte sich der Ablauf. Auch am dritten. Ich zitterte schon, konnte keine Zigarette mehr halten, hatte brüllende Kopfschmerzen. Und wie das so ist, jeder kennt das ja: Je länger das »reizende Verhältnis« körperloser Zugeneigtheit andauerte, desto unmöglicher wurde es, die aufgebaute physische Sperrmauer zu durchbrechen.

Am Ende des siebenten Tages rief ich verzweifelt, nein, ich konnte es nur noch flüstern, nein, nur röcheln: »Wollen wir jetzt nicht zusammen ins Bett gehen?«

Sie verstand nicht, was ich gesagt hatte. Ich glaube wirklich, sie zwang mich, den Satz zu wiederholen. Sie wich dann ruckartig einen halben Meter zurück und drehte dabei ihr Gesicht weg, stand auf, stand dann da im Raum auf ihren zwei strammen Beinen, irgendwie recht selbstbewußt. Sie sagte noch, obwohl sie gewiß fassungslos war:

»Du ... du meinst ... ob ich dich als *Mann* will?!«

Sie sprach das Wort *Mann* so seltsam aus, wie Martin Luther es getan hätte, wenn er über *Mann* und *Waib* gepredigt hätte. Als ich »Ja« sagte, geschah das Schrecklichste, was ich je erlebt habe. Eva Maria bekam einen hysterischen Lachkrampf. Das schreibt sich so einfach dahin, aber in echt ist es furchtbar. Noch heute höre ich manchmal dieses gekreischte Lachen, nachts, wenn ich alleine wachliege ...

Damals, in dieser Nacht vom 19. auf den 20. Jänner 1982, vor über 20 Jahren also, bewegte ich mich rückwärts und angstgeschüttelt aus dem Zimmer, der dunklen Treppe entgegen, die ich Etage für Etage nach unten stürzte, ohne Jacke und Mantel. Auf der Plattform der ersten Etage erlitt ich den besagten Ausbruch von Epilepsie, den ich nicht weiter schildern will, um den Leser nicht zu verschrecken.

Hannelore Kohl ist bekanntlich an einer Krankheit namens Lichtallergie gestorben. Sie hat sich nicht gekillt, weil der Alte sie schlecht behandelte, wie der *stern* behauptete, nein. Sie ertrug das Licht nicht, und eines Tages wurde sie immun gegen das Gegenmittel (Aluminiumhydroxid), mußte immer im Keller bleiben, was auf die Dauer doof war. Die Parallele zu mir liegt auf der Hand: Das Soziale war für mich das Licht, gegen das ich allergisch war, und der ruhende, mir nichts Böses wollende junge Frauenkörper das Gegenmittel. Ein *alter* Frauenkörper oder auch ein *Tier* wirkten nicht, da ich mich vor beidem fürchtete. Alte Frauen gemahnten mich an meine Mutter, die den armen Vater so gequält hatte, und Tiere waren geistesgestört und übertrugen Krankheiten. Nur überirdisch blonde, kratzerfreie Engel brachten die optimale Wirkung, Wesen wie die somnambule Cathérine Deneuve von 1964 oder die zugekokste Ariane Sommer ohne Slip auf der Stretchlimo-Rückbank von 2002. Frauen auf Drogen waren sowieso gut. Wenn sie in die tiefen Kissen versanken und in die endlose Ferne des Dämmers ... aber greifen wir nicht vor, bleiben wir bei Hannelore Kohl und meiner Lichtallergie.

Diese Eva *fast hand* Maria hatte also einen Nervenzusammenbruch bei mir herbeigeführt. Was bedeutete das? Ich konnte fortan anderthalb Jahre lang nicht allein sein, nachts nicht schlafen, nicht schreiben, nicht Geld verdienen, und ich befand mich die ganze Zeit in einem Zustand der Angst. Das war wirklich nicht schön. Meine Freunde halfen mir, doch tatsächlich wußte niemand, wie es wieder aufwärtsgehen solle mit mir, am wenigsten ich. Damals war es noch nicht üblich, junge Leute zum Psychiater zu schicken. Man hielt Zustände wie meine für normale Erscheinungen einer Selbstfindungsphase.

Da ich so kaputt war, gelang es mir nicht, Frauen für die Nacht aufzutreiben, schon gar keine blonden und auch keine mit mächtigen, straffen Brüsten. Wenn ich es versuchte, dachten sie, ich wolle bloß mit ihnen ins Bett, und wandten sich angeekelt ab (genau wie die Deneuve in *Ekel*, daher der Titel). Also, sie dachten, ich wolle sie penetrieren. Sie waren besessen von dem Gedanken. Hätte ich gesagt, ich wolle bloß neben ihnen liegen während sie *schlafen* und das blöde Penetrieren mache ich bloß so nebenbei, hätten sie wieder hysterisch gelacht wie Eva Fasthand und mich in die nächste Bredouille getrieben.

Ich hatte also kein »Gegenmittel« mehr. Meine ratlosen Freunde nahmen mich auf Partys mit. Diedrich Diederichsen nahm mich JEDEN ABEND mit in eine Bar mit vielen Menschen. Mit anderen Worten: Obwohl ohne Gegenmittel, war ich mehr denn je dem ausgesetzt, was mir so zusetzte wie Hannelore Kohl das Licht: dem Sozialen. Die Folge war, daß ich fast ein Jahr lang immer kurz vor der Epilepsie und auch dem Selbstmord stand. Ich hatte mir selbst das Versprechen gegeben, genau ein Jahr lang durchzuhalten. Erst am 20. Januar 1983 wollte ich das Gift nehmen. Diese Überlegungen wurden irgendwie publik, und meine Freunde beschworen irgendein Mädchen, sich doch um Gottes willen mit mir einzulassen. Na, so »irgendeins« war es nicht, es war schon blond, sehr blond sogar, und gut bestückt.

Vom 14. Dezember 1982 an hatte ich wieder mein »Gegenmittel«. Aber es dauerte bis in den Sommer 83 hinein, bis ich wieder ein Gleichgewicht zwischen Geselligkeit und Ruhe fand, und bis ins Jahr 1986 hinein, bis ich wieder schreiben konnte. Mein zerfetztes Nervenkostüm mußte erst wieder zusammenwachsen, und das brauchte, wie man sieht, viele Jahre. Ich wurde auch nie wieder so nett und naiv wie vordem. Ich bedaure das sehr. Meine ungewöhnliche Art hatte man früher für kindsköpfig gehalten und »verrückt« (das Wort, das die einfachen Leute gebrauchen, wenn sie lustig meinen), nun jedoch hielten mich manche für »böse«, womit sie meinten, daß sie mich nicht verstanden. Und da sie mich nicht verstanden, hatten sie Angst vor mir. Nicht nur Rainald Goetz, auch viele junge Frauen empfanden so, was es mir schwermachte, sie zu erobern. Ich fand das schade.

Ich will hier eines klarstellen: Es ist mir nie um Sex gegangen. Den Geschlechtsverkehr selbst finde ich oft langweilig. Also dann, wenn die Frau über dreißig ist, Frauenzeitschriften liest und »gut im Bett« sein will (und womöglich noch Glatze trägt und ein Tattoo am Oberschenkel, das mann »witzig« finden soll). Ich gebe zwar zu, daß mir nichts soviel Spaß gemacht hat wie das Vögeln mit der Superblondine Kirstin Ruge, woran ich heute noch seligen Auges und zu Tränen gerührt zurückdenke. Ja, ich kann mich an jedes einzelne Mal erinnern, an jede Sekunde, und es ist das einzige, weswegen mein Leben einen Sinn gehabt hat. Gut, das gebe ich ja alles zu. Aber was meine Nervenkrankheit anbelangt, so zählte der Sex überhaupt rein gar nicht.

Es ging um die Nähe. Meine Mutter war überraschend gestorben, als ich sechs Monate alt war, und mein armer Vater hatte vergessen, einen Ersatz zu beschaffen. So erklärt sich das, um nur das Wichtigste zu nennen. Auch mein Vater mochte übrigens junge Blondinen gern, weswegen er nach Bayern zog und dort ein Internat für Mädchen leitete. Zur Nachhilfe bei uns zu Hause erschienen ausschließlich wahre Busenwunder, so daß meinem Bruder und mir die Ohren glühten, sobald wir nur die Tür aufgemacht hatten oder den Tee servierten. Papi hatte wirklich Geschmack, und die zweite Frau, die ihn später so tyrannisierte, bemerkte von allem nichts.

Doch was ist nun mit Ariane Sommer?* Vielleicht war schon ihr Nachname ein Wink des nahenden Schicksals. Denn im Sommer des Jahres 2002 »überschlugen« sich die Ereignisse, wie es in schlechtem Deutsch heißt. Da war zunächst eine Frau, die hieß, äh, das sagen wir jetzt mal nicht, aber mit der war ich seit dem Mauerbau oder länger liiert, bis sie sich von mir trennte. Der Leser ahnt es: Da bahnt sich eine Wiederholung an!

Und in der Tat, ich schlief nachts wieder allein, und das gesellige Trinken mit Fremden brachte mich um. Gewitzt

---

* Spätestens hier wird deutlich, daß ich nicht über mein journalistisches Thema, also Ariane Sommer, schreiben konnte und wollte, sondern über mich. Das allein wäre nichts Neues. Nichts anderes erwartete man inzwischen von einem Lottmanntext. Das Besondere hier liegt in der geradezu gnadenlosen Übertreibung des eigenen Prinzips. Und erstmals hatte ich ein Medium, das keine Längenvorgabe mehr kannte, nämlich das Internet, und das nutzte ich sofort aus.
Der Artikel erschien nämlich in dem Blog »Wir höflichen Paparazzi« (und in einer stark abgespeckten Form in der SZ).

wie ich war, sah ich mich nach etwas Neuem um. Ich war nun aber keine 28 mehr wie Victor Ward. Die jungen Mädchen liefen nun schon vor mir weg, bevor ich überhaupt etwas Unsittliches gesagt hatte. Seltsam war das. Die starke nervliche Anspannung ließ mich nun sehr schnell altern. Nach nur vier Wochen ohne »Gegenmittel« sah ich bereits zehn Jahre älter aus. Da ich beruflich erfolgreich war, gab es durchaus Frauen, die mit mir schlafen wollten. Und keine üblen Weiber, mein lieber Scholli! Starke Frauen, die tough waren, etwas geleistet hatten im Leben! Die Kinder waren aus dem Haus, und das Tattoo am Oberschenkel war keineswegs weniger witzig als sonst immer! Da war jemand jung geblieben, wow! Und ich konnte nicht mithalten. Der Sex strengte mich an, brachte meinen Kreislauf durcheinander. Es war nicht direkt schlecht, aber ich bekam einfach Depressionen davon. Wegen der widerwärtigen Worte, die dabei gesprochen wurden? Oder weil dabei geschwiegen wurde? Oder beides, weil meistens geschwiegen wurde und wenn nicht, man Worte hörte wie »... weil, weißt du, du mußt dich selbst lieben, dann werden dich auch alle anderen lieben, denn es ist ja so, daß ...« und das Herz einen jähen Ausfallschritt hin zum Herzinfarkt machte, weil man gar nicht mehr wußte, was man und in welcher Schärfe ... ach, es lohnt nicht, darüber zu schreiben, es ginge auch am Thema vorbei.

Das Thema heißt ja: Wie ich meiner Traumfrau Ariane Sommer begegnete!

Und wir waren gerade im Frühsommer 2002, beim Durchlaufen diverser Kandidatinnen, sozusagen im Vorlauf. Um nicht zu langweilen, mache ich es kurz: Eine junge Ossi-Frau wurde mir von einem Schriftstellerkollegen empfohlen. Sie sei sehr sauber, meinte er, sehr reinlich, außerdem könne er sich für sie verbürgen. Im Osten heiratete man ja früher jung; er war mit ihr von 1988 bis 1999 verheiratet gewesen, dennoch zählte sie kaum 30 Jahre. Mit ihr hatte er seine größten Erfolge als DDR-Underground-Geheimtip gehabt, mit ihr war er einst aufgestiegen: Das sprach doch, glaube ich wirklich, total für das Girl (Thomas Meinecke, ein anderer Kollege, sagt zu allen Schriftstellerfrauen immer »girl«, wohl weil er aus Amerika kommt).

Sie war auch sofort bereit, mich zum Freunde zu nehmen. Leider war sie von Natur aus unsicher. *Sehr* unsicher. Diese Eigenschaft definierte sie. Der Kollege und Ex-Mann sagte es mir gleich. Es sei schon immer ihr alles überschattendes Problem gewesen. Man habe jahrelang daran gearbeitet. Doch umsonst. Mehrere Therapien habe sie abgebrochen. Und in der Tat: Das Mädchen sagte nichts vor lauter Unsicherheit. Ich mußte für zwei reden. Um so anstrengender war das sogenannte Soziale für mich in diesem Fall. Es war, als müsse Hannelore Kohl ihre Schwiegertochter im Hochsommer in die Türkei begleiten.

Ich brannte schon am ersten Abend vollkommen aus. Als ich mich dann zu ihr legte, schlief sie nicht ein, sondern war immer noch unsicher. Sie weinte dabei. Sagte aber nicht, warum. Es war entsetzlich. Die ganze Nacht lag sie wach und weinte, während ich aus schierer Nervenüberreizung und Totalerschöpfung einschlief. Wir trafen uns noch fünf weitere Nächte, immer geschah dasselbe, ich mußte reden bis kurz vorm epileptischen Anfall. Da floh ich aus der Stadt und erholte mich bei meiner Ex-Frau. Gott sei Dank ging das noch. Aber sie kannte mich ja und wußte, was ich brauchte und wie arg es um mich stand.

Als nächstes kam, im Mai 2002, eine junge Musikerin in mein Leben, die ich wählte, da offenbar sie *mich* gewählt hatte. Sie spielte die Erste Geige bei den Berliner Philharmonikern, war Anfang 30 und verrückt nach mir, wie es zunächst schien. Seit dem dritten Lebensjahr übte sie täglich vierzehn Stunden auf der kostbaren (sehr teuren) Violine.

Aufgewachsen war sie in einem Barockschloß. Sie war ein durch und durch prämoderner Charakter, in dem extremen Maße, wie ich ein postmoderner Charakter war. Wir hatten ideengeschichtlich keinerlei gemeinsame Schnittmenge und konnten uns, wenn kein Dritter im Raume war, nicht verständigen. Sie war sehr blond, hatte große, kobalt-, nein preußisch-blaue Augen, und als ich sie fragte, ob wir nicht heiraten wollten, hatte sie ja gesagt. Sicherlich war es halb im Scherz gewesen, aber eben auch halb im Ernst. Das reichte mir.

Sie hielt mich für einen großen Dichter, für einen heutigen Hugo von Hofmannsthal wahrscheinlich, einen göttlichen Verseschmied. Sie war noch Jungfrau. Der einzige Freund, den sie einmal gehabt hatte, war von ihr fortgeschickt worden. Hatte er sie geschlagen? Betrogen? Beides? War er Trinker gewesen? Homosexuell? Gemein? Unsensibel? Blöd? Nein, er hatte gegen irgendeine juristische Petitesse verstoßen, irgendeine Prinzipienreiterei war das gewesen von ihrer Seite aus, niemand hatte einen Schaden gehabt, ganz im Gegenteil: Der Mann hatte ein Foto von ihr mit Geige, das er gemacht hatte, sie züchtig angezogen und ernst blickend, einem Freund mit Galerie überlassen, ohne sie zu fragen. Das war der Trennungsgrund. Daß er nicht vorher gefragt habe. Natürlich hätte sie ja gesagt, aber er habe nicht gefragt. Das regte sie noch Jahre später auf, diese Verletzung eines Prinzips. Fast täglich fing sie davon an, und jedem neuen Bekannten erzählte sie den »Skandal«. Man kann sich gut vorstellen, wie solch eine Frau tot umfiele, erführe sie auch nur von einem Promille meiner Tabu- und Prinzipienverletzungen, die ich täglich und vorsätzlich begehe!

In Gesellschaft hatten wir wundervolle Erlebnisse, auch wenn es mich natürlich nervlich über alle Maßen und jede

Vorstellung, die sich ein normaler Mensch davon machen könnte, anstrengte. Wir begannen den Tag manchmal mit einer Wohltätigkeits-Matinee am Vormittag (sie spielte Geige) schüttelten Hände, machten Small Talk, wechselten dann zu einem Brunch bei befreundeten Musikern (sie spielte Geige) oder einer Geburtstags-Party in der ehemaligen Ossi-Theaterszene (sie spielte …), oder einem richtigen Konzertabend in der Staatsoper (sie …), der mit Kollegen, Librettisten und Verwandten in der Kantine ausklang. Danach fuhr ich sie nach Hause, nervlich schon das World Trade Center nach dem Anschlag. Ich fieberte der Nacht entgegen. Doch jedesmal, wenn ich die Treppen hochsprang, fragte sie befremdet, wieso ich mitginge. Ob ich vielleicht eine Intimität *erzwingen* wolle, die normalerweise niemals stattfände? Es kam stets zu äußerst häßlichen Szenen. Und immer wurde ich ungetröstet nach Hause geschickt, wo mich nur viel Valium ruhigstellen konnte.

Für sie war der Fall klar. Ich konnte mich sogar in sie hineinversetzen: Es war ein sogenannter großartiger Abend gewesen, war das nicht genug im aktuellen Stadium der Verlobung? Was wollte er *denn noch*, der unersättliche Herr Dichter? Einen Kuß? Nun, dann zeige er wenigstens Mut und raube einen! Das trüge ihm eine saftige Ohrfeige ein, würde aber als Pluspunkt gewertet werden. Ja, das Burgfräulein hätte ihn nur noch lieber nach solch einer schneidigen Tat … aber sein Ohr auf ihre unberührte Brust legen, zum schieren Pennen, oh mein Gott! Der Mann war ja unmöglich!!

Und so verlor ich sie wieder. Sie begriff, daß einer, der *so was* von ihr wollte, nicht v. Hofmannsthal war, sondern ein niederträchtiger Schurke, der sich ins Schloß geschlichen hatte. Von einem Tag auf den anderen sprach sie kein Wort mehr mit mir, ohne sich zu erklären.

Das war am 21. Juni des Jahres 2002, einem Freitag. Ich war schon wieder allein. Das Valium ging mir aus, das Nervenkostüm war nach sieben Wochen Konversation über Mozart, Bach und Brahms bis auf den Stumpf niedergebrannt. Ich konnte nicht mehr schreiben. Meinen Freunden begann ich wieder leid zu tun, und sie nahmen mich zu Partys mit, wo ich weiter abfackelte. Es war ja die Zeit der Fußball-Weltmeisterschaft, und die Freunde »kümmerten sich rührend« um mich. In großer Runde wurden die Spiele geguckt, mit viel Bier und Gelächter, immer auf niedrigstem Niveau, immer krachend lustig und derb, bis mir schwindlig wurde und ich vom Stuhl sank ins bewußtlose Nichts. Lange konnte es nicht mehr gutgehen mit mir. Denn ein weiteres Mal half mir die Ex-Frau nicht mehr. Ich schaffte mir zwei Haustiere an, wirklich intelligente Tiere, die mich gut verstanden, aber auch sie schliefen nachts lieber ohne mich. Es war zudem ein Paar, das sich sehr mochte. Bald würden sie Kinder haben.

Als nächstes kam eine Frau, über die ich nicht schreiben darf. Dieses Versprechen hatte ich ihr ziemlich am Anfang gegeben. Sie hatte nämlich vermutet, die Violinistin habe sich zurückgezogen, damit ich nicht über sie schreiben könne (ohne sie vorher gefragt zu haben!). Daraufhin wollte ich von der neuen Frau wissen, ob *sie* denn Angst vor so etwas habe. Als sie lachend bejahte, gab ich ihr das Versprechen. Ich kann daher über diesen Teil des Sommers nichts sagen und muß direkt zum Ariane-Teil übergehen, der damit begann, daß ich in einem alten Männermagazin Nacktfotos von ihr entdeckte, zufällig, beim Zahnarzt. Ich hatte noch niemals vorher eine solch *geile* Frau gesehen, nicht in Wirklichkeit, nicht im Film, nicht auf Fotos. Ich wußte: Diese geniale Schlampe mußte ich treffen!

Es war natürlich sehr einfach, sie zu treffen. Ich rief bei n-tv an, wo sie einmal beschäftigt gewesen war, wie mir ein

Freund für solche Fälle, Christian Y. Schmidt, gesteckt hatte. Ich ließ mir ein Video schicken, »Lebens Art« hieß die Sendung, die Ariane moderiert hatte.

Das war zum Lachen schlecht. Ariane konnte überhaupt nicht moderieren. Es war, als würde der Fußballspieler Ballack versuchen, die Thomas-Gottschalk-Show zu machen. Im Abspann erfuhr ich den Namen ihres Managements, rief dort an. Der Manager nahm meine Nummer auf, und Ariane rief mich an. Ihre Stimme war viel netter, authentischer und somit erotischer als auf dem Video. Wir verabredeten uns für den nächsten Tag.

Ich fand, daß sie nicht hübsch lief, als sie mir im Literaturhaus entgegentrippelte, und daß sie *überschminkt* war, als sie vor mir stand. Ich bat sie, die fetten Cremes auf der Toilette abzuwaschen, und danach gefiel sie mir besser.

Sozusagen *noch* besser. Ich mußte ihr vorspielen, ein Interview mit ihr zu machen, und damit es mir leichter fiel, machte ich das dann wirklich. In der Süddeutschen Zeitung erschien tags darauf – es war zufällig die allerletzte Ausgabe der Berliner Seite, für die ich regelmäßig schrieb – folgendes kleine und gewöhnliche Feuilleton:

Joachim Lottmanns Tagebuch.
Über Ariane Sommer.

Man sagt, sie habe eine Männerstimme, die das Aufreizende ihres Körpers konterkariere. Man sagt, die Mädels aus ›baisemoi‹ seien harmlose Kaugummi-Kids, verglichen mit ihr. Und es heißt zum Beispiel über ihre morbiden Halbweltfotos in der ›GQ‹ (brutales junges Weib wartet schlecht gelaunt und ziemlich nackt und breitbeinig/langbeinig im Fond eines Maybach auf die nächste Line), sie wirke wie Zuhälter und Hure in einem. Falsch!

Richtig dagegen: Ariane Sommer ist im Moment die erotischste Frau in Deutschland. Und: Zumindest ihr *Lachen* ist das eines Mannes. Deswegen versucht sie, es möglichst selten zu tun. Aber es gelingt ihr nicht. Es überkommt sie immer wieder, von tief unten her rollt es heran, ist nicht mehr zu unterdrücken, donnert los, und es wackeln die Wände im ganzen Lokal. Leute drehen sich um, Kellner kommen aus dem Tritt, Media-Agenten werden aufmerksam.

Ganz klar: Diese Frau will jeder kennenlernen. Und, notabene: Diese Frau ist der Magnet, um den weite Teile des Berliner Nachtlebens sich formieren. Sie hat als PR-Chefin den Club ›90 Grad‹ zur skandalumwitterten Muß-Disco gemacht, an der selbst Edmund Stoiber nicht vorbeikommt, wenn er auf Jungwähler magnetisch wirken will wie ein charismatisch-jugendlicher Führer. Oder die Sache mit der Schießerei. Berliner Zeitungsleser rieben sich monatelang die Augen: Waren Puff Daddy und Jennifer Lopez in der Stadt, mit Colt und Ballerei? Ging es so heiß her inzwischen, war man so sehr Metropole geworden? Im ›90 Grad‹ wohl schon. Und plötzlich wollten alle dieses blonde Model haben: Harald Schmidt, die Bunte, n-tv, die ZEIT, der *Playboy*. Und überall machte sie mit. Sie schreibt, dreht, moderiert, modelt und so weiter, hat ihre Kolumne, irgendwo immer ihren Sendeplatz (egal ob bei n-tv oder ONYX), bringt jetzt ihr Buch heraus und so weiter. Das wäre alles noch nichts Besonderes. Nein, sie bleibt weiter der Star im Nachtleben. Sie tanzt auf den Tischen, lacht dieses herausplatzende Männerlachen, bringt in Kuhfell-Hotpants und Over-knee-Stiefeln die Media-Manager um den kleinen Verstand. Keiner kennt so viele Partys, kennt so viele Hip People wie Ariane. Mit ihrem Adreßbuch allein könnte Schröder die nächste Wahl *doch noch* gewinnen.

Wer ist dieses Mädchen, das alle so mögen? Diese Kreuzung aus Sharon Stone, Brigitte Nielsen und Charlize Theron? Sie ist, natürlich, eine Verbündete der Männer (»Den Barbiepuppen rasierte ich die Haare ab, spielte lieber mit Autos«), mit dem Körper einer Männerphantasie, nicht von dieser Welt, zu schön, um wahr zu sein: groß, blond, schlank, gut gebaut.

Ihr Blick sagt: Laß uns Pferde stehlen gehen, oder noch was Heißeres machen! Die Frauen verharren in ohnmächtiger

Wut. Den Menschenkenner wird nicht verwundern, daß dieses *enfant terrible*, das vor Friede Springers Augen Matthias Döpfner den Kopf verdrehte, vor allem eines ist, of course: intelligent.

Mit sechs Jahren lebte die Tochter eines deutschen Generalkonsuls in Indien, später in Sierra Leone/Afrika, dann auf Madagaskar. Onkel Theo, damals der große ZEIT-mastermind, hielt Verbindung zu ihr. Mit 15 kam sie ins Internat in den USA und erlebte, wie alle männlichen Mitschüler sie triezen, pieksen und ärgern wollten. Das Prinzip »Was sich liebt, das neckt sich« kannte sie nicht aus Afrika. Prompt schlug sie immer zurück, mit aller Kraft.

»Ich habe immer alle Jungen verdroschen. Und ich hatte einen sehr festen Schlag«, lacht sie.

Seltsam: Die Geschlagenen trugen ihre blauen Flecken wie Trophäen herum, machten weiter. Mit 16 der erste Apfelkorn. Als Model entdeckt wurde sie schon vorher. Die ersten Aufträge hatte sie mit 13. Sie wußte somit immer, was sie wert war, hatte es nie nötig, sich Cliquen anzuschließen. Selbst als ›Neue‹ im Internat blieb sie so lange um sich schlagender Außenseiter, bis die tonangebenden Cliquen (»die Coolness-Clique und die Computer-Clique«) Arianes dress code übernahmen … Dann übersprang sie eine Klasse (»weil ich einfach in allen Belangen überlegen war«), machte bald Abitur und studierte Politologie. Nur noch ab und zu ein Modeljob, um die nächsten zehn Riesen fürs geliebte Studium abzugreifen. Klar hätte sie Supermodel werden können, doch bevorzugte sie es bei weitem, über Montesquieu und Proudhon zu debattieren (»Wozu die Fleischbeschau?«).

Ihr neues Buch handelt denn auch von der ›Tugend‹. All die vielen Ideen, die jetzt in »Mitte« geboren und umgesetzt werden, sind ja nichts wert, meint Ariane Sommer, wenn sie nicht Neben- oder Folgeprodukte der Tugend sind. Sie hält Berlin immer noch für the place to be, gleichwohl: Herzensbildung ist der Schlüssel zum Glück. Und Zivilcourage. Man mag das nicht glauben, wenn man in den Gazetten liest, was sie wieder angestellt hat (wieder mal bei minus drei Grad nackt in eine Badewanne voller Mousse au Chocolat gestiegen etc.), aber es macht Sinn: Solange du keinen Mitmenschen in seinen Gefühlen oder seiner Würde verletzt, darfst du alles.

Jedenfalls wenn du es dir selbst ausgedacht hast und es wirklich willst. Deswegen kommt ihr bei Reality-TV das Kotzen, und deswegen ist es o.k., wenn sie Brücken baut im Nachtleben, wenn sie Politik und Show Biz, Medien und Literatur, Cem Özdemir und Mister Hunziger zusammenführt.

Zuletzt stürmte ein Lyriker mit Gedichten (Thema: »Schöne Ariane«) auf sie zu, auf der Käfer-Terrasse im Reichstag. Sie hat ihn prompt zum Lady's Lunch mitgenommen und später ins rive gauche. »Berlin ist kreativ und boomt, egal zu welcher Weltwirtschaftskrise. Der Tanz auf dem Vulkan, darin haben wir Übung. Hier haben alle Hummeln im Hintern. Sehr viele Ideen wurden umgesetzt, weil es keine geschlossenen Kreise à la Hamburg oder München gab.«

Ja, die Newcomer hatten es hier leicht, im Schröderstaat. Es war ihr Staat, ihre Stadt, ihre Dekade. Es war die Zeit der Ariane Sommer. Und wir alle können dereinst sagen: Kinder, wir sind dabeigewesen!«

Soweit mein kleiner Aufsatz, den ich natürlich nur für sie und ihre Handynummer geschrieben hatte, die sie mir nun endlich gab. Wir sahen uns nun häufiger.

Eines Tages, als ich mit meiner Nichte Hase vor einem Premierenkino auf Ariane wartete, die uns auf die VIP-Liste wuchten wollte, dachte ich, es wäre allmählich Zeit, sich das nervenaufreibende Eventgetue zu ersparen und lieber gleich den epileptischen Anfall hinzulegen. Ich sagte zu Hase, es gehe mir schlecht, ich müsse nach Hause.

»Zuviel Trubel hier, was?« sagte Hase mitfühlend. Da stand plötzlich Ariane hinter ihr. Hase jaulte:

»Jolo will schon wieder los, dem isses hier zu voll!«

Ariane fragte, was ich denn lieber wolle. Ich sagte, ich wolle nach Hause gehen und dort auf sie warten.

»Okay«, sagte sie und drückte, nein schlug mir ihren

Schlüssel in die Hand. Sie sagte dieses berlinerische Jugendlichen-Okay, bei dem das y so dämlich überdehnt und irgendwie fragend stehengelassen wird, also *okäiii ...* und ich stand verblüfft da, in der Hand den Wohnungsschlüssel von Ariane Sommer, der geilsten Frau der Welt! Wie gesagt, sie war ein Kumpeltyp, eine Verbündete der Männer, sie zickte nicht lange rum.

Sie kam, glaube ich, um zwei Uhr nachts. Am nächsten Tag wurde es drei, am dritten vier Uhr. Danach und seitdem pendelte es sich auf halb zwei Uhr ein. Sie legt sich neben mich, und da sie eine Frau ist, die schnarcht, merke ich meistens sehr schnell, daß sie schläft. Frauen, die schnarchen, sind nicht so fürchterlich und ekelerregend wie schnarchende Männer. Im Falle von Ariane kann ich sogar sagen: Ich höre es gern.

6. Mit Sophie Dannenberg im Tierpark

Tiere sind blöde. Es gibt nichts Langweiligeres als Tierparks. Langweiliger sind nur Wälder (weil sogar ohne Tiere). Noch langweiliger als Wälder sind nur Steppen, Tundren, Wiesen, Seen, weil sogar ohne Bäume. Langweiliger als das ist nur der Mond. Da war ich noch nie. Sophie Dannenberg hat mich in den Berliner Tierpark geschleppt.

Das war ihr Wunsch.

Dort wollte sie mir dieses seltsame Buch mit dem Schauerromantitel »Das bleiche Herz der Revolution« erklären, bei einem gepflegten Spaziergang zwischen Riesenreihern und »katzenähnlichen Kleinbären mit auffälliger Gesichtszeichnung«, vulgo Pandas.

Nun sieht die Frau, die behauptet, Sophie Dannenberg zu heißen, phantastisch aus, Mitte 20, sehr blond, aber Fakt ist: sie heißt ganz anders. Nämlich Charlize Theron. Da wette ich. Jedenfalls eher als Dannenberg. Sie gibt zu, sich den Namen nur ausgedacht zu haben. Um ihre Familie zu schützen. Seitdem rätselt die 68er-Fachpresse, welche Familie das denn sei. Die der Dutschkes? Manche behaupten, K. D. Wolff sei ihr Vater. Ich bringe Bernd Rabehl ins Spiel. Sie braucht ein paar schwer geseufzte Sekunden, um das mit letzter Kraft zu dementieren. Vielleicht war ich nahe dran.

Ich will mich berichtigen: Es gibt noch etwas Langweiligeres als Tiere, Steppen oder Mond, nämlich das Thema »68«, oder »68 und die Folgen«, oder all die Synonyme wie »Der heiße Sommer der Liebe«, oder »Die verdammt geilen Monate der Anarchie« und so weiter, oder eben jetzt »Das fahle Gesicht der Revolte«. Es gibt absolut *keine* Möglichkeit, sich auf diesem Terrain zu bewegen, ohne alle zu langweilen.

Bei Adolf Hitler und seinen wilden Jahren ist das sonderbar anders. Obwohl auch hier alles gesagt ist, interessiert es jeden.

Ich merkte es bei meiner Recherche. Freunde, die ich anrief, um ein bißchen übers Thema zu reden, um irgendeine Anregung zu erzwingen, legten auf, manche entschuldigten sich gähnend, andere selbst ohne dem. Meine Frau, die nie lügt, stammelte plötzlich etwas von der Verbindung, die so schlecht sei, der Funkkontakt reiße ab. Dabei war es Festnetz. Der arme taz-Redakteur, der das Buch der schönen Oskar-Gewinnerin schon letzte Woche rezensieren mußte (s. taz v. 8. 8. 2004: »Fahl bleibt unser Herz zurück«), reichte danach Urlaub ein.

Ich hatte es besser. Der Berliner Zoo ist wie eine Farm in Afrika. Gleich bricht Meryl Streep aus dem Gehölz bzw. Gebüsch, gefolgt von Klaus Maria Brandauer. Die Sehnsucht aller Spießer nach Tieren (weil die nicht denken und Denken was Schlechtes ist) ... der Deutsche *fühlt*.

»Letztendlich sind alle Gefühle faschistisch«, zitierte der junge Diederichsen einmal Gottfried Benn.

Ein kleines Pillhuhn schwimmt in dem mächtigen Wassergraben, der die Löwen daran hindert, die zuguckenden Menschenkinder bestialisch zu zerfleischen. Verglichen damit, wären die Geiselnehmer von Beslan sogar noch Humanisten. Oben dreht schon der Riesengeier seine Runden.

Die puppenhafte Autorin spricht über Nashörner, die Säugetiere seien oder so, wie die Schweine. Es gebe aber auch menschliche Schweine, die säßen in den Zeitungen. Vielen Dank. Da reden wir dann doch lieber über die Alt-68er:

»Gnädiges Fräulein, was halten Sie von Adorno?«

»Er war radikal, depressiv, brillant. Es hätte mich interessiert, was er geschrieben hätte, wenn er noch zehn Jahre länger gelebt hätte.«

»Depressiv und radikal, sagen Sie ...«

»Nein, ich sagte radikal, depressiv und brillant.«

»Ach gewiß. Also wenn es so ist, dann hat ihn wohl die Studentenbewegung auf dem Gewissen?«

»Das hat ihn alles sehr mitgenommen. Die Institutsbesetzung, das Busenattentat und so weiter. Kennen Sie das Busenattentat?«

»Nein. Klingt interessant.«

Sie erzählt, daß drei blutjunge Kommilitoninnen mit ziemlich festem Bindegewebe nackt vor Adorno am Katheder getanzt hätten, um zu zeigen, wie verklemmt er war. Kurze Zeit später kriegte er einen Herzinfarkt.

»Beweis gelungen, sozusagen. Haben sich die jungen Dinger denn je entschuldigt?«

Natürlich nicht. Die ganze Bewegung sei autoritär und faschistoid gewesen, lautet Sophie Dannenbergs These. Ihr Roman ist eine zutiefst haßerfüllte Abrechnung mit den Sauereien und Ferkeleien der Alt-68er, die zudem heute an der Macht seien. Und da sie das seien, sei eine Aufarbeitung dieser Zeit so schwer. Adolf Hitler konnte man irgendwann aufarbeiten, aber der war ja auch nicht mehr an der Macht, seit dem 30. April 1945.

Die Affen sind wirklich niedlich, auch weil sie sich manchmal in den Arm nehmen und liebhaben. Das tut kein anderes Tier. Die Jungen jagen sich die hohen künstlichen Felsen rauf und runter; das sind Verfolgungsjagden wie im Actionfilm, halsbrecherisch. Aber keiner zerschmettert dabei, gegen alle Wahrscheinlichkeit. Ich sehe auf die vielen, vielen Affen, höre aber natürlich weiter konzentriert zu, das gebietet die Berufsehre des guten Journalisten. Vom handkleinen Baby bis zum lebensgroßen Langhanspavian ist alles vertreten, die vermehren sich wohl viel und haben Spaß in der Gefangenschaft. Ein bißchen irre ist diese Sophie Dannenberg natürlich schon, das muß man einfach sagen dürfen, also so starrblickig und ausgestopft, mit Dauerwelle und zugeknöpftem 50er-Jahre-Damenmantel, aber ich höre ihr tatsächlich gern zu:

»Mein Vorwurf an Adorno ist, daß er das Konzept Familie zerstört hat und als Brutstätte des Autoritären verunglimpft hat …«

Wir gehen weiter.

Sie erzählt von den Millionen Heranwachsenden seitdem, die in ihren Eltern keine Autorität mehr finden, keinen Halt. Kinder, die in Erfurter Gymnasien Lehrer exekutieren, um sich dafür zu rächen. Schon die ganze antiautoritäre Bewegung damals erzählte in einer Art Wiederholungstrauma den Schmerz über den Verlust elterlicher Autorität. Denn die Kriegsgeneration der Väter hatte jede echte Autorität verloren oder abgelegt. Wo es noch Autorität gab, war es eine angemaßte und behauptete.

Schöne These. 1945 keine Autoriät mehr, 1968 nicht mehr, heute auch nicht mehr. Deswegen sehen wir den Oliver-Hirschbiegel-Film so gern. Adolf Hitler und die letzten zwölf Tage unserer finalen Autorität. Und danach mit der Kalaschnikow ins Gymnasium! Ein Gorillaweibchen steht jetzt da, nur einen Meter vor mir, nett, groß, freundlich, direkt. Ich lese: »Weibliche Gorillas (100 bis 300 Kilogramm) verlassen mit der Pubertät ihre Geburtsgruppe. So sind die sozialen Bindungen zwischen Weibchen einer Gruppe mangels Verwandtschaft nur schwach.«

Mutiges Weibchen!

Mir gefällt sie, wenn auch nicht so gut wie das alarmblonde Menschenweibchen, das sich bei mir untergehakt hat und weiter ihr Lied singt:

»Adorno war natürlich auch ein Frauenheld. Aber er hatte etwas enorm Unschuldiges, ja Teddyhaftes. Bis fast zuletzt blieb er unschuldig. Als er dann am Ende merkte, daß er sich schuldig gemacht hatte, war es zu spät …«

»Armer Adorno. Aber in Ihrem Roman lebt er doch weiter?«

»Meine Romanfigur hat noch andere Züge, trägt bessere Anzüge und so weiter. Adorno wurde indirekt umgebracht, bei meiner Figur läuft das Leben noch etwas anders.«

»Waren seine Gegner wirklich so scheußlich?«

»Ja. Ausgerechnet bei einem Vortrag über Iphigenie, eine der schönsten Figuren der Literatur, wurde er auf so derbe Weise lächerlich gemacht. Die 68er waren völlig unfähig, so etwas wie Unschuld und Reinheit wahrzunehmen. Sie hatten nur primitive Arroganz. Sie haben die Aufklärung verraten!«

»Aber geschadet hat es doch nicht wirklich, oder? Laufen hier irgendwo Leute rum, die in Lagern gesessen haben, wie in China? Es war doch alles nur Spaß! Bonnie and Clyde, Spaßguerilla, Haschrebellen, Sommer der Liebe! Kinder, was ham wa jelacht!«

Sie sieht mich so gnadenlos wütend an, daß mir das Blut gefriert. Kein Zweifel, *sie* hat in so einem Lager ihre Kindheit verloren, in so einem antiautoritären Kinderladen, der autoritärer war als jede Mao-Kindermiliz:

»All die sexuellen Schweinereien in den Kinderläden …«

Sie bringt den Satz nicht zu Ende, weicht aus auf Wilhelm Reich. Der habe die forcierte Pädophilie zum unbedingten Muß einer jeden emanzipierten Erziehung gemacht. Die nie angezweifelte These sei gewesen, daß Kinder eine genauso starke Sexualität hätten wie Erwachsene und daß diese nur unterdrückt sei und befreit werden müsse. Mit aller Gewalt wurden die Kleinen sexualisiert. Sie schüttelt sich.

»Aber es war doch nur, wie das Wort schon sagt, ein einziger Sommer! Vielleicht auch drei, aber keine Zeitspanne, um Menschen zu zerstören.«

»Das ging rein bis in die späten Siebziger, und danach kamen die Leute selbst an die Macht, rein in die Institutionen, und blieben da bis heute.«

Horror! Schrecklich! Der Pädophilenstaat hatte uns seit 36 Jahren fest im Griff. Aber Moment mal: Die Kleine konnte doch unmöglich noch einen Kinderladen selbst erlebt haben?! Das waren doch alles Phantasien! Mußte man auch haben als gute Schriftstellerin.

»Wie alt bist du?«

»Alt genug!«

»Welches Geburtsjahr?«

»1971.«

»Gut gehalten … hätte Sie deutlich jünger geschätzt … da haben Sie natürlich einiges durchgemacht!«

»Diese Flugblätter müssen Sie sich durchlesen von damals. Alle trieften vor Haß, wirklich alle! Die Brutalität war riesengroß, gerade in der Erziehung. Das ist ja alles dokumentiert. Kinder sollten möglichst früh politisiert werden. Sie sollten möglichst früh das Elend der Welt kennenlernen. Sie sollten keinen Schutzraum haben und so weiter.«

Löwen brauchen endskraß lange Gehegeflächen und sind trotzdem immer schlecht drauf. Ich kann diese müden Viecher nicht leiden. Sie erinnern mich an unsere bayerischen Mitbürger, vielleicht wegen der Löwenbräu-Werbung früher.

Warum wollte Sophie bloß hierher?

Sie redete rhythmisch weiter, nicht unähnlich den verhaßten früheren Intellektuellen.

»Alles was sie taten, war auf Zerstörung ausgerichtet. Auch auf die Zerstörung persönlicher Bindungen. Idealbild war die Gruppe. Alle persönlichen Differenzierungen wurden unterdrückt. Identität aber ist nichts anderes als Differenzierung. So waren die Alt-68er gegen jegliche Identität an sich! Das Ideal war der egalisierte, gleichgeschaltete Mensch, der nicht mehr denkt! Pflichtlektüre damals war Horst Eberhard Richters Buch DIE GRUPPE. Bis heute ist dieser Mensch dafür nicht zur Rechenschaft gezogen worden! Er läuft noch immer frei herum, mitten unter uns, wie ein ganz normaler ehrenwerter Mitbürger!«

Ihr Zeigefinger war bei jeder Silbe in die Luft gezuckt, wo er nun zitternd ein paar Sekunden verweilte und nachbebte.

»Würde es etwas nützen, wenn ich dem Mann einmal auflauerte und ihm eine Watschn verpaßte?« wollte ich wissen, ganz devot und hilfsbereit. Man tut ja gern mal was Gutes, wenns denn hilft.

Man war bei den Elefanten angekommen, Sophie lief immer schneller, hatte auch gar kein Auge für die Tiere. Ein Leierkasten verdarb ein bißchen die temperamentvolle Stimmung. Ich hätte die nervöse Frau jetzt beruhigend in den Arm nehmen können, aber dazu war ich zu sehr Profi. Mir ging es nur um die Quotes, um den Artikel. Danach würden wir uns nie wiedersehen, und ihren pädophilen Alt-68er-Verführer konnte sie selbst kaltmachen. Ich mischte mich nie in anderer Leute Angelegenheiten.

Ich räusperte mich und sagte förmlich:

»Letzte Frage: Ist der Marxismus als Methode des Denkens und Analysierens für Sie gleich mitgestorben?«

»Ja.«

»Und wie sollen sich die neuen EU-Mitgliedsländer dann ihr kommendes Elend erklären? Sie werden Wanderarbeiter und müssen ihr im Westen verdientes Geld in neuen polnischen Lidl-, Aldi- und Pennymärkten abliefern.«

»Ich verstehe die Frage nicht.«

Egal. Ich schaltete das Tonband aus und blickte auf die Elefanten. Eine Horde Grundschulzwerge stand quietschend und piepsend um sie herum, vor allem Mädchen, ganz zutraulich. Die Jungen legten Brotreste in die Rüsselöffnungen, das sah wirklich nett aus. Ich glaubte schon, daß die Elefanten uns Menschen freundlich gesonnen waren. Und im Tierreich waren das echte Autoritäten!

Sie ist die einzige namhafte Marxistin Deutschlands und trotzdem noch ein Twenty-Something. Sie ist die mit weitem Abstand schönste Frau der Politik, betörender als Benazir Bhutto je war oder diese arretierte Oppositionsführerin in Burma. Andauernd wird sie mit Rosa Luxemburg verglichen; dabei ist sie viel attraktiver als diese, und mutiger: Rosa befand sich mit Millionen im gleichen Trend, Sahra steht allein. Wer sonst möchte heute noch als kompromißloser Stalinist gelten? Selbst Gregor Gysi drohte, die PDS zu verlassen, sollte der eiskalte Engel der »Kommunistischen Plattform« weiter im Politbüro der Partei sitzen. Das war vor Jahren, und seitdem ist sie bundesweit bekannt.

Damals, 1995, wirkte sie noch härter und gnadenloser als heute. Eine Masochismusphantasie, die man nicht ernst nehmen konnte: in den Illustrierten das frontale Schwarzweiß-Foto von der jungen, viel zu schönen Frau mit dem streng zurückgekämmten Haar, ein Fahndungsfoto, dazu immer das Wort: Stalin. Man stellte sich einen Gulag vor, eingesperrte Skinheads zu Hunderten in Sträflingsanzügen, gefolterte Deutsche von der DVU und den Republikanern, und die Lagerkommandantin Wagenknecht mit der großen Peitsche dazwischen. Und abends immer Schauprozesse.

Heute sieht sie etwas milder aus. Sie hat sogar geheiratet. Nicht einen CDU-Banker aus Hollywood, wie zu lesen war, sondern einen rheinischen Luftikus, der schon einen Teil seines Lebens in U-Haft verbrachte, aber immer wieder auf die Beine fällt. Zu seiner Jung-Baron-Münchhausen-Vita zählt zum Beispiel, daß er mit 13 Jahren Altkanzler Helmut Schmidt interviewte, oder daß der Verfassungsschutz ihn schon mal für einen RAF-Terroristen hielt, ihn mitsamt Sahra observierte und heimlich anschwärzte. Eine ekelhafte Geschichte.

Die schöne Querulantin kandidiert in Dortmund für den Bundestag. Könnte sie jedem Wähler einen flüchtigen Kuß auf die Lippen setzen, wäre ihr der Sieg sicher, zumal gegen einen mediokren SPD-Hinterbänkler, der den Wahlkreis seit 28 Jahren hält, ohne daß ihn jemand kennt. Der Mann heißt »Urbaniak« oder so, klingt wie ein sowjetisches Ulkwort, und weil Sahra nie von ihm gehört hatte, besuchte sie eine SPD-Versammlung.

»13 Hanseln saßen da rum, alle oberhalb des Rentenalters. Entsetzlich.«

Zu Sahra Wagenknecht kommen jeden Abend Hunderte, vor allem aber junge Leute.

»Wenn ich mit denen die halbe Nacht diskutiere und dann merke, wie eine Mauer fällt, ist das für mich der glücklichste Moment politischer Arbeit.«

Nicht nur für sie. Mit der Rosa-Luxemburg-Wiedergängerin, mit deren frappierend erotischer Ausstrahlung ja keiner rechnet, diskutiert jeder gern, der sich einen Rest Geschichtsbewußtsein bewahrt hat. Was aber die Mauer betrifft: Als in Berlin die Mauer fiel, blieb Sahra zu Hause und las Kant. So lange, bis sie die Buchstaben nicht mehr erkennen konnte, vor Tränen.

Sie liebt die DDR bis heute. In ihrem Zimmer hängt angeblich ein Ulbricht-Poster, wie sie kürzlich in einem Interview bestätigte, und es hing da schon, als bei anderen ihres Jahrgangs noch Michael Jackson über dem Mädchenbett prangte. Als damals die Nachbarn mit schweren Tüten voller Apfelsinen und Bananen aus dem Westen die Treppen hochkamen und sich abschleppten bis zum Herzinfarkt, blieb sie konsequent im Ostteil der Stadt. Wozu den siegreichen Klassenfeind auch noch besuchen? Erst in den 90er Jahren schaute sie mal rein, bereits als politische Aktivistin. Aufgewachsen war sie übrigens bei den Großeltern in Jena:

»Eine mehr dörfliche Atmosphäre, wo man als Kind besser allein sein konnte als in der Stadt.«

Zwei Jahre vor der Einschulung lernt sie lesen und schreiben. Seitdem liest sie und ist noch lieber allein.

Mit 15 lernt sie Goethes Faust I und II auswendig. Geht man mit ihr heute durch die Straßen, merkt man, daß sie nichts um sich herum wahrnimmt: nicht die Menschen, nicht die Häuser, nicht die Landschaft. In Gedanken ist sie eben bei Goethe. Und natürlich bei allem, was ihm folgte, Marx, Engels, Lenin und Stalin. Sie lebt seit ihrem dritten Lebensjahr in den Büchern. Von der Welt sieht sie die Idee, die sie verkörpert, nicht die Welt selbst.

Das ist faszinierend. Woran man es merkt? An ihrer vollkommen unnatürlichen Unbeweglichkeit. Sie gleitet durch die Massen wie eine hölzerne Madonnenfigur. Sie reagiert auf kein Lachen, wie Kinder, die die Witze der Erwachsenen nicht verstehen. Man fährt im Aussichtswaggon durch die nun wortwörtlich blühenden Landschaften Oberbayerns – sie spricht in München und Ingolstadt –, und sie redet von Armut, Zinsknechtschaft und der Kluft zwischen den Klassen. Stundenlang herrliche Wälder, frischverputzte Häuser, saftig-satte Almhütten, kristallklare Seen, azurblauer Himmel, fröhliche Menschen, gesundes Vieh.

»Wir fahren durch wahrhaft blühende Landschaften, Frau Wagenknecht. Sehen Sie das nicht?«

Nein, sie schaut nicht aus dem Fenster, reagiert nicht darauf, spricht weiter vom Arbeitsamt, von Lohndumping, von der Profitrate.

»Die Menschen werden entlassen und zu schlechteren Bedingungen wieder eingestellt.«

Das Vieh auch?

»Da ist die sozial Schwächere, die putzen geht und glaubt, der Ausländer verdirbt ihr den Preis.«

Was, hier im Wald?

Nein, in Dortmund natürlich. Das ist ihr Wahlkreis. Länger als drei Wochen hat sie da aber noch nicht gewohnt. Das Nachtleben dort kennt sie nicht und die Bürger auch nicht. In Lokale geht sie nur, um dort Termine wahrzunehmen. Der ganze Freizeitbereich ist ihr unbekannt. Tanzen, Spaß, Drogen, Sex? Schon die Frage läßt man lieber. Eigentlich ist das doch recht sympathisch: Auch Rosa Luxemburg hätte die Disco gemieden. Marx hätte den Joint dankend abgelehnt.

Goethe hatte bekanntlich seinen ersten One-Night-Stand erst im 40. Lebensjahre, sicher wußte er, warum erst so spät. Wozu doof herumficken, wo er doch so hübsch dichten konnte? Dennoch: Daß Sahra nicht wenigstens zu ihren neuen Nachbarn gute Beziehungen aufbaut, erklärt nur eine ungoetheanische West-Phobie.

»Deutschland war für mich die DDR. Was sollte ich mit dem Westen ... ich hatte ja auch nichts in Frankreich oder so zu suchen ... Zum Glück war Goethe ja in Weimar und so.«

Sie lacht. Geboren war er in Frankfurt am Main. Scheiße. Na, egal.

Mit der Ingolstädter PDS-Bundestagsabgeordneten Eva Bulling-Schroeter wird an diesem Tag des Endwahlkampfs »über Straßen und Plätze gezogen« (so das Kohl-Wort). Aber während die MdB Hände schüttelt und flapsige Bemerkungen in die Menge wirft wie Kußhände, gleitet die kommunistische Ikone wie auf Schienen an den diversen Schauplätzen und Wessi-Wählern vorbei.

»Die Bullinger« ist Profi-Politiker und Bürgerschreck zugleich: Vom Outfit her könnte sie beim Revival-Konzert der Ramones mitspielen, als späte Suzi Quatro und Punk-Oma, aber leutselig und »spontan« ist sie wie Gerhard Schröder.

Die unnahbar schöne Wagenknecht dagegen trägt ein perfektes, akkurates, steingrau-stählernes Kostüm mit mattsilbernen Knöpfen, als wäre sie die Alibifrau im Vorstand der Deutschen Bank.

Passend dazu die ebenfalls steingrauen Nylons, von denen der linke eine verräterisch wirkende Laufmasche aufweist, die man einfach verfolgen muß bis in den hochsitzenden Rock hinein: Was für herrlich schlanke Beine sie doch hat und wie knapp der Rock sitzt – ohne Laufmasche wäre einem das gar nicht aufgefallen.

Und die makellosen Knie. Aber das Inhaltliche ist wichtiger, vor allem ihr. Wie wird sich die Welt ohne ein sozialistisches Gegengewicht entwickeln? Wie kann der Planet überleben, ohne Ulbricht? Doch Spaß beiseite, denn ist es spaßig, wenn das SPD-geführte Arbeitsamt die Bezüge kürzt? Darum geht es ihr, und darüber spricht sie auch mit den Menschen. Sagt sie. Wen interessiert schon, daß sie besser aussieht als Cathérine Deneuve in ihren coolsten Filmen? Daß ihre Haut bronzefarbener, reiner und samtiger ist als die von Verona Feldbusch? Daß ihre Augen größer, dunkler und grasgrüner sind und weiter auseinanderstehen als die von ... lassen wir das! Schnell eine Frage: Welchen lebenden Politiker mag sie am meisten?

»Fidel Castro!«

Über ihren Vater spricht sie nicht. Der kommt in ihrer Biographie nicht vor. Der Großvater war Proletarier bei Zeiss. Lothar Späth hat dann 90 Prozent der Leute entlassen und wird dröhnend auf CDU-Jubelfeiern beklatscht, wenn er sagt:

»Bey unsch kennma sähn, was shareholder value bedeutet, weil unsere Arbeiter se meistensch scho han!«

Da schüttelt es die Kommunistin. Ihr Blick wird finster, als sähe sie den Späth im verdienten KGB-Folterkeller, Elektroden an den Händen, Berija mit schneidender Stimme vor sich. Aber, ach!, ist's doch nur Phantasie ...

Als Kind lebt sie nicht immer dort, sondern wird zurück zur Mutter gegeben, Prenzlauer Berg, Altbauwohnung mit Außentoilette. Sie geht in die zweite Grundschulklasse, als man eine nagelneue Wohnung im sozialistischen Utopia erhält: Marzahn, Plattenbau!

Eine Großsiedlung vom Feinsten. Sahra empfindet es nicht als Ghetto, liebt die Grünflächen, hält sich aber weiter abseits, meidet alles Gesellige. Kerzengerade und unbeweglich steht sie inmitten der Grünfläche und liest ›Lohn, Preis und Profit‹, ließe sich zumindest mutmaßen.

Eigentlich ist so ein Mensch wie Sahra Wagenknecht sehr gefährdet. Ihre Schultern sind stolz – zu stolz. Gegen den Angriff eines noch nicht einmal ausgewachsenen Schäferhundes könnte sie sich in ihrer Steifheit und Körperlosigkeit keine fünf Sekunden lang verteidigen. Ein Vergewaltiger und brauner Schläger hätte leichtes Spiel. Umgekehrt kann man sich alte Kintopp-Filme vorstellen, in der Sahra die Rolle des Diktators übernimmt, der mit tiefgefrorenem Lächeln den Einsatz der Atombombe befiehlt und mit Glacéhandschuhen den roten Knopf dazu bedient: absolut beherrscht, minimalistisch und unspontan. Aber konsequent.

Nun gut, das sind Tagträume.

Die reale PDS-Führerin hält abends eine insgesamt doch flammende Rede. Erst sitzt sie wieder autistisch wie ein Marsmännchen am Vorstandstisch, aber als sie dran ist, merkt man doch, daß sie schon drei Bücher über Wirtschaftstheorien geschrieben hat und täglich die FAZ akribisch von vorn bis hinten durchliest. Und sie hat Faust I/II ja WIRKLICH ganz und gar auswendig gelernt, alle zwanzigtausend Verse, das ist ja kein PR-Gag, läßt also zwingend auf »Genie« schließen. Da bekreuzigt sich selbst Gysi, und Kohl guckt besonders doof.

Sie spricht davon, daß die Wirtschaft soviel Geld macht wie noch nie und die Leute trotzdem immer ärmer werden. Daß die Volksökonomie so gut in Schuß ist wie nie zuvor, blendend dasteht, seit Jahren schon, immer mehr verdient, unverschämt viel und schnell und immer mehr und immer schneller, und trotzdem die Einkommen pausenlos gekürzt werden. Daß 0,8 Prozent der Bevölkerung die Mehrheit der 5400 Milliarden Mark Vermögen besitzen und inzwischen alles steuern, weil es keine sozialistische Gegenmacht mehr gibt. Und daß Schröder diesen Mächten längst verpflichtet ist, weil er sonst gar nicht so weit nach oben gelassen worden wäre.

Stille im Saal. Die Autonomen, die Halstuchträger, Schmuddelkinder, Grauen Panther, Spastiker, Kiffer, Salonbolschewiken, Arbeitslose, Journalisten, Neo-Punks, Altstudenten, Neugierige, Nachbarn und Bürger und Penner: sie reiben sich die Augen.

Der Geist eines Verstorbenen steht da vor ihnen. Der Sozialismus in Engelsgestalt. Als Wahrheit sozusagen.

8.   Mit Kathrin Passig in der
Zentralen Intelligenz Agentur

Kathrin Passig hat ein Buch über Sadismus geschrieben. Deswegen wird sie hier porträtiert.* Die attraktive 28jährige ist, obschon lange eine ›Paparazza‹, nun selbst berühmt geworden oder dabei, es zu werden. Man darf sie beobachten.

Wer sich für Kathrin Passig mehr interessiert als für Joachim Lottmann, also alle, überspringe die Passagen, in denen das Wort »Ich« auftaucht, und klicke direkt auf das nächste Wort »Kathrin Passig«: Hausmeister Anko Ankowitsch hat sich bereit erklärt, dieses Wort immer fett zu drucken. Das macht es uns allen leicht, und der Autor fühlt sich wohl.

Der Leser, der sich trotzdem durch die nun folgenden endlosen Episteln quält, wird wissen wollen, was all das persönliche Gedröhn mit der bekennenden Sadistin hier zu tun haben soll. Aber es ist ja nicht für den SPIEGEL. Wir werden sehen. Die Freiheit nehm ich mir.

---

* Kathrin Passig kannte damals kein Mensch, jedenfalls nicht außerhalb der linken Szene. Ihr Sadismusbuch erschien mir wie ein Service-Heft für eine kleine Zielgruppe, vergleichbar dem Michelin-Führer für Gourmets und Hotelfreunde. Frauen, die unbedingt ihren Mann verprügeln wollten, konnten das Ding kaufen und fuhren dann zum Baumarkt, um die angegebenen Instrumente zu holen. Das alles hatte keinen intellektuellen Hintergrund.

Der Blog »Wir höflichen Paparazzi«, der damals schon einer der erfolgreichsten mit vielen hunderttausend Einträgen war, machte sie ein bißchen bekannter, jedenfalls mein Text, der monatelang an der Spitze stand und sogar heute noch von irgendwelchen Leuten heruntergeladen wird.

Trotzdem hätte damals keiner gedacht, daß Kathrin Passig den Bachmann-Preis gewinnen würde. Heute gehört sie unangefochten zu den Top Ten der schreibenden Frauen in Deutschland.

Angefangen hat alles mit dem berühmten Max-Goldt-Abend, beschrieben bereits in den ›Hoeflichen Paparazzi‹ (bisher 188 Zuschriften).

Es war der Abend, an dem Goldt ein erstes und letztes Mal mit seinem alten Lektor vom Haffmans Verlag und seinem neuen Lektor von seinem neuen Verlag zusammensaß und trank. Ich kann mir vorstellen, daß ihm das unbehaglich war – vielleicht. Da spekuliere ich nur. An seiner Stelle wäre es mir das gewesen. Dazu saß ihm gegenüber dieser ungewöhnliche Mensch, ich also, und das komplizierte die Sache sicher noch.

Goldt ist ein wundervoller Mann, und hätten wir mehr davon, wäre Deutschland zivilisiert. Aber ungewöhnlich ist er nicht. Ich merkte es daran, daß er mit mir nichts anfangen konnte. Ich kenne nämlich durchaus das Erlebnis, auf einen gleichgesinnten Fremden zu treffen und sich von der ersten Sekunde an innig zu lieben und zu erkennen.

Ich war nur mitgegangen, weil mein eigener Lektor, in Personalunion halt Max' alter Haffmanslektor, mich dazu gezwungen hatte. Ich würde für den alles tun, denn ein Autor ist ja immer ganz verschossen in seinen Lektor, sonst könnte er gar nicht schreiben. Ich ging also mit und unterstützte den Lektor bei seinem schweren Gang. Tatsächlich stellte sich heraus, daß Goldts neuer Lektor (das Wort nun zum letzten Mal) nicht ohne war.

Ich konnte Goldt verstehen, daß er rübergemacht hatte auf die andere Seite. Bei dem, Alexander Fest hieß der, hatte ich nämlich das eben genannte Gefühl, auf einen gleichgesinnten Fremden zu treffen. Die gesamte Debatte zwischen Goldt und mir wurde nur von einem verstanden, diesem Fest nämlich. Jedenfalls politisch. Nun kommen wir auch aus vergleichbaren Familien. Unsere Ahnen hatten sich schon in Rahels Salon getroffen. Trotzdem – man verriet Gerd Haffmans nicht, diesen besten Menschen der Zunft. Ich hatte mehr als einmal in tiefster finanzieller Not seinen Beistand gefunden, einmal hatte er mir einen hohen vierstelligen Betrag einfach GESCHENKT, weil er eben anders tickt als ein Buchhalter von Gruner & Jahr ...

Doch zurück zum Thema.

Das Leben ist vielschichtig. Nicht alle gleichgesinnten Fremden mögen mich. Viele, die mich gar nicht verstehen, mögen mich trotzdem. Tragisch aber wird es, wenn Leute, die ich WIRKLICH bewundere, mich verachten. Diese Erfahrung habe ich in meiner zweiten Lebensphase auf das schmerzlichste fast durchgehend machen müssen. Als ich jung war und mit dem Schreiben begann, hatte ich drei Vorbilder: Maxim Biller, Rainald Goetz und Matthias Matussek.

Die ersten beiden haben mich gehaßt. Und zwar nur aus dem einen Grund, daß ich sie so bewunderte. Nun wäre das ja nicht schlimm. Nur: Ich konnte nicht aufhören, sie zu bewundern. Und ich wußte: Solange sie nicht schlecht wurden (im Schreiben), konnte ich nichts gegen meine Zuneigung tun. Ich kaufte an jedem Monatsende das neue TEMPO-Heft, hoffend, Biller hätte endlich eine schlechte Kolumne geschrieben. Umsonst. Ich konnte nur »richtig!« brüllen bei jedem Satz.

Später in Talkshows dasselbe Bild: Immer sagte Biller genau das, was gesagt werden mußte. Als einziger. Das Fernsehen war arm ohne ihn. Nun sind Biller, Goetz und ich (und Matussek) ja eine Generation, und wir begegneten uns unfreiwillig immer wieder.

Rainald übernachtete bei mir, wenn er in Hamburg war, manchmal gingen wir in München spazieren. Wir trafen uns auf Buchmessen, Partys, im Schumann's, gefielen uns als Undercover-Agenten bei Burda. Wir hatten, auch mit Biller, so viele gemeinsame Freunde, daß wir uns vertragen mußten. Aber meine Zuneigung war immer schwerer zu verbergen und die Verachtung, die sie hervorrief, ebenso.

Das alles hat natürlich viel mit dem neuen Buch von Kathrin Passig zu tun. Mit Sadismus also. Ich will nicht sagen »auch mit Masochismus, denn dazu gehören immer zwei«, denn meine Wertschätzung hing nachweisbar mit dem zusammen, was sie schrieben, und nicht mit ihrer Behandlung meiner Person.

Als dann – zehn Jahre hatte ich auf diesen Tag warten müssen – Biller endlich literarisch komplett versagte, war der Spuk vorbei. Ich spreche von seinem unsäglichen Roman von vor einem Jahr. Als ich ihn kürzlich auf der Straße traf, bin ich durch ihn hindurchgegangen, als wäre er nicht da. Als wäre er Luft. Ich habe es selbst nicht bemerkt. Vielleicht hat er es bemerkt. Vielleicht läßt sein Haß nach. Ein Haß, der irrational und gefährlich war, nebenbei bemerkt. Für Maxim stand fest, daß ich ein »Antisemit« sei. Das war exakt so absurd, als würde man ihn selbst so nennen. Mir brachte das furchtbare Nachteile ein.

Und was Rainald alles über mich in Umlauf bringt, wissen ja die meisten von Euch, wie ich gehört habe. Da mir aber das letzte Buch »Rave« von ihm besser gefallen hat als all seine vorangegangenen, kann ich nicht umhin, ihn zu mögen. Wenn ich Pech habe, wird er NIE schlecht! Und er wird mich auch in zwanzig Jahren noch als Raspe beschreiben, jenes Alter ego (oder auch nur Ego) aus seinem Erstling »Irre«. Er muß auch keine Rücksicht mehr auf gemeinsame Freunde nehmen. Die sind uns ausgegangen.

Zuletzt hat Joseph von Westphalen noch mal für mich Partei ergriffen (»Jetzt laß doch endlich den Scheiß mit dem Lottman-bashing«). Bei Biller war es seine Freundin. Ich hatte sie doch tatsächlich – so weit kann man als Fan sinken – um eine »Zweite Chance« angefleht. Ist aber schon länger her. Und war natürlich kontraproduktiv: Die Leute können ja nicht raus aus ihrer Veranlagung.

Aber bevor ich jetzt als Hardcore-Masochist verdächtigt werde, noch kurz der Gegenbeweis: Der Dritte im Bunde meiner Vorbilder, Matthias Matussek, hat auf meine hemmungslose und objektiv unverschämte Verehrung mit einer gleich starken Gegenverehrung reagiert. Ich war gerade sechs Wochen sein Gast (er leitet das SPIEGEL-Büro in Rio de Janeiro), und nach wie vor besorgt er sich jede Zeile, die ich schreibe. In der Mailbox fast täglich irgendein heißes Lob von ihm. Was ich mal mache, wenn ER nicht mehr gut schreibt, weiß ich noch nicht. Aber ich weiß, was er mit einer Frau wie Kathrin Passig machen würde.

Die schreibt nun allerdings auch hervorragend. Ich könnte glatt ihr Fan werden. Ich tippe mal, sie würde nicht wie Matussek darauf reagieren. Aber anders als Goetz und Biller hätte sie die Peitsche schon im Schrank – sie würde nicht blind und irrational handeln. Das war der interessante Punkt daran. Kathrin Passig und der etwas andere Sadismus.

Ich will nun, da ich hier als Paparazzo schreibe und nicht als Autor, nichts über eigene sexuelle Dinge sagen. Dafür sind Worte nun wirklich nicht da. Das wird jeder verstehen, der schon einmal glücklich war und nicht allein. Ich will auch nicht auf die sexuellen »Praktiken« eingehen, die in Kathrins Buch beschrieben werden. Ich bin Paparazzo und sage Euch, wie Kathrin ist, wie sie aussieht, wie sie guckt, was sie sagt und was sie anhat! Ob sie ein burner ist, ob sie sozusagen cool ist, oder wieder nur so ein Produkt wie wir selbst, eine schlotternde Maulheldin.

Um an sie heranzukommen, mußte ich mich mit ihrer Busenfreundin Lacoste befreunden. Die rief mich sowieso andauernd an. Ich mag es, wenn jemand sich so um mich bemüht. Ihre mannigfachen Kontaktaufnahmeversuche mit mir waren ja im Forum nachzulesen. Der Anrufbeantworter quoll über, die Stimme klang nett, und als ich hörte, sie sei der Schlüssel zu Kathrins Herz, griff ich, männlich entschlossen, wie selten, zum Hörer. Minuten später war sie schon in meiner Wohnung.

Das war erstaunlich und in meinen Augen anerkennenswert. Ich weihte sie sogleich ein. Lacoste nahm mich mit zu einem romantischen Lampion-Abend am Ufer eines Flusses, der seit Jahrhunderten durch die Stadt Berlin fließt – dort sollte ich Kathrin Passig treffen, an den Auen des Landwehrkanals.

Gesagt, getan. Es saßen dort in stockdunkler Nacht: Kathrin (direkt neben mir, unsere Knie berührten sich fast) sowie die beliebten Paparazzi Holm Friebe, Christian Y. Schmidt und Benjamin Schiffner. Und noch zehn andere, vor allem Herrndörfer, der mir gut gefiel, da er so gebildet war. Herrndörfer, Kathrin, Lacoste und ich bildeten eine Viergruppe. Kathrin machte diese spezifischen semantischen Verrenkungen (sollte man netter ausdrücken, ich zitiere nur), für die sie im Netz bekannt ist. Man muß wissen: Die Netz-User kennen Kathrin nur durch ihre Mails.

Sie schreibt jedoch auch in den Printmedien, vor allem in der »tageszeitung« (taz), wo sie natürlich viel besser ist. Ich möchte sagen: Sie schreibt absolut sauber, die Rhythmen stimmen, es ist perfekt, also sensationell gut für eine Frau.

Thematisch wird es bei ihr eng, also sie entblödet sich, ausschließlich »Frauenthemen« zu behandeln, wofür sie sicher nichts kann. Das ist die wahre, die harte, die einzige Frauendiskriminierung, daß junge Frauen geschlechtsspezifische Inhalte aufgebrummt bekommen. Das ist, als müßte ein junger Mann, nur um ÜBERHAUPT reinzukommen in den Betrieb, pausenlos über Beschneidung, Fußball, Wettpinkeln und Ralf Schumacher schreiben. Anstatt über Mode, Politik, Leni Riefenstahl, Drogen, whatever. Aber gut, wenn jemand so gut ist wie Kathrin, löst sich das Genre auf. All die Frauenthemen sind, nachdem Kathrin sich ihrer angenommen hat, erledigt. So muß es sein. Das ist der Sinn des Schreibens.

Zwischen den Zeilen findet »Aufklärung« statt, unser aller großes altes europäisches Projekt, weswegen wir uns hier versammelt haben. Aufklärung an sich ist schon gut, wenn sie heimlich funktioniert wie bei Kathrin, noch besser.

Ich war also dann doch überrascht, in ihr eine erstaunlich gutaussehende Frau zu entdecken, die schon rein äußerlich dem Schönheitsideal der Antike entsprach: Sie hatte eine perfekte Nase, mit dem Lineal gezogen, ebenmäßige Gesichtszüge, große, ruhende, ernste blaue Augen, denen man den Wunsch und wohlüberlegten Entschluß zur grundlegenden Bestrafung des anderen Geschlechts wohl ansah. Freilich trug sie kein Kleid, keinen Rock, keine langen Haare, keine roten Lippen, kein Parfum, kein Lachen. Nachlässig sah sie aus, wie ein verbummelter Student aus Münster/Westf., und sie sah einem auch niemals, außer beim Abschied (daher habe ich den eben beschriebenen Eindruck), in die Augen; mir nicht, allen anderen nicht, nicht einmal ihrer Busenfreundin. Sie sah immer leicht lächelnd ins Leere; kein gutes Omen, lieber Leser!

Vor Leuten, die einem nicht gerade ins Gesicht sehen, soll man sich als wackerer deutscher Mann hüten. Ihre Busenfreundin war übrigens genauso. Immer dieser feige wegrutschende Blick, dieses schlechte Gewissen die ganze Zeit. Was mochte es schon sein, was die Schwestern da im Schilde führten, was war denn nun so furchtbar schlecht und böse, das sie planten? Sicher hatten sie einander versprochen, irgendwas Lächerliches über mich dann später mal ins Netz zu stellen.

Sie wußten ja nicht, für wie viele andere ich in meinem Leben schon als Feindbild Modell gestanden hatte. Alle drei Jahre eine neue Empörung, ich war immer dabei. Das verlange ich auch von jedermann, der etwas auf sich hält: Dem jeweils herrschenden Bewußtsein darf man nicht entsprechen.

Also gut – wir saßen da in der Wiese, und Kathrin gefiel mir natürlich bestens. Wer hätte das gedacht! So eine hübsche Frau. Ein ungeschliffener Diamant. Eine antike Figur, die man in den eigenen Garten stellen konnte.

Sie war etwa 1,80 Meter groß, gut gebaut, schlank und doch kräftig, vielleicht ein wenig maskulin, aber nicht schlecht. Sehr anziehend. Ich hätte ihr Großvater sein können und habe sie daher nicht betatscht. Außerdem bin ich körperlich ungefähr so anziehend wie Rudolf Augstein. Wenn ICH Frauen dennoch anfasse, dann nur als politische Geste, als verzweifelte, existentialistische »Dennoch!«-Handlung, als Akt gegen Altersdiskriminierung, Äußerlichkeitswahn und natürliche Ungerechtigkeit. Ich kann nichts dafür, daß ich häßlich auf die Welt gekommen bin, und es ist nicht Kathrins Verdienst, die perfekte Nase zu besitzen.

Trotzdem faßte ich Kathrin nicht an! Ja, ich kann auch richtig feinfühlig sein.

Sogar Männer können sich also manchmal wie vernünftige Wesen benehmen! Na ja, ich wollte ja auch etwas von ihr. Ich wollte nicht, daß sie SOFORT loslegt mit der Bestrafung (sie hatte ihr Equipment auch gar nicht mit). Erst wollte ich ein bißchen reden.

Das aber ging nicht. Welches Thema ich auch anschlug – sie reagierte schwach oder gar nicht. Ein Kompliment – sie starrte nur auf die Wiese. Eine Bosheit – sie sagte nichts dazu (statt dessen antwortete Herrndörfer sehr kundig). Ein Vorschlag – keine Antwort. Eine These zu einem Film – keine Antwort. Eine Einladung zu einem Event – Schweigen. Eine Erlebnisschilderung aus dem eigenen Leben – keine Reaktion, später eine kleine, bemühte, semantisch verrenkte Gegenrede, die mitten im Satz abbricht. Wieder ein Kompliment, diesmal maßlos übertrieben – unsicheres Abwarten. Ein Kuß – sie erstarrt nur. Ein Vorwurf – sie versteht nur Bahnhof. Ein Gesprächsversuch über Religion – sie sagt ein paar Sätze, äußert mattes Verständnis. Ein Gesprächsversuch über Else Buschheuer – kennt sie gar nicht (dafür aber

Herrndörfer, der begeistert zu diskutieren beginnt). Ein Gesprächsversuch über den Film ›Almost Famous‹ – kennt sie nicht (wohl aber Herrndörfer, der begeistert gegenhält). Und so weiter. Immer Herrndörfer.

Nie Passig. Die schien so sehr vieles gar nicht zu KENNEN, was mich nachdenklich machte. War es wirklich so? Oder waren es nur verschiedene Welten? Hätte ich ebenso nichts von dem gewußt, was sie vielleicht gefragt hätte? Aber wieso wußte der junge Herrndörfer dann alles? Der kam doch aus IHRER Welt. Und wieso schrieb sie dann so gut, wenn sie doch nichts wußte? Konnte man ungebildet UND ein Schreibgenie sein? Das hatte ich ja noch nie gehört.

Sicher irrte ich mich. Mit äußerster Kraft widerstand ich dem Wunsch, immer weiter mit Herrndörfer zu disputieren, zuletzt über Karen Duve, eine alte Freundin, deren Partei gleichwohl er leidenschaftlich und nicht ich ergriff, so daß wir aufsprangen und die Arme in die Luft warfen wie Franzosen. Mit zusammengepreßten Lippen setzte ich mich wieder und stellte Kathrin die nächste Frage. Nun muß man wissen, daß die Stimmung dort eigentlich sehr locker war. Es wurde viel gelacht, alle fühlten sich wohl, keiner merkte, daß vielleicht irgendwas nicht so lief, wie es sollte. Und auch ich ließ mich nun gehen und trank ein Clausthaler.

Die Leute mochten und kannten sich. Lacoste und Kathrin waren halt (und wenn ich das sage, meine ichs nett!) typisch deutsche Frauen, in dem Sinne: Nirgends auf der Welt außer in deutschen Großstädten gab es diesen bestimmten Typ maskuliner und zugleich männerhassender Frau, die zu Männern ungefähr das Gefühlsverhältnis hat wie homophobe heterosexuelle Männer zu Schwulen. Nun können homophobe heterosexuelle Männer die besten Kumpels, zuverlässigsten Kameraden, treuesten Charaktere sein, echte, authentische Helden, Stolz einer Gemeinde, Vorbild für die Jugend. Und das gilt natürlich auch für Kathrin und Lacoste.

Ich bin mir sicher, daß man sich auf deren Wort verlassen kann, daß sie gerecht, demokratisch und in jeder Hinsicht anständig sind. Und selbstverständlich achte und verehre ich das. So wie ich früher John Wayne verehrt habe und Gary Cooper. Solche Charaktere brauchen wir, und ich bin traurig, daß ich selbst nicht solch ein Charakter bin. Ich bin nicht cool. Ich bin neugierig.

Aber muß man, als Paparazzo, nicht auch sagen dürfen, daß Haß und Sadismus auch im Kleid der Wortgewandtheit keine gute Sache werden? Nicht bei Goetz und nicht bei Passig? Und daß ein großes Talent, das keine andere Orientierung besitzt als eine sexistische, in die Irre geht? Schließlich ist ein sexuelles Ressentiment kein Deut besser als ein religiöses oder rassistisches, nicht wahr? Wir streben doch, wie Faust, nach Erkenntnis des Ganzen und nicht nach Feindschaft. Aber ich will mich nicht dicke tun. Sondern getreulich erzählen, wie es zu Ende ging:

Die beiden Leichtgewichte verschwanden dann doch allmählich aus meinem Blickfeld. Das Clausthaler fing mit ungeheurer Wucht zu wirken an, ich ging mit Benjamin Schiffner spazieren, der mindestens so gebildet und noch netter als Herrndörfer war. Kinder, DAS war ein Vergnügen! Ich wußte endlich wieder, wo ich hingehörte. Am nächsten Tag traf ich mich erneut mit Lacoste, die ich fortan als solidarische Mitbürgerin zu schätzen lernte. Man sollte eigentlich niemals etwas über oder gegen solche netten HauptstädterInnen sagen, nicht wahr?

Freilich wären wir dann irgendwie in der Zwickmühle. Entweder man hält als Paparazzo beide Richtungen aus, oder man muß im Dunkeln bleiben.

Doch die im Dunkeln sieht man nicht!

9. Mit Fräulein Schwermut in Bozen

Neumarkt, südlich von Bozen. Die Wolken schieben die groß-
flächigen Sonnenlichtkegel langsam hin und her, die schräg
aufragenden Bergkämme entlang. Dazu diese italienischen
Lautsprecherdurchsagen auf dem Dorfbahnhof, so schep-
pernd und theatralisch wie in einer mißglückten Mussolini-
Verfilmung Margarethe von Trottas. Hier wird viel deutsch
gesprochen, im oberen Zipfel Italiens, und trotz aller »Wenn
die Alpenrosen wieder blühen«-Propaganda kann man gegen die gewachsene Wirklichkeit nicht an: diskutierende
Operetten-Karabinieri vor der Nase, die lila Kuh neben der
Pasta-Werbung.

Hier wohnt Bettina Galvagni, die ephebenhaft schöne,
atemberaubend morbide Dichterin und Gewinnerin des dies-
jährigen Ingeborg-Bachmann-Preises in Klagenfurt. Sie holt
mich mit dem Auto ab. Ihr Freund fährt. Wagner-Musik im
verrauchten Fond des schwarzen Volvo, kein Hallo, keine Be-
grüßung. Ein absolutes, unübliches Schweigen, eine augenblicklich einsetzende Lähmung. Das viel zu hoch aufragende
Roen-Massiv umfaßt uns, eine Rundum-Mauer, majestä-
tisch, verwittert, schwärzlich. Keiner sagt einen Ton.

Der Freund raucht Kette, ein Mittvierziger, Typ »grau ge-
wordener Viertagebart«; ernst, nervös zuckend, lange Haare; ein Student im hundertsten Semester, wenn es das gäbe.
Aber nett. Auf den ersten Blick. Sicher ein Philosoph. Nik-
kelbrille, Cordhosen, schwarzes T-Shirt. Nur schaut er einen
nicht an, starrt auf die Motorhaube, dreht den »Tannhäuser«
lauter, die Musik wird jetzt noch heroischer und getragener
im Angesicht der mächtigen Berge, ein schier explodierender
Sound von Pathos und Klapsmühle. Das hoppelnde Auto, die
dunklen Häuser, die vorbeiziehen, irgendwie beleidigt und
stehengelassen, ohne Licht und ohne Menschen, die schlag-

artig einsetzende Dunkelheit. Eine Autorin, die im Rücksitz verschwindet, kraftlos, und ein Freund, 25 Jahre älter, der schon jetzt eifersüchtig auf den Mittelstreifen starrt und jedenfalls auch nichts sagt: Schwieriger kann ein Interview nicht starten.*

---

* Dieser Bericht über die Südtiroler Schriftstellerin Bettina Galvagni ist für den Kisch-Preis nominiert worden. Er ist dann knapp am ersten Preis vorbeigeschrammt, stand aber als Gewinner irgendeines Neben- und Zusatzpreises, ich glaube es war der Publikumspreis der norddeutschen Holzpapierindustrie, in allen Zeitungen.
  In jener Zeit kümmerte ich mich übrigens sehr um die Menschen, die ich porträtierte. Ich lebte damals viel stärker als heute mit der Zwangsvorstellung, Menschen könnten durch die Medien ›beschädigt‹ werden, und so richtete ich ein Ritual ein, das ich ›Nachsorge‹ nannte. Es begann damit, daß ich diese Leute auch nach dem Interviewtreffen noch regelmäßig anrief, lange mit ihnen redete und sie über den Stand meiner und ihrer Geschichte informierte.
  Bei Bettina Galvagni war das nicht nur besonders schwierig, sondern auch nötig. Sie war wirklich so zerbrechlich, wie ich sie beschrieben hatte. Sie war mir ja schon im Fernsehen bei der Übertragung des Bachmannpreises in Klagenfurt als so sensationell seltsam aufgefallen. Ich hatte nie zuvor solch ein somnambules, komplett entrücktes Wesen im Fernsehen gesehen. Und dann gewann sie auch noch den Preis, und ich MUSSTE sie sehen. Alles Weitere steht ja in meiner Reportage.
  Nun also, NACH der Begegnung, mußte ich sie stabilisieren. Ich hatte natürlich Angst, daß mein Bericht, der ihr ja den Spiegel vorhielt, eine verheerende Wirkung auf sie haben könnte. So rief ich sie vierzehn Tage lang jeden Abend an und betrieb eine Art Text-Exegese in eigener Sache. Ich erklärte dem schwächelnden Mädchen jeden einzelnen Satz. Ich merkte aber, daß ihr die Sache trotzdem ein Greuel war. Meine Bemühungen waren nicht umsonst, aber sie reichten einfach nicht aus.
  Der Text erschien, und ich hoffte, er würde nun keinen Schock mehr auslösen, da ich ihn ihr ja bereits eine Woche zuvor geschickt und interpretiert hatte. Aber die Gute war ja nicht blöd. Sie war eine maßlos tiefgründige, todessüchtige Frau, und meine ganzen Gespräche hatten sie kaltgelassen. Meine Veröffentlichung empfand sie als indiskutabel und wollte darüber endgültig nicht mehr

Nachträglich gebe ich Frau Galvagni die Hand. Die fühlt sich an wie ein totes Stück Gemüse, fast wie ein Salatblatt. Kein Zweifel: Diese Frau ist keine gewöhnliche Frau, aber sie ist sehr schön. Ist Bettina Galvagni ein Mensch? Ist sie nicht zu schön, um Gedichte schreiben zu können? Sie selbst redet im Fernsehen gern vom Orpheus-und-Euridike-Mythos, diesen Zombies aus dem Zwischenreich. Die Kritik lobte an ihr den »wirren, flirrenden Sehnsuchtston«, sah in ihr »eine Frau im Halbschlaf, die taumelt«, die sich in Trance befände. Wohl wahr: Irgendwie ist sie tot und doch da. Eine Mischung aus Vampirella und Mariengestalt. Alles ist wie gemalt. Die hohe Stirn, das ebenmäßige, ovale Gesicht mit den feinen, dennoch deutlichen und weit ausholenden Brauen, die großen, klaren, hellgrauen Augen, die wie mit einem feinen Bleistift gezeichnete perfekte Nase. Mund und Ohren:wahre Studienobjekte für marienverrückte, Dürer-geschulte, durchgeknallte Heiligenmaler der Vorreformation.

Die Bildungsbeflissenheit der Galvagni-Jünger muß ich mir erst noch aneignen. In ihren Texten gibt es seitenlange lateinische Passagen. Da läuft die jugendliche Heldin durch alte Ruinen, römische Foren, vorbei an ägyptischen Brunnen, sich auflösend und untergehend in »einer im Sommer versinkenden Welt«. Wohl dem, der noch siebzehn ist und hingebungsvoll!

Textprobe: »Ab vier schreien die Vögel, die Nacht löst sich auf, und ich bleibe schlaflos ... Nach dem Schmerz, den mir

---

reden. Ich fuhr dann noch einmal nach Südtirol und traf sie, und ich hatte sogar ein Geschenk dabei. Ich hatte alle deutschsprachigen Rezensionen ihres Buches gesammelt und mitgebracht. Ich drückte sie ihr in die Hände. Sie stand nur da, sagte tonlos »Danke«, und die Rezensionen glitten ihr aus der Hand und rutschten zu Boden. Ich hob sie nicht mehr auf. Langsam ging das Mädchen weiter.

Ich habe sie danach nie mehr gesehen, weder im Leben noch in den Medien. Angeblich hat sie nie wieder etwas geschrieben.

die Ereignisse und das Vergessen zufügten, ist mein Körper sanft und ruhig, müde und schwer. Es ist Sommer. Es wird die Hitze kommen … Ich bin allein. Die beginnende Hitze schmerzt. Die Nacht ist schwarz … Schlagen Sie mich, töten Sie mich … Ich kann nicht mehr, ich weine.«

Das muß sich erst einmal jemand trauen. Kann man mutiger schreiben als so? Ich drehe mich um und sehe sie mir an. Nun entdecke ich auch etwas verblüffend Menschliches an der 21jährigen: ganz normale Pubertätspickelchen. Nur ungenügend mit kalkweißer Farbe übertüncht. Als wäre sie nicht schon blaß genug, mußte sie den Eindruck also noch mit weißer Schminke und einer schwarzen Amish-People-Tracht aus dem 19. Jahrhundert verstärken.

Apathisch hängt sie in den Volvo-Polstern, fix und fertig von dem Händedruck. Sie ist im Prinzip eben eher eine Phantasie: Zerfall bei Berührung. Der ganze Körper »ein Endzeit-Text«, so der Schweizer Literaturwissenschaftler Iso Camartin. Ein Kind mit den Sorgen einer Siebzigjährigen.

Ihr Schweigen hat schon die Bachmann-Juroren zu den wildesten Gedanken animiert, ich kann das nun nachvollziehen. Wie sie so dasaß und die anderen hat reden lassen, das hatte schon Klasse. Etwa Silvia Bovenschen: »Fürwahr, das ist nicht aus dem Leben gegriffen. Die Autorin organisiert sich über Fundstücke aus unserem Bildungsgut, Trouvaillen, dadurch öffnet sich ein Raum für eine Liebesgeschichte – und wir wissen, daß Liebesgeschichten heute nicht mehr geschrieben werden können, Stichwort Verlogenheit – und diese Fundstücke machen das Erzählen möglich und verschließen es auch gleichzeitig wieder …« Im Publikum rief jemand: »Aufhören, sonst wird sie noch schwermütiger!« Und Frau Bovenschen ist die vielleicht klügste Frau im Land, klüger noch als ihre gewiß nicht versponnene Kollegin Iris Radisch, die leuchtenden Auges vom Seelenschneegestöber berichtete, in dem die Heldin untergehe. Bilder zu halten versuche, die sie nicht halten könne, einen Ton anstimme, der nicht wisse, was er tue und wo er hingehe.

Der Freund saugt an der nächsten Zigarette, als wäre sie ein Schnorchel. Ich will wissen, wie er heißt. »Ulli«, kommt es von hinten, vom Rücksitz. Sie hat gesprochen, endlich! Es kann losgehen, das Interview.

Wir fahren in ihr Heimatdorf ein. Es bietet noch mehr Vergangenheit. Man muß schon bis in die Anden Südamerikas fahren, um den gleichen Grad an Entrücktheit, an Distanz zur Moderne zu erleben. Keine Autos, aber ein – tatsächlich – öffentliches Kasperletheater, dem die Erwachsenen und gewählten Dorfältesten beiwohnen. Ein Fort, von tollkühnen Abenteurern errichtet. Rundherum Berge.

Die Szenerie könnte romantisch sein, doch gerade deswegen bewirkt sie bei Bettina zwiespältige Gefühle, etwa: Romantik ja, aber nicht so! Sie leidet. Ihr bibliophiler Freund auch. Sie leidet sogar »unsäglich«. Sie distanziert sich. Nein, die Romantik sei ihr noch nie aufgefallen. Die Berge nehme sie nicht wahr. Mit dem Dorf habe sie nichts zu tun. Die Leute kenne sie nicht. Ulli kauft gleich drei Packungen schwere American-Blend-Zigaretten, die er noch am selben Abend wegrauchen wird, denn jetzt kommt das Schwerste: Seine schwindsüchtige Freundin, wie das früher hieß, heute ist das ja kurierbar, wird sich mit dem rustikalen Reporter entfernen und einen Spaziergang antreten ohne ihn, in die beginnende Nacht hinein.

In den Bergen wird es früh dunkel. »Ich mag überhaupt nicht gerne gehen. Mir ist so kalt dabei, mir wird ganz schnell ganz kalt, daß ich dermaßen friere«, sagt sie in aufrichtigem Ton und sieht mir endlich in die Augen. Sie reibt sich sogar fröstelnd die Arme, damit ich ihr glaube. Immerhin sind wir in Italien. Absurd. Sie braucht einfach nur Bewegung und frische Luft. Ich frage sie, wie sie entdeckt wurde. »Ich habe früh an so Wettbewerben teilgenommen und immer die Preise gewonnen. Dann gab es da ja dieses Buch, wahrscheinlich hat das geholfen. Das wurde dann überall so teilweise veröffentlicht, in Zeitschriften, und so war es dann fast zwangsläufig, daß sich die Verlage dafür zu interessieren begannen.«

Da gab es dann dieses Buch. Schön formuliert. Mit Bettina hatte der Rummel also nicht viel zu tun. Es ist ihr nur passiert. Menschen aus dem Zwischenreich schreiben keine Bücher, sie unterlaufen ihnen höchstens. Als wollte sie etwas von vornherein klarstellen – das Wichtigste zuerst! –, deklamiert sie plötzlich folgendes, und das klingt so schroff, wie es hier auf dem Papier steht: »Nichts verändert sich. Alles bleibt gleich. Es gibt keine Hoffnung. Man ist auf Erden, um zu verlieren. Selbst, wenn man nicht hofft, verliert man.«

Ich reagiere wie vorgesehen. »Alles ist aussichtslos? Alles geht den Bach runter? Meinen Sie dies? Das ist aber sehr undialektisch gedacht. Wenn man etwas verliert, muß man es vorher besessen haben, und das heißt ...« Sie ignoriert das Gestammel und bleibt statt dessen, auch das ist eine Antwort, vor einer unheimlichen, alten Villa stehen. Unheimlich, weil zugewachsen und mörtelig. Hätte perfekt in Brandauers Film »Mario und der Zauberer« gepaßt. »Das waren früher sehr interessante Leute ... ein Verrückter, der geschrien hat ... ein Sohn einer sehr schönen Frau, der dann gestorben ist ... ein Epileptiker oder so, der irgend etwas mit dem Amazonas zu tun hatte, er starb dann ...« Sie habe immer schon in diesem Haus wohnen wollen, schon als Kind. Es gehört einer reichen Familie aus Italien.

»Der Wahnsinn hat mich immer angezogen Das kann dann ja so kippen, weißt du.«

Auf einmal fährt sie herum, gar nicht mehr in Trance und gar nicht mehr somnambul, denn tatsächlich ist so etwas wie Vollmond in dieser Nacht, auch wenn er erst später aufgeht, und ihrer haltlosen Gestalt scheinen Knochen zu wachsen.

Metallisch lächelnd, spricht Bettina Galvagni perfektes Italienisch mit einer Frau, die sich am Fenster des ersten Stocks gezeigt hat. Es geht also! Kaum haben wir uns höflich konversierend entfernt (Grüße an den Vater, die Mutter, den Onkel, die Großnichte, die Stiefcousins und dergleichen), geht es wieder über den Tod. Die Autorin macht in ihren Texten ja deutlich, daß sie davon besessen ist. Aber was heißt das? Mit leicht knarrendem italienischen Akzent, so wie man die junge Sophia Loren Anfang der fünfziger Jahre synchronisierte, quasi mit heruntergezogenen Mundwinkeln, hängt sie ein paar schöne Sätze in die laue Luft: »Manchmal, im Sommer, mitten an solchen hellen, heißen Tagen, in der Stille der Mittagsglut, ist es plötzlich so, als wenn etwas passierte, und ich spüre es ...«

Sie spricht von Nahtodeserfahrungen. Ich höre zu, sekundenweise wie verzaubert. Sie sieht immer unbeweglich nach vorn, auf einen imaginären Punkt im Nichts. Einmal, da fällt sie beinahe hin, stolpert jedenfalls, ich komme ihr in einem Reflex zu Hilfe, stütze sie kurz. Dabei merke ich, daß sie normale Körpertemperatur hat. Sicher wird das manchen Fan enttäuschen: Fräulein Galvagni ist nicht tot. Sie lebt. So gut wie ein zufrieden schnurrendes Haustier beim Mittagschlaf.

»Ich bin von dem Vergangenen angezogen. Im Neuen wird alles häßlich, was einmal schön war. Sie machen alles kaputt, überall auf der Welt ...« Sie zeigt auf einen in der Tat häßlichen, todtraurig geschmacklosen Großparkplatz, der da neu und sinnlos aufs Feld gesetzt worden ist. Vorher stand da eine schöne Ruine. Ich verstehe sie. Sie trauert.

Aber immer nur Trauer? Warum nicht auch einmal gute Laune? Ich frage sie, ob sie einmal nach Brasilien fahren wolle; dort solle es neuerdings sehr aufwärtsgehen. »Das kann ich mir nicht vorstellen«, sagt sie tonlos, die letzten drei Silben fallen wieder ins Grab. Der blanke Horror für sie: partykrachende Spaß-Amigos, die gutaussehender, nein: schöner Europäerin an die Wäsche, oder noch schlimmer: an die Texte wollen. Dabei ist ihr gerade das schwarze Hemd von der weißen Schulter gerutscht; sie bemerkt es nicht. Nur der nervöse Freund, Schweiger vor dem Herrn, würde es bemerken.

»Ich gehe vielen Zerstreuungen nach. Als würde ich durch nichts hindurchgehen«, konstatiert sie. »Manchmal lese ich ein Buch nur so!« Es ist fast ein Ausruf. Als wäre es ungeheuerlich, so was zu tun.

»Sie meinen, Sie konsumieren einfach? Sehen Sie am Ende heimlich die ›Lindenstraße‹?«

»Nein, auf keinen Fall. Noch nie habe ich das länger als ein paar Sekunden aushalten können. Im übrigen geht es mir nicht um die Bücher, sondern um das ganze Leben der Autoren.« Sehr gut, so hielt ich es auch. Die »Niemandsbucht« war scheiße, aber Peter Handke ist ein Gott (vielleicht gerade deswegen). Sie spricht über ihre Lieblinge: Elfriede Jelinek und Sylvia Plath. Von Sylvia Plath hat sie alles gelesen, auch die Tagebücher. Bei ihr hat sie das gefunden, was sie »eine Stimme« nennt. Ob bei der auch die Endsilben in so einer seltsamen Tonsenke verschwinden, denke ich, sage aber nichts. »Wenn man so eine Stimme gefunden hat, verschwindet das Periphere. Wo eine Stimme da ist, gibt es etwas, das sich nicht erschöpfen läßt ... losgelöst von allem ... unantastbar.«

Inzwischen ist es nachtschwarz. Auch Bettina ist eine Stimme. Da kann der Kritikerspott machen, was er will. All seine billigen Siege gegen die vermeintliche Kitschprosa (Thomas Hettche: »Abgedroschene Bilder aus dem bildungsbürgerlichen Fundus ... die Autorin setzt sich der Welt nicht aus. Also, ich find's schlecht«) können diese Stimme nicht mehr aus der Welt schaffen.

Wieder stolpert sie. Die Autorin, nicht die Stimme. Ich sehe ihre Beine. Wir sitzen auf glitzernden Bahngleisen. Als Kind wollte sie einmal ein meerblaues Fahrrad haben, in das sie sich, auf der anderen Seite des Schaufensters, verguckt hatte. Der Vater kaufte ihr aber ein anderes Rad, ein häßliches grünes Nutzrad mit unlackierten Blechteilen. Der Mann, nicht nur Vater, sondern auch noch Schuldirektor, war nicht umzustimmen. Bettina weinte jahrelang dem meerblauen Fahrrad nach und benutzte das eigene nie. Ihr Muskelwachstum stagnierte, sie bekam es »auf der Lunge«. Jahre verbrachte sie in Sanatorien; nur Hans Castorp hielt sich noch länger darin auf. Ich sage: »Ich würde mit dem Vater nochmal sprechen wegen des Fahrrads.« Wir beschließen, uns zu duzen.

Ihr ganzes Leben würde sich ändern, wenn sie täglich Sport triebe, meine ich. »Das ist gleichgültig«, entgegnet sie, wieder ganz monoton. »Nein, mein Vater ist mir sowieso böse, weil ich heute morgen den Zug verpaßt habe.« Sie wohnt noch bei den Eltern.

Einzelkind, ein sehr spätes. Die Mutter war schon weit über vierzig, da sie zunächst die Kinder ihres Bruders hatte »durchbringen« müssen. Da war irgend jemand gestorben, und in den Bergen war das so. Als dann endlich doch noch ein eigenes Kind kam, Bettina also, fehlte die Kraft dafür. So könnte man es hindrehen, wenn man solche Thesen mag. Wahrscheinlich war es umgekehrt: ein Zuviel der Liebe, der Freude, der Zärtlichkeit. Stichwort Prinzessin auf der Erbse. Die Kleine wurde in eine hermetisch abgeriegelte Alpenwelt hineingeboren, in der der Vater wie ein König regierte und in der alle Plätze und Posten seit Ewigkeiten besetzt waren. Dem Onkel gehörte das beste Hotel, der »Kollerhof«, die übrigen Verwandten – neun Eintragungen im kleinen lokalen Telephonbuch – durchmischen Grundbesitz und Verwaltung.

Bettina muß die Prinzessin bleiben, wenn nötig im Krankenhaus. Ein Fahrrad hätte sie nur unnötig gestärkt. Vorlagen für ein politisches Eingreifen, für ein Sichengagieren, für ein Denken im Inhaltlichen gab es in der Familie in zweihundert

Jahren nicht: keine Liberale, keine Patrioten, Kommunisten, Nazis, Achtundsechziger oder Tierschützer. Nichts. Und heute natürlich erst recht nicht.

»Wir sind die erste Generation ohne Utopien«, schlage ich vor, »und das macht eine Autorin wie Bettina Galvagni aktuell und repräsentativ.« »Nein!« Sie reißt sich zusammen. Das Erzählen der Kindheitsgeschichten hat sie milde gemacht, fast menschlich. Sie findet zu ihrer Linie zurück. »Das stimmt nicht. Ich … außerdem ist alles einerlei. Ich bin nicht aktuell, und es macht auch nichts, selbst wenn ich es bin.« Es ist ihr zuwider, in Kategorien wie »aktuell« oder »repräsentativ« zu denken. Nur die Ewigkeit zählt. Sie zittert vor Empörung.

Ich gebe ihr meine Jacke und lenke das Gespräch auf einfache Themen. Vielleicht zittert sie auch nur vor Kälte. Vielleicht hat sie auch einfach recht. Auf Gottfried Benns Zeilen hätte man auch nicht mit solch plumpen Aktualitätsfloskeln gefeuert.

Ich spreche vom neuen deutschen Film und von der neuen deutschen Literatur, von Thomas Meinecke, Matthias Politycki und Norbert Niemann – letzterer hatte ebenfalls in Klagenfurt gepunktet – und vielen anderen. Politycki liegt mit seiner Achtundsiebziger-Diskussion gerade im Trend.

Nach zwanzig Jahren Subventionskultur gib es nun mit einem Mal Autoren mit Publikum. Der Boom im Film – auch der Subventionsfilm hat 25 Jahre ohne Publikum und mit viel Ideologie gelebt – findet, mit wenigen Jahren Verspätung, ein Pendant in der Literatur. Davon profitiert auch die Galvagni, deren hochtalentierte Pubertätsprosa noch vor zwei, drei Jahren an den Schreibtischen gelernter Altachtundsechziger zerschellt wäre; ihr Buch »Melancholia« hat sie mit siebzehn geschrieben.

Der Vollmond lugt nun durch Busch und Baum. Ich schlage vor, Freund Nickelbrille zu erlösen. »Nein, warte.« Sie bleibt sitzen vor dem nächtlichen Schotter, oder was das ist: verdorrte Halme, Geröll, toter Zement. »Was wirst du denn jetzt schreiben?« – »Hm, na das, was du zuletzt gesagt hast. Daß du Meinecke magst und Niemann. Daß du zu dieser neuen Generation gehörst, die bis vor kurzem nicht beachtet wurde. Weil der vorgeschriebene Neonazi nicht vorkam und der Kinderschänder und der Quotenschwarze auch nicht. Weil du noch gar nicht weißt, daß man Liebesgeschichten angeblich nicht mehr schreiben kann. Weil dich die Schwulenszene nicht interessiert, sondern Orpheus und Euridike.«

»Hier habe ich immer gesessen und habe stundenlang gewartet, jeden Tag. Weil der Zug wegen eines unplanmäßigen, aber regelmäßigen Güterzugs jeden Tag eine Stunde zu spät kam.« Sie ist wieder in sich zurückgefallen. »Schlimm, das Warten, nicht wahr?« sage ich vorsichtig. »Furchtbar. Acht, neun Stunden Schule und dann auch noch zwei Stunden Turnen!« – »Turnen! Wie doof!« Wir gehen zurück. Sie spricht vom strengen Vater, der immer geschimpft habe, wenn sie zu spät nach Hause kam. Und die verweinte Mutter: »Tini, mei Tinele, wo warst du bloß …!« Aber wirklich schlimm sei gewesen, daß sie nicht ein gesundes, braungebranntes Mädchen gewesen sei wie die anderen, mit Grübchen und flinken Gliedern. »Ich wäre lieber ein schönes, lebendiges Mädchen gewesen. Wirklich: lieber als alles andere.«

Ein Geständnis, zweifellos. Dabei ist sie doch so schön, nur nicht lebendig. Ich denke fieberhaft nach. Was kann man ihr Tröstendes sagen? Ich sehe, daß sie überraschend kräftige Oberarme hat.

Der Altfreund ist sauer. Er will uns nach Hause fahren und allein lassen. Sie zupft ihn am Polohemd, wie Kinder es am Rockzipfel ihrer Mutter tun. Sie zupft und zupft, reißt an dem kurzen Hemdsärmel, wird dabei sehr heftig, plärrt fast, sagt aber nichts und berührt den Mann auch nicht (nur sein Hemd). Die Art, wie sie sich danebenbenimmt, verstört den

Kopf bewegt, das hat etwas. Etwas sehr Ungewöhnliches. Nur Kleinkinder führen sich so auf. Und was ist Genie anderes als der Zugriff auf die Kindheit?

Beim Abschied sagt sie noch, daß ihr alles gleich sei, ob Minuten oder Wochen oder Ewigkeit, das macht für sie keinen Unterschied. Sie sagt das mit Bedacht, wie ein Programm: Ob Bachmann-Preis oder Sanatorium, Leben oder Tod, das spielt keine Rolle. Ich bin nur der Berichterstatter und muß das akzeptieren.

Der Zug fährt los, und als er den kleinen Bahnhof verläßt, sehe ich noch mal den Volvo. Innen wird jetzt vermutlich der Sauerstoff knapp, bei der dritten Packung Zigaretten. Neumarkt liegt so hoch, daß die Wolken manchmal auf den Wiesen liegenbleiben, vor allem nachts. So weiß ich bald nicht mehr, ob wir durch eine Wolke fahren oder ob nur die Laternen fehlen. Manchmal erscheint etwas, und dann verschwindet es wieder. Wie in der Welt der Dichtung üblich. In diesem Falle: der Welt der Bettina Galvagni, Märchenprinzessin vom Dienst.

+++ REISE ANS ENDE DES KULTURBETRIEBS +++

10. Cinema for Peace:
Charity mit Bob Geldof

Als ich zurückfuhr, spät um halb zwei, hatte ich zwei Galgen-
vögel im Wartburg, die Crack geraucht hatten. Erst überrede-
ten sie mich, noch ins ›Kitkat‹ zu fahren, einen Sado-Maso-
Club am Ende der Stadt. Das wirre, aggressive Geschnatter
des einen, und vor allem sein häßliches, stoßweises Lachen
setzten mir so zu, daß ich anhielt und die beiden Verbrecher
aus dem Auto zerrte. Sie ließen es geschehen, waren überrascht. Die Ampel schlug um auf Rot, ich trat das Gas durch,
der Blechhaufen schoß nach vorn. Hinter mir war ein Poli-
zeiauto, das mich sofort an den Rand drängte und mir den
Führerschein abnahm.

So endete der Abend. Er begann mit dem Brüllen der Fotografen beim Eintreffen der ›Prominenten‹. Für mich war
das alles neu, denn eine Charity-Gala zu besuchen paßte zu
meiner linken Sozialisation so wenig wie Swinger Fuck und
Houellebecq-Lesen zum bayerischen Ministerpräsidenten.
Dachte ich. Aber längst haben sich alle Fronten verdreht. Das
Klischee sei trotzdem nochmal skizziert: Der Feind, das war
für mich, als ich 17 war, Ute Ohoven, die ›Queen of Charity‹.
Das war für mich Amerika, dieses Land, das den Planeten
ruinierte und von einer Schicht skrupelloser Fettsäcke re-
giert wurde, die sich auf Wohltätigkeits-Galas selbst feierten,
mitsamt ihren alten, faltigen, schrecklichen Ehefrauen in
Abendkleidern. Ich war definitiv Europäer und setzte auf das
Potential des Geistes, der zum Widerstand, zur Tat drängte.
Nicht die Almosen der Reichen, die sich als Gutmenschen
inszenierten, können die Welt retten. Dachte ich.
   Der Cinema for Peace Award versammelte nun nicht nur
Reiche und Alte samt Gattinnen. Alt waren sie zwar, und

reich auch, und ohne Gattin kam niemand. Aber das alles sagte nichts. Wie werden solche Worte dürr, wenn Bob Geldof vor einem steht und sagt:

»Where is Stefan?«

Seine Haare sind silbern und fein geschnitten, die Haut wirkt gesund und von südafrikanischer Sonne gebräunt, und der teure dunkle Abendanzug glitzert geheimnisvoll.

»Stefan who?«

Er fixiert mich. Bin ich blöd? Stefan Aust natürlich. Bevor ich antworten kann, kommt dieser Mensch von den ›Scorpions‹ dazwischen und textet ihn zu. Dann geht Geldof weg, und ich stehe mit dem Geschmacks-Satan alleine da. Ich kenne Leute, die hätten sich vor zehn, zwanzig Jahren eher die Hand abgehackt, als ein Scorpions-Konzert zu besuchen. Und ich hätte sie verstanden und im Krankenhaus besucht. Nun erzählt mir der Mann (Krokoleder-Jackett, gelbe Haare, Snoopy-Rennfahrerbrille) über ihr Konzert bei Gorbatschow im Kreml.

»Gorbatschow sagte uns damals, der Rock hat den Kommunismus aufgeweicht und so weiter, und so ist das auch heute, also wenn steter Tropfen den Stein höhlt …«

Er meint wohl, wenn jeder jeden Tag ein kleines bißchen mehr Gutes tut, indem er spendet, ließe sich die Zerstörung und Ausbeutung der Erde rückgängig machen. Zum Glück kommt Helmuth Karasek vorbei, einer der zehn Gerechten in dieser Ansammlung. Ich mache einen Satz auf ihn zu.

»Herr Karasek, wie kommen denn SIE hierher?«

»Wieso, ist doch eine gute Sache?«

»Letzte Woche noch diese schöne Sendung mit Reich-Ranicki im Literarischen Quartett über Heinrich Heine, und jetzt erwische ich Sie hier neben der Busenwitwe Tatjana Gsell und BILD-Luder Jenny Elvers, und auf der Bühne singt Berufs-Pornograph Rolf Eden ›Imagine‹ von John Lennon!«

»Na, wenn's für einen guten Zweck ist?«

»Sie halten ›Charity‹ also für eine sinnvolle Idee …«

Ich erzählte von dem Spekulanten George Soros, der ganze Volkswirtschaften ruinierte und dennoch als Gutmensch und Wohltäter durch die Medien spazierte, da er ab und zu ein Waisenhaus finanzierte. Karasek wurde verlegen:

»Jetzt haben Sie mich doch in eine ziemliche Zwickmühle gebracht.«

»Sehen Sie! Und die 200 Milliarden Dollar für zusätzliche Kampfjets, die niemand braucht im Zeitalter von Al Kaida, die sind –«

»Moment! Das ist ein gutes Beispiel. Kein einziger Kampfjet weniger würde gebaut, wenn die Rüstungsindustrie KEINE Dollar auf Wohltätigkeitsveranstaltungen spendete.«

Ich sagte, da gebe es sehr wohl einen Zusammenhang. Seit Jahrhunderten sei der kritische Geist die einzige Waffe gegen Machtmißbrauch und Kriegstreiberei. Spätestens seit dem Tsunami-Spendenwahnsinn sei das kritische und kreative Potential der Menschheit aber in der trüben Suppe des Gutmenschentums versunken. Die Folgen seien verheerend, vor allem für Künstler, die diese Bezeichnung noch verdienten …

Wir diskutierten lebhaft. Schließlich sah Karasek sich um, nickte mir beschämt zu. Minuten später war er gegangen.

Die Tafel war vom Feinsten. Soviel Prunk und Fünf-Sterne-Küche war selbst für eine europäische Hauptstadt außergewöhnlich. Unter 14 haushohen Kronleuchtern mit je 100 Kerzen verspeisten die Parvenüs und ›Neuen Bürgerlichen‹ des Landes einen Großteil der Spendengelder, die doch angeblich Millionen Kinder vor dem Hungertod retten sollten. Es waren gar nicht einmal alte Leute, die hier den feinen Herrn mit Begleitung gaben, gar nicht diese Grosz-Karikaturen und Klischee-Bonzen alter Elite-Herrlichkeit, sondern eine Art popsozialisierter Mittelbau. Leute, die ›Rock‹ oder auch ›Rock-Kultur‹ im Kopf hatten und sich für jung hielten, für unspießig, für ›locker‹. Und natürlich für revolutionär, weil sie das Gutsein zur »größten Bürgerrechtsbewegung aller Zeiten« gemacht hatten, wie ein Filmchen zwischen den Performances behauptete. Sie glaubten allen Ernstes, Bob Geldof sei ein Popstar.

Ich vertrieb mir die Zeit, indem ich spaßeshalber die zur Zeit besten 20 Popgruppen auflistete und mir überlegte, ob auch nur ein einziger Musiker davon hier auftauchen könne. Pete Doherty und Babyshambles? Maximo Park? Kaiser Chiefs? The Strokes? Arctic Monkeys? Bloc Party, Razorlight, Al Green? Niemand! Selbst von den deutschen Stars mied jeder, der noch nicht völlig out war, den Benefiz-Schwindel. Tokio Hotel neben Marie Luise Marjahn beim Candle-Light-Dinner – niemals! Auch nicht Harald Schmidt im intimen Plausch mit Bärbel Schäfer. DIE moderierte nämlich den Abend. Und die angekündigten Superstars, die all die betuchten Spießer anlocken mußten – kamen natürlich nicht. Wie immer. Richard Gere – kam nicht. George Clooney – kam nicht. Das alte Spiel. Wer fiel darauf nur noch rein? Und dann die immer und ewig gleiche peinliche Oscar-Verleihung-Imitation, mit George-Lucas-Fanfaren und Star-Wars-Gedröhn. Mit englischen Ansagen vom Tonband. Mit zu Tränen gerührten Preisträgern, die ihren Managern, Produzenten, dem Team, den Eltern und so weiter danken. Und deren Stimme dann plötzlich fest und männlich wird, wenn es ums Thema ›Gutes tun‹ geht: Mit Tremolo-Stimme und von sich selbst überwältigt, dabei dunkel ahnungsvoll wie Joacqin Phoenix in ›Walk the Line‹, spricht Preisträger Richard Curtis Worte wie »crying children ... social responsibility ... deeply thankful ... great honour ... do something for others ...« et cetera. Wer ist dieser Mann? Ein Verwandter von Tony Curtis? Wofür wird er geehrt? Egal.

Eine Tibeterin im Himalaya-Trachtenkleid singt Folklore, wahrscheinlich irgendein Friedenslied aus dem alten Tibet.

Dagegen wäre nichts zu sagen, wenn auch mal Hansi Hinterseer im Gegenzug auf der Veranstaltung in Los Angeles deutsches Liedgut für den Frieden schmachten dürfte, in Sepplhosen wie alle Deutschen. Da wäre das Ausland doch sicher auch gerührt.

Ich renne wieder in den umtriebigen Bob Geldof hinein, der mich sogar wiedererkennt und wenig freundlich ansieht, fragend. Was soll ich sagen?

»Don't know where ›Stefan‹ is tonight!« sage ich schließlich.

»Tell him: Cinema for Peace is ›Oscar with brain‹.«

»Oh! How nice, I'll do so. Something else … for him?«

Er guckt eine Sekunde sehr nachdrücklich und geht dann an mir vorbei, einfach weg. Ein wichtiger Popstar, der macht das so. Ich verstehe das. Würde ich auch so machen, wenn ich einen Hit in 20 Jahren geschafft hätte.

Und das alles im schönsten Gebäude Berlins, dem prachtvoll, weil römisch anmutenden Konzerthaus am Gendarmenmarkt, klassizistisch, gigantisch, schön, zeitlos alt. Furtwängler und Toscanini haben hier gespielt, und alle anderen Genies erst recht. Alles ist hell, quadratisch, im Ebenmaß, von einer Schönheit, die auf Vernunft fußt, rational, anständig, im Preußen der Aufklärung errichtet. Nun sitzen hier – laut offizieller Gästeliste – Dr. Regina Burda, der Frisör Udo Walz, der unvermeidliche Moritz Bleibtreu, Wim Wenders, Prinzessin Maria Theresia von Thurn und Taxis und der Regierende Partymeister von Berlin, Klaus Wowereit. DER ist nun als einziger wirklich locker. Wowi ist Pop. Er wirft sich weg vor Lachen, besonders bei Frauen, und wenn er geht, schäkert und schlenkert er wie Harald Juhnke selig, nach beiden Seiten grüßend, oft eingerahmt von Männern, die seine Nähe suchen. Er trägt auch keinen Smoking und keine Fliege (wie vorgeschrieben), sondern den bekannten Politiker-Anzug aus dem Rathaus. Wenn die ›Stars‹ ihr Bühnenprogramm machen, mit Rühr-Ansagen, Gutmensch-Reden, Filmchen, Pianogeklimper und einer Versteigerung, liest er völlig ungerührt in mitgebrachten Akten, wie im Plenum während einer Rede der gegnerischen Partei. Am schlimmsten ist der Pianist, ein Chinese, der in die Tasten schlägt wie ein Rummelplatz-Animateur. Zwischendurch soll es sogar Schumann gewesen sein, zarte deutsche Töne, die vom Geklirr des Bestecks der hemmungslos Hungrigen verschluckt wurden. Anschließend klatschen und johlen sie wie Berserker, werfen Messer und Gabel weg und schlagen die großen breiten Hände aufeinander, daß der Lärm weh tut.

Es ist noch immer nicht vorbei, um 23 Uhr. Im Gegenteil. Die After-Show-Party beginnt. Jeder Zweite juckt sich nun an der Nase, die Toiletten sind überfüllt, die Augen sind starr, aufgerissen, euphorisch, und doch abgeschnitten von jedem echten Gefühl. Gruselig, mit einem Wort. Die Leute fühlen sich großartig. Jede Art von schlechtem Gewissen hat aufgehört zu existieren. Auch jedes Schamgefühl. Alles, was immer peinlich an ihnen war, was sie zu kleinen Menschen gemacht hatte. All ihre Laster und schlechten Gefühle, alles wird zu einem durchgehenden weißen Streifen, den sie sich durch die Nase ziehen. Lambada-Stimmungsmusik schallt durch die Säle. Frauen tanzen ›sexy‹ zu Schmierenhits wie ›It's raining men‹ oder Michael Jacksons ›Thriller‹, es sieht aus wie verunglückter Bauchtanz, und die Männer, wie alle Männer in Anzügen, gefallen sich in Abarten von Sirtaki-Bewegungen. Die Gesichter sind aufgerissen und häßlich, die Zunge oft rausgestreckt, und ab und zu erkennt man einen ECHTEN Menschen, und das ist immer eine Angestellte. Man denkt: Richtig, so sehen Menschen aus, die NICHT böse sind. Anti-Gutmenschen im Grunde.

Wie der Abend ausging, erzählte ich ja schon.

Vor dem faschistischen Hauptbahnhof mit den plumpen, viereckigen, an das Hamburger Thalia Theater oder das Münchner »Haus der deutschen Kunst« erinnernden Protz-Säulen lümmeln ein gutes Dutzend Hools und grölen ihre schwerverständlichen Bier-Parolen. Es war die Zeit der Fuß-ball-Weltmeisterschaft, und die Autoren werden es zu spüren bekommen.

Ein schöner Satz. Er fliegt mir wie von selbst zu, in den nur sechs Sekunden, die ich bis zum Taxi brauche. Ein bö-ser Satz natürlich. Leserfreundlich, voller Spannung, dazu gleich Hamburg und München eins übergebraten ... in Gedanken schrieb ich schon meinen Artikel, fügte sogleich den Punkt ›Hieronymus Maier‹ dazu, mein Thema nämlich, wahrscheinlich irgend etwas mit ›der zarte Pornograph‹ ... Ich würde den Namen erklären, Hieronymus Maier, den sich sonst keiner merken konnte, dann das Etikett, der zar-te Pornograph, und dazu brauchte ich etwas Erotisches, eine Sex-Impression möglichst rasch, einen Kontrapunkt zu den Glatzen, also den Hools (Hooligans), die betrunken in Rich-tung Taxi schwammen, wobei ich ihnen lauftechnisch zuvor-kommen mußte.

Aber – das wäre dann wieder ein böser Text geworden, zum einen. Ich glitt in den Wagen, gab Anweisung zum Los-fahren, was der Fahrer nicht befolgte. Erst das Ziel, sonst war er innerlich blockiert. Die Hools höhnten »Taxi, Taxi!« in verschiedenen Tonlagen, imitierten diesen internationalen Hilferuf, einer klopfte auf den Kofferraum.

Zum anderen ... also das andere Problem, fast ebenso grundsätzlich, war die Tatsache, daß Hieronymus Maier schüchtern war. Und einen Roman geschrieben hatte, der an Gewalttätigkeit und Sex alles in den Schatten stellte, was die

Hools hinter mir, diese harmlosen Österreicher, die jetzt mit dem Taxler verhandelten, der natürlich wie von der Tarantel gestochen aus dem Auto schoß, als sie es berührt hatten, SEIN AUTO, an negativen Phantasien hergaben. Gut, ich weiß, tags zuvor hatten Hools mit einer Brechstange einem französischen Polizisten den Schädel samt Stahlhelm eingeschlagen. Ich will das nicht relativieren. Aber das, was die Romanfiguren in Hieronymus Maiers Werk, aus dem er nun in Klagenfurt lesen muß, einander antun, war noch eine bis zwei Dimensionen härter. Maier hatte den Marquis de Sade fürs 21. Jahrhundert hingelegt, nein, er schrieb noch daran, aber was ich gelesen hatte, etwa 80 Prozent waren fertig, reichte mir schon; und er sah trotzdem aus wie einer, der es so meinte, wenn er das dralle Zimmermädchen im Fünf-Sterne-Hotel höflich fragte, ob er noch sein Trinkfläschchen in der Küche ausspülen dürfe. Und der, drittens, den Salto gleich nochmal rückwärts, durch die Klagenfurter Bordelle schritt wie der Bauer durch die Stallungen. Unaufgeregt, sicher, ganz zu Hause. Das wußte ich zu dem Zeitpunkt noch nicht. Aber ich ahnte zumindest, daß es, wie gesagt, schwer werden würde. Meine bisher härteste Nuß.

Ich MUSSTE übrigens nicht immer böse (denunziatorisch) schreiben. Es gab Texte von mir, vor allem alle aus der Jugendzeit, die so restlos ehrlich waren, daß sie einfach unschuldig genannt werden müssen. Und dieser Hieronymus Maier oder Mayers, mein Gott, ein Name wie Gloriadette Orphelia Müller, trotzdem nicht besser zu merken als Ingo Schulze aus Dresden, Hieronymus, dieser zarte junge unendlich weißgesichtige Engel: er durfte einfach nicht denunziert werden! Ich hatte mit ihm schon ›im Reichsgebiet‹ (in Köln) zu Abend gegessen und wußte: so nett war noch keiner.

Mit den Hools war schnell Freundschaft herzustellen. Sie hatten mit Fußball nichts im Sinn, waren Raver, die was aufstellen wollten. Das wollte ich ja auch. Ich brauchte Stoff, für die Story. Ich durfte dem ZEIT-Magazin nicht einfach sagen, Hieronymus sei der Netteste. Ich mußte ihn in etwas verwickeln.

»Und wo kommst du her?« fragte mich einer. Obwohl er kahlgeschoren war, fast, drei Millimeter waren schon wieder draußen, sah man, daß seine Haarfarbe grau sein mußte. Die Augen taumelten unstet und drogenschwarz vor den meinen hin und her, man konnte seinen Blick nicht scharfstellen.

»Aus München«, sagte ich.

»Ah, aus München! Da war ich schon mal!«

»Wie geil.« Ich probte den Tonfall (sagte man noch geil? Ich glaube, mehr denn je).

»Ja, bei Rave City, letztes Jahr. Und wo gehst du jetzt hin?«

»Ich wollte mal rüber in die andere Halle. O-Er-Eff-Thea-ter.«

»Wer legt auf? Spielt da nicht der Woody jetzt?«

»Der Woody? Ich denke, da ist jetzt Ingeborg Bachmann und all der Scheiß.«

Ich erklärte, bachmannpreistechnisch unterwegs zu sein. Aber, auch nicht schlecht.

»Mensch, super Idee, da komme ich mit, wenns paßt. Kommt ihr auch mit?«

»Wohin?«

»Rüber, in die andere Halle.«

»Wieso nicht? Zum Woody?«

Ich mußte wieder den Bachmann-Rave erklären, diesmal als Drei-Tage-Party, was ja noch untertrieben war. Das Feiern und Kungeln und Balzen und Anbaggern ging ja fast eine Woche lang, von Montag bis Samstag, all night long, mit Afterhour ohne Ende. Stefan Beuse schrieb schon dar-über, war längst da, die Fahnen lagen vor; nur ich war le-diglich Leanders wegen gekommen, nur für den Donners-tag. Ein Junge mit himmelwärts aufragenden Ohren sowie offensichtlichen Schluckbeschwerden fragte nun den sofort integrierten Taxler:

»Was gehtn ab hier? Glucks. Wo issn was los? Geht noch was? Glucks.«

Der Mann – Raver kennen keine Aversionen gegen das Alter – berichtete stolz von der ›Herrengasse‹ mit ihren Puffs, vor allem für »Herren, die etwas älter« waren, wohingegen die jungen Hüpfer »um und unter 40« den Pfarrplatz mit zahllosen »Diskos« bevorzugten, etwa das weltberühmte »Scotch« oder das »Bermuda Dreieck«. Letzteres war ein Geheimtip.

»Wo gehst du so hin?« fragte ich, um gleich den Minuspol der Stadt zu kennen, den Abgrund aller Abgründe. Er nuschelte etwas wie ›Bar Erotika‹, ich notierte die Adresse. Das war die Hölle, durch die ich Hieronymus schicken und wo er sich als wahrer De-Sade-Großmeister beweisen konnte. Den Klagenfurt-Text würde ich mitbringen! Und Iris Greiner dazu, als Mann verkleidet. Hieronymus hatte mir davon erzählt, daß er einen Alptraum mit Iris Greiner gehabt habe: Er hätte im Düsseldorfer Landesparlament eine Rede halten müssen, und Iris Greiner (Jurorin des Bachmann-Wettbewerbs, d. Red.) habe ihm von hinten die Eier gepreßt, bis ihm die Luft weggeblieben sei, und schließlich sei sie seine Mutter gewesen. Wie Alpträume halt so sind …

In den nächsten Stunden passierte dann aber erst mal gar nichts. Es war eben die Nacht vor der entscheidenden Lesung für Hieronymus. Er trank nicht, ließ sich im »Maria Loretto« eine Art Séparée geben, so einen mit Stellwänden abgeschirmten Tisch im Vorbau, wo er gefaßt ein Abendmahl mit guten Freunden zu sich nahm, genau gesagt, mit drei anderen Lese-Kandidaten, die spontan Zutrauen zu ihm entwickelt hatten, blinde Gefolgsleute auf Anhieb.

In den nächsten Tagen sollte er mit dieser Gang großer Jungen herumziehen und eine klassische Macho-Spaßkultur aufziehen, daß die Hools und Raver und Goetz-Fans dieser Welt neidisch geworden wären. Er ließ alles, was blond und dicktittig war, den Baywatch-Bounce-Test machen, wobei Elastizität und Straffheit des federnden Fleisches des hochspringenden Weibes geprüft wurden, zum Beispiel. Doch heute bleibt es bei gemächlicher Konversation. Fast staatstragend und verhalten leise.

»Also die Klagenfurter Damenwelt, was ich da so gesehen habe, gar nicht uninteressant«, grübelt Maier und piekst in den *pommes de terre normandie* herum. Wie übrigens tags darauf die Juroren in den »erlesenen Worthappen erster Güte«, wie sie sich ausdrücken: eher lustlos. Silvia Bovenschen gibt schon vorab im Schminkraum zu, mit Maiers Text absolut nichts anfangen zu können. Die armen Juroren kriegen das Zeug ja neuerdings schon Wochen vorher zugeschickt. John von Düffel, Erotomane wie Hieronymus, ißt bereits mit Appetit – seine Lesung war schon. Gleich am Anfang der Bachmann-Tour-de-Force.

»Er war der Loser jenes Tages«, flüstert der gelernte Lyriker Frank Hornung, »aber laß es dir nicht anmerken, er weiß es nicht.«

Die Gang versucht, den ahnungslosen Pechvogel durchzuschleppen, meist durch aufmunternde, lässig hingeworfene oder auch fein formulierte Zoten.

»John rühmt ja gern die besondere Romantik der Missionars-Stellung. Aber gibt es etwas Schöneres, als einer Frau beim Orgasmus in die Augen zu sehen?« philosophiert der zarte Pornograph (Titel verlieh ihm übrigens die Zeitschrift PRINZ).

»Ja glaubst du etwa, sich von einer 25jährigen, vollbusigen Studentin einen blasen zu lassen, MACHE SPASS?!« zitiert ein anderer Gangsta den neuen Woody-Allen-Film »Harry außer sich« alias »Deconstructing Harry«.

»Ja.« Sagt Frank Hornung trocken. Er mag keine Halbwahrheiten. Der Abend plätschert so dahin, allmählich dominiert von der neuerwachten Vitalität John von Düffels.

»Hey, Freunde, habt ihr gesehen, daß diese Lena sogar ohne Plateauschuhe absolut sexy ist? Also nicht nur das Äußere, ist ja klar, also dieser Rundausschnitt ist ja wirklich GÖNNERHAFT, nein, also, sie nimmt die Sonnenbrille ab, steckt sie genau dahin, wo es warm ist, if you know what I mean ...«

Und so weiter. Hieronymus versucht dagegen, ein bißchen für die morgige Diskussion zu üben, zumindest für das ihm zustehende Schlußwort. Er spricht von Engeln, die kein Geschlecht hätten, oder doch, es ist unmöglich, ihm zu folgen. Swedenborg hier, Lars von Trier dort, die erotischen und religionstechnisch perversen Mythologien des achtzehnten und neunzehnten Jahrhunderts. Da ist Maier auch noch Dozent für, an der Uni Bonn. Muß man sich einmal vorstellen. Dieser junge Mann, jünger als seine Studenten, die, wie zuverlässig berichtet wird, nach jeder Stunde »danke« sagen, wenn sie rausgehen.

Die Berufsnachwuchsdichter haben schon getrunken und merken kaum, wie sich Tim Staffel durch den Paravent schiebt. Großes Wiedersehen: Er war einer der Hools am Bahnhof. Hat es also doch noch gefunden. Der Taxifahrer kommt auch noch, aber nur, weil er Geld will. Frank Hornung schickt ihn ärgerlich mit ein paar Scheinen weg.

»Diese Lena, ist das eigentlich die Tochter des Bürgermeisters?«

»Wer ist Lena? Du meinst ... Ulrike.«

»Ulrike? Die blonde Luhmann-Maus aus Stuttgart? Ach nein!«

»JETZT weiß ich, woran mich diese Lena erinnert! An Dagny Kielland natürlich!«

»Windsbräute sind, nach Swedenborg, Liebende, die sich im realen Leben nicht gefunden haben und sich nun als Engel begegnen. Das heißt, Romeo und Julia sind es nicht, denn die hatten sich ja bereits auf Erden geschlechtlich vereinigen können.«

Er lacht wieder dieses Hieronymus-Lachen, so nett, so fröhlich, so unschuldig, so ungekünstelt. In seiner Story wird die Geliebte von ihrem Brutalo-Lover beim erzwungenen Geschlechtsakt mit der Gürtelschnalle erschlagen. Und sagt vorher danke.

Der nächste Morgen, einer der letzten Juni-Tage des Jahres 1998, acht Uhr. Das Funkhaus ist noch tot. Nur der Hausmeister gibt Obacht. Der Taxifahrer, diesmal ein alter Mann mit Pferdeschwanz, erhöht sich selbst das Trinkgeld, verdoppelt es einfach, verdoppelt natürlich auch die Freundlichkeit, logisch. Das finde ich interessant, abweichendes Verhalten, und lege nun von mir aus nochmal nach, nochmal hundert Lire oder was das ist, Schilling: Der graue Moränenhippie bleibt einnehmend-fröhlich-dienstbar, mir fehlt das Adjektiv, österreichisch eben.

Eine kleine Stadt, »do hobens no oan Charakter«, gell. Vor allem: Bachmannpreisgeprägte der zweiten und dritten Generation! Das finde ich faszinierend. Jedes hübsche Mädchen ist Tochter von Eltern und Großeltern, die bereits vom Ingeborg-Bachmann-Wettbewerb geformt wurden, von Marcel Reich-Ranicki, Walter Jens und all den anderen Literatur-Dinos. Ihre Mutter war als junge Frau im Zuschauerraum, als Rainald Goetz sich vor laufender Kamera die Pulsadern aufschnitt, ihr Opa hatte Peter Handke noch gekannt, und sie selbst wurde heute Opfer der durch die hochsommerlich gebirgsfeuchte Luft bis ins Unerträgliche aufgeladenen Gefühle John von Düffels. Könnte doch sein.

Ich setzte mich auf den verwaisten Platz von Iris Greiner. Ein sehr Yves-Klein-blauer Tisch, ein IKEA-Billy-Stahlrohr-Sessel mit schwarzer Polyester-Sitzmatte, das Mikrophon in Mundhöhe, DANN nämlich, wenn man sich engagiert nach vorne wirft, sich vom Adrenalinstoß nach vorne mitreißen läßt.

Aber was SIEHT Iris Greiner, worauf guckt sie? Sie sieht eigentlich kein Publikum, der erste Sitzende da vorn ist mindestens zehn Meter entfernt. Rechts neben ihr dagegen, genau einen Meter von ihr, schmort, an einem halbmeterschmalen Katzentisch (ihrer ist um ein Mehrfaches breiter), der Kandidat auf dem sogenannten und einst von Reich-Ranicki erfundenen »elektrischen Stuhl« (es gibt keinen Grund, warum er während der »Hinrichtung«, sprich Textexegese dort sitzt, denn er darf ja nicht eingreifen; er muß es aber AUSHALTEN). Links neben ihr, mit am eigenen Tisch: der in seiner fassungslos machenden Extremst-Schleimigkeit schon wieder authentische und einzigartige Vorsitzende Iso Rapid. Niemand weiß, wo so etwas wachsen konnte. Von welchem Planeten so einer runterpurzeln durfte. Jupiter?

Ganz anders Harry Ruoss. Der Garagenbesitzer-und-sonntags-Autowäscher-Typ, von dem es immer heißt, selbst SO EINER werde hier zum Star (wegen TV-nonstop-Dauerübertragung etc. pp.), hat was. Hinter der Bühne. Charisma? Integrität? Nein, nein, er ist eben WIRKLICH nett. Wie Leander ja selbst. Und tatsächlich: Er, nur er, flippt dann aus, wie der angespuckte Jens Jeremies beim WM-Spiel gegen Jugoslawien, als Leanders Performance von einem Juror »Blut-und-Sperma-Operette« genannt wird. Das führt immerhin dazu, daß ebenjener Juror sich förmlich-kniefallmäßig-würdeverlierend bei Leander entschuldigt – Robert Schindel, Österreicher vom Scheitel bis zur Sohle. Der ewige Hans Moser sozusagen.

Peinlich, peinlich. Aber eigentlich kann man hier vorne gar nichts falsch machen. Die Anzahl der Scheinwerfer erreicht keinesfalls die blendende Gewalt westdeutscher Studios. Es ist gemütlich, man hält sich am Text fest, der vor einem liegt, und reden tut sowieso immer einer. Der Raum ist perfekt gekühlt, die erschlagende Ozonglut erschlägt die Menschen nur draußen. Eigentlich ist es fast dunkel hier, wie in der studentischen Teestube. Als Juror kann man auch in die Studio-Kantine gehen, über verwinkelte, weiße, enge Gänge innerhalb des klitzekleinen Labyrinths dieses kleinen Landesstudios, das ist wie im Innern eines Schiffs, einer Mini-Ausgabe des Gruner+Jahr-Schiffes an den Hamburger Landungsbrücken. Immer links und rechts und Treppchen rauf und runter, und dann ist da so eine niedliche DDR-Kombüse mit Tapeziertischen und Blümchendecken drauf. Hier kostet der »Einspänner« und der »Verlängerte« und »Kleine Kurze« und so weiter nicht viel, die innerbetrieblichen Vorzugspreise hat der Vranitzky politselig noch eingeführt. Wem hier immer noch das Unwort »Medienterror« oder »Zeitalter des Medienfaschismus« einfällt (und allen fällt nichts anderes ein, normalerweise, wo sie auch gehen und lesen, die Autoren; Vorjahrssiegerin Zoë Jenny bemühte die bösen Medien in einem 45-Minuten-Porträt elfmal), outet sich zuverlässig als Flasche. Zuverlässig heißt: Vorsicht, Kitsch im Anmarsch! Meiden Sie diesen Autor, wenn Ihnen die Wirklichkeit lieb ist.

Eigentlich war frühzeitig klar, daß Hieronymus Maier den Preis nicht gewinnen konnte. Seine 15 Seiten waren alles mögliche, aber eines ganz und gar und gewiß nicht: der geforderte KONSENSFÄHIGE TEXT. Diese Helmut-Kohl-Terminologie bezeichnete den objektiven Umstand, daß die Juroren sich auf einen Kompromiß einigen müssen, heißt: auf einen mediokren Text. Aber Klagenfurt war sowieso nicht mein Thema. Das gehörte Stefan Beuse und unser beider Foto-Lieblingskollegin Simone Scardovelli. Mir ging es um den Marquis de Maier, da war der nächtliche Feldzug durch die Herrengasse wichtiger. Jedenfalls: Der zarte Pornograph kam noch nicht mal in die Vorausscheidung. Schon am Freitag war er rausgeflogen, während die anderen noch kämpften. Den Preis – das hätte man sich denken können – kriegte der »Loser des Tages«, John von Düffel. Mit sehr viel Geld. Ja, mit so viel Geld, Zehntausenden von diesen milchgelben oder dreckiggelben Schillingen, daß er der jungen Tochter des Bürgermeisters, wenn sie es denn war, also der mit dem gönnerhaften Brustausschnitt, eine Reise ins heimatliche Köln schenken konnte. Geliebt, nein respektiert hätte sie ihn auch ohnedem; er war Schriftsteller und sie Bachmanngeprägte im x-ten Glied. Sie wäre auch mit Leander gezogen, dessen Bordellerlebnise sie ungerührt kommentierte: »Jo freilich, die Sportvereine sind da die Hauptkunden.«

Was war geschehen?

Nichts Unvorhersehbares. Hieronymus hatte gelesen, morgens um Punkt neun Uhr. Iris Greiner hatte, wie im Alptraum vorausgeträumt, ihn verrissen. Silvia Bovenschen hatte ihre Abneigung unterdrückt und Milde walten lassen. Die österreichischen Juroren kotzten sich regelrecht aus. Iso Rapid hielt sich zurück. Die Diskussion schlug höhere Wellen als bei anderen Autoren und wurde um zehn Minuten überzogen. Das war ungewöhnlich, rettete den Mann, der sich »so sehr gegen die Sitten vergangen« hatte, aber nicht. Um 10.20 Uhr stolperte er in die Junisonne nach draußen, ausgespuckt vom Betrieb, entlassen. Er war so blaß, daß ihm keine Quote der Welt mehr den sexuellen Überflieger abnahm. Beim Lesen hatten seine Hände gezittert.

Verdammt hell hier, oder habe ich was am Auge? Was geht denn ab? Seine Augen sind geblendet, die Wimpern schlagen zu. Grellweiß: die Sonne. Mein Gott, ist das hell hier … Über den Gerechten oder auch Ungerechten, er weiß es plötzlich nicht mehr, schien die Sonne nun hin, mit ihrem Atomlicht, schien und schaute in seine Augen, leuchtete tief hinunter, bis ins Herz … Sätze fallen ihm ein, es wird ihm lyrisch zumute, aber er reißt sich zusammen, gewöhnt sich an die Lage, geht zu den Jungs. Ab ins Auto. Klagenfurt-Cruising. Sonnenbrille, Musik, ›Mäuse‹. Also Mädchen. Luftholen, zu sich kommen. Da ist schon so ein schweres Gerät, wirklich Glück gehabt: Plateauschuhe, bauchnabelfreies, enganliegendes T-Shirt, so eine Schuhanzieher-Hose aus Schlangenleder-Imitat, einfach die komplette Verkörperung von Sommer, eine entsprechende Bio-Masse in Bewegung:

»Die braucht den Bounce-Test nicht mehr machen!« grölt John von Düffel. Die alte Stimmung ist wieder da. Der Marquis vergißt fast schon, daß er durchgefallen ist. Daß er voll gegen die Wand gefahren ist mit seinem Sado-Konzept. Daß die Krypto-Spießerin Ulrike Kurzke ihn fast angeschrien hat. Daß er, wie sich viel, viel später herausstellen wird, Letzter geworden ist. Daß sein eigener Lektor das Weite suchen würde, sähe er ihn jetzt im »Maria Loretto«. Ein kurzes, verschlossenes Nicken nur noch, dann abwenden, abgewandt stehenbleiben, in Gang setzen in andere Richtung, in Richtung anderer Autor. Irgendein anderer, JEDER andere soll es sein. Lektoren sind Schweine. Sogar Literaturagenten sind besser erzogen. Nur Martin Hielscher bildet eine Ausnahme, der ließ keinen hängen. Mit ihm war er an einem der Abende zuvor ins Gespräch gekommen. Nein, Hielscher war nicht so. Daran klammert er sich jetzt. Martin Hielscher. Die Hoffnung schlechthin, für so viele, das war doch bekannt. Dann vergißt er das wieder, denn sie treffen wieder – so ist das beim Rave – auf die Männer vom Technoverein. Wenn die doch bloß nicht immer wie entlassene Bundeswehrsoldaten aussähen. Aber egal.

»Hallo!«

»Hallo, ihr!«

»Wie gehts?«

»Gut. Und euch?«

»Auch gut, danke.«

»Schön zu hören.«

»Was gehtn? Stellt jemand was auf?«

Tolle Idee. Am besten, sie fangen gleich damit an. Der Tag will bewältigt werden – her mit dem Sedativum. Die Stunden rutschen nun so weg. Am Strand – Klagenfurt liegt am Wörthersee – und überhaupt. Zweimal wird geschwommen, einmal fürs Fernsehen. Überall ist Presse. Fotos, Handys, der Hörfunk. Bloß nicht wieder in den Bachmann-Kasten, es wird sowieso überall übertragen. Um 19 Uhr ein Empfang beim Bürgermeister. Hundertfünfzig geladene Gäste. Bei der Begrüßungsrede zwanzigmal das Wort »herzlich«, wie früher bei den Honecker-Reden das Wort »friedliebend«. Sonst keine weiteren Worte bzw. Gedanken. Konversation mit Leuten, die einen zur Flucht antreiben.

»Kurzgeschichten sind schwieriger als der Roman, die Short stories sind für mich das schwerste Genre …«

Schrecklich. Nur Tanja Dückers, Star von Karin Grafs Häschenschule, macht etwas her. Schwarzgelackte Haare, Nofretete-Augen, den Lidstrich verlängert zu lasziven Schlitzen, dicke Proll-Ringe, Freundschaftsbänder am Handgelenk. Dazu aufgeworfene Brigitte-Bardot-Lippen, als hätte der Schöpfer gewissenhaft die Popgeschichte der Nachkriegszeit studiert. Um 21 Uhr das Länderspiel Deutschland gegen Iran.

Die Jungs laufen in den Fernsehraum, den der Bürgermeister extra hat einrichten lassen für das Spiel. Er kennt doch »seine Deitschn«. Mehrere Monitore, einer davon bringt Bachmann-Aufzeichnungen vom Tage. Am Start: Hieronymus Maier, »der den heitigen Marathon eröffnet hot«. Er sieht sich selbst, erschrickt dann doch, als er sich hört.

»… Hilal empfand das Geschlecht zwischen ihren Beinen als Wunde. Er liebte Rehe. Rehe, das waren Frauen, deren Beine eine Handbreit auseinanderlagen und ein ganz zartes O formulierten … sie überfiel ihn und preßte ihre Scham auf seinen trockenen Mund …«

Er sieht seinen gesenkten Kopf mit dem vielen Gel drauf,

so hat er sich noch nie gesehen. Irgendein Scheinwerfer hat ihm da wohl genau auf den noch morgennassen Schädel gebrannt, so daß man die Kopfhaut durchblitzen sieht, als begänne bereits die Stirnglatze. So sah er also aus. Er hatte sich noch nie im Fernsehen gesehen. Er sieht sich halt an der Tischplatte suchen, als müsse er sich aufstützen, am Katzentischchen festhalten, um nicht zu Boden zu stürzen. Die Augen sind starr aufs Papier geheftet, der Oberkörper ist absurd nach vorn gebogen, dabei der Rücken krumm wie bei einem Greis. Als er einmal nach dem Wasserglas greift, tut er es so vorsichtig und langsam, als sei es eine Präzisionsarbeit, den Gegenstand zum Munde zu führen. Ist es in dem Moment auch. Er kippt das Glas einen halben Zentimeter zu früh, und ein potentieller Schluck schwappt weißlich-silbrig-nässend aufs dunkelblaue Grufti-Hemd. Hektisch liest er weiter:

»... er blies den Rauch zwischen ihre Beine. Rehe sind Frauen, die niemals Röcke tragen dürfen. Hilal war nackt. Sie wippte von einem Bein auf das andere, drehte sich um und bot ihm ihre zusammengekniffenen Pobacken. Sie klagte, ›Ich laufe aus‹. Mit der Rechten hielt er seine Zigarette in die einsame Dreieckigkeit ihrer inneren Schenkelflächen ...«

Beide Hände liegen jetzt weitgespreizt auf der Tischfläche, und sein Kopf ist so gramgebeugt nahe an dem Papier, als wolle er etwas hineinrufen wie in einen Brunnenschacht. Gut, alle anderen Autoren machten in dieser Situation auch keine bessere Figur, das hatte er oft beobachtet, aber er hält es nun nicht mehr länger aus. Er dreht ab.

Sie fahren bekifft zum Marktplatz, wo das Spiel auf einer Großleinwand gezeigt wird. Da ist das Volk, das macht bessere Laune als die trostlose Party beim Bürgermeister. Natürlich ist auch Tanja Dückers gefahren. Und alle anderen Nichtdoofen. Die blonde Lena sitzt an einem der Marktplatz-Tische, nestelt an ihren Ohrclips, löst die Haare. Schwarze Augenbrauen, so blond der Schopf, die Haut so urlaubsbraun, ein Klischee paßt zum anderen, John sitzt schon wieder bei ihr. Sie studiert Psychologie und war gerade ein Jahr in New York. Beides MUSS einfach ein Flirtscherz sein. Stupsnase, weiße Zähne, Lachen: Pamela Anderson, here I come!

»Für die gäbe ich den Bachmann-Preis«, witzelt John, holt die Jungs zur Verstärkung. Ihm fällt wohl nichts mehr ein, auf die Schnelle. Der bleiche de Sade rät zur Defensive:

»Nein, wir müssen sie jetzt kommen lassen. Laß uns jetzt nicht rübergehen. Es ist ja auch immer alles so schwierig.«

Gerade hatte man so nett über erotische Berufs-Kombinationen geplaudert, wobei Hieronymus behauptet hatte, Schriftsteller dürften sich nur mit Medizinerinnen einlassen, da diese immer so viele Nachtschichten schöben und zudem den Schriftsteller finanziell unterstützen könnten. Aber John von Düffel war wie angezündet, von beiden Seiten gleichzeitig wie die gleichnamige Kerze. Der ist nicht mehr zu halten. Der pfeift auf die lebenslänglich häßliche Ingeborg Bachmann.

Was will mir jemand über das Leben mitteilen, der niemals eine Chance (im Ruhrdeutsch: Schnitte) hatte, geschweige denn wahrnehmen konnte? Ein Mensch ohne die entscheidenden Erfahrungen somit! Aber ich, John von Düffel, HABE Chancen. Er stürzte weg.

Stille entstand. Einer bricht das Schweigen mit einem vermeintlichen ›Brüller‹:

»Wie Inka Bach gelesen hat, mit Mini-Minirock und die Beine nicht übereinandergeschlagen. Voll die Sharon-Stone-Nummer.«

Hieronymus war in Gedanken woanders. Er rekapitulierte eine besonders harte Stelle seines Textes – nämlich die Vergewaltigung.

»... kam sich vor wie ein Raubtierbändiger, der das zweifelnde Kratzen von ihren Fingernägeln nur als absurde Bestätigung empfand. Ihre Beine gefesselt in der verknoteten nassen Jeans, drängte er sich zwischen ihre Schenkel. Die Selbstliebe, schleuderte Swedenborg peitschende Sätze dazwischen, ist ...«

Swedenborg! Das war der taktische Fehler. Darauf sind sie alle rumgeritten, die Bildungshuber. Die kannten den natürlich überhaupt nicht. Haben im Lexikon nachgeschaut. Und dann so getan, als wäre es das Hinterletzte, das am meisten Verbrauchte. Als wäre es Schopenhauer oder eine von diesen ewigen Nietzsche-Stellen mit der Peitsche, die man nicht vergessen dürfe, wenn man zur Frau ginge. Aber es war Swedenborg! Den hatte er selbst ausgegraben, für den deutschen Raum entdeckt!

Deutschland gewann zwei zu null. Tausende auf dem Marktplatz brüllten ihre Siegesfreude in den Himmel. Im Fußball immer noch die alten Gefühle. Danach blieben sie sitzen, die Österreicher. Nach und nach wurden sie von Lektoren und anderen Berufstätigen aus der Buch-Industrie ersetzt. Sie beachteten Hieronymus nicht mehr. Dieser Typ, der absolut das Falsche geschrieben hatte. Hätte er eine Stunde lang Heil Hitler gerufen – die Ablehnung wäre vergleichbar gewesen. Thomas Hettche, der morbide Lüstling, hatte Mühe gehabt, aus der Perversen-Ecke wieder herauszurudern. Denn er, der Juror Hettche, hatte Maier nach Klagenfurt geholt; es war SEIN Kandidat gewesen. Nun gab es nur noch eines: Distanz suchen!

Gegen ein Uhr hielt es der heimlich wie offiziell Geächtete nicht mehr aus. Er ging heim, zurück in das Milieu seiner Wahl, in den Puff. Er begrüßte die Mädels, man erkannte einander, also die Rollen, die man spielte, spielte die Spiele, besser: die Rituale der tradierten, gewaltbereiten, nichtbürgerlichen Sexualität. Er ging in diese Messe hinein wie in einen Gottesdienst und ließ sich schließlich sogar ›die Beichte‹ abnehmen, if you know what I mean. Denn er hatte es wirklich nötig.

Und an diesem Punkt verlor ich Hieronymus. In mehrfacher Hinsicht. Es war der Punkt, an dem ich nicht mehr weiter mitgehen konnte. Ganz abgesehen davon, daß ich von den Rotlicht-Regeln nur das wußte, was Hieronymus mir beim Interview in Köln in den Block fabuliert hatte, durfte ich natürlich nicht mitkommen in die hinteren Zimmer; ich wurde von meiner Erzählfigur, nein: erzählten Figur, schlagartig separiert.

Hieronymus Maier fällt hier aus, kann den Text nicht länger tragen, das dürftige »ich« muß wieder hervorgekramt werden, als Aushilfskraft. Denn, auch bei forcierter »Phantasie«: was der Mann da mit den etwa zehn Nutten tatsächlich gemacht hat, weiß ich nicht. Ich war nicht mit im Bett. Oder in der Folterkammer. Wenn es so etwas überhaupt gab. Wenn er überhaupt irgend etwas gemacht hat. Ich sah nur, wie die Jugendmannschaft irgendeines örtlichen Fußballvereins, picklige, verängstigte Pubertanten, die im Vorraum auf jene »Damen, die zur Zeit noch belegt« waren, warteten, weggeschickt wurden. Auch ich wurde weggeschickt (»keine Dame mehr frei«). Er nicht; lachend, wieder mit diesem unschuldigen, geschlechtslosen, ansteckenden Jünglingslachen, schnell Lachtränen in den zusammengepreßten Augen, sich biegend vor Freude, war er mit mehreren Damen – das letzte Bild, das ich von ihm habe – nach hinten gewankt.

Im Hotel erreichte ich ihn auch nicht mehr am nächsten Tag. Die nächsten Tage. Nirgendwo mehr. So daß sich die Frage stellt, was dieser Text ohne seine Hauptfigur noch leisten kann. Oder, noch besser: ob er überhaupt schon etwas geleistet hat.

»Die Wahrheit ist dem Menschen zumutbar«, hatte Ingeborg Bachmann gesagt, und das war sogar das offizielle Motto des Wettbewerbs 1998 gewesen. Was sollte das heißen, in drei Gottes Namen?

Ich hatte journalistisch verkaufbare Sätze herzustellen. Noch nicht einmal das war mir gelungen. Ich faxte an das ZEIT-Magazin später ein Exzerpt des Kölner Interviews mit Leander, was sie nicht druckten, so daß ich einen Zweispalter mit bunter Grundfarbe für das JETZT-Magazin draus machte. Im Grunde hatte ich auch gar keinen echten Auftrag vom ZEIT-Magazin gehabt. Die Leute da fanden mich zu journalistisch. Immer schrieb ich Sachen von glatzköpfigen Hooligans, die auf unbescholtene Taxifahrer losgingen, wo es doch in Wirklichkeit eine normale Alltagsszene war, aus deren Nuancen und Zwischentönen eine Bachmann – auch sie einst Reporterin – ein feines Stückchen Poesie, einen erlesenen Worthappen erster Güte gezaubert hätte.

»Mehr Prosa, mehr Prosa, lieber Herr Lottmann!« jammerte Benedikt Erenz, der mir strengstens abriet, weiter mit Fakten zu arbeiten, die dann ja doch nicht stimmten. Ich war, wenn überhaupt, »der Schriftsteller, den DIE ZEIT sich leistete«.

Das mußte ich deutlich machen: Ein Tremolo am Anfang, am besten eine Regenszene. Regen war als Einstieg besonders günstig. »Am Anfang immer Regen, probiern Sies doch mal!« So daß man sah: der dichtet, der darf das, das ist ein Schriftsteller.

Doch was hatte ich gemacht, jetzt, bei Hieronymus Maier? Fakten, Fakten, Fakten! Und wahrscheinlich alle falsch, das kannten wir ja. Martin Hielscher ein toller Lektor, der seine Leute nicht hängenließ? Lächerlich. Ich wollte nur selbst gern von ihm lektoriert werden. Tanja Dückers der Star von Karin Grafs Häschenschule? Es gab keine solche Schule. Es gab eine gewisse Häufung junger Autorinnen beim »Klagenfurter Literaturkurs«, eine dem Preislesen vorgeschaltete Jugend-Veranstaltung, wo ebenfalls gelesen wurde, und im Vorjahr hatte Karin Graf an dieser Sache organisatorisch mitgearbeitet. Sie war die beste Literaturagentin im deutschsprachigen Raum, hatte die besten Autorinnen unter Vertrag; die, die ich zufällig davon kannte, waren extrem hübsch. Tanja Dückers am meisten. Na und? Ein Häschen? Ihre Erzählung in ›Trash Piloten‹ war das Beste, was ich binnen Jahresfrist lesen konnte. Tanja wußte alles über Fußball und alles über alles andere. Ein HÄSCHEN? Ich war nur verbittert, daß ich bei so einer keine Chancen hatte. Dabei war sie endlos nett zu mir gewesen, bis zu dem Zeitpunkt, als ich die Fotografin auf sie hetzte.

Zwar ist Medienschelte etwas Langweiliges, aber DAFÜR zu sein ist inzwischen einfach unmöglich geworden. Der Mensch, der sich heute noch freut, »in die Medien« zu kommen, muß erst noch geboren werden.

Deshalb fand Tanja Dückers es einfach schmierig, daß sie ihren »makellosen Körper« ablichten lassen sollte. Da sie alles ist, nur nicht zickig, hat sie es schnell gemacht, mich dafür aber verachtet. Dabei war die Fotografin gar nicht echt. Das war eine schlichte kleine Knipserin vom Kärntner Käseblatt, die ich kurzentschlossen eingeschaltet hatte, um mich wichtig zu machen. Die fotografierte mit einer DDR-Kamera. Kein Witz. Die waren ja auch gut, ich hatte selbst einmal eine. Also das war vielleicht eine Oberschülerin, die sich Taschengeld verdiente. Vielleicht hat Tanjas Ausnahmeintelligenz das auf der Stelle durchschaut, und das war dann der Grund. Die Fotos bekam ich schon am nächsten Tag, und vielleicht kann die Kamera das jetzt mal zeigen … ah, ich höre, das wird vielleicht mitabgedruckt … schön.

Also, die von mir so genannte ZEIT-Fotografin war nicht echt, der ZEIT-Auftrag auch nicht, und der Mann, der immer neben mir war, neben John von Düffel und Hieronymus, nämlich »der begnadete Lyriker Frank Hornung«, war weniger Lyriker als vielmehr ein verantwortungsbewußter Mensch, der sich um mich und die ganze Situation Sorgen machte. Er wollte das Schlimmste verhindern, wenn irgend etwas zur peinlichen Hochstapelei zu werden drohte, zur Jörgschröderiade. Dabei war nichts hochgestapelt. Vierzehn Tage zuvor hatte ich für die ZEIT einen Egon-Erwin-Kisch-Preis gewonnen. Nie schrieb ich unter einer ganzen Zeitungsseite, von der Länge her, wer konnte sich das sonst leisten? Und Frank Hornung schrieb WIRKLICH das schönste Deutsch, das ich kannte, um ganze Jahrhunderte schöner und reifer als das von Tanja Dückers, die ja nun AUCH schon klasse schrieb.

Hochstapelei? Ja, trotzdem, oder beides, oder vieles: »Die Wahrheit ist zumutbar« hieße demnach: DIE Wahrheit, also die sogenannte, die kollektive Verabredung auf eine Fassung, ist zumutbar. Die VIELEN Wahrheiten keineswegs. Im Gegenteil. Da käme man in Teufels Küche. Da endete man bei James Joyce. Ich wollte Martin Hielscher bloß korrumpieren, indem ich ihn lobte? Hatte er nicht gerade in der angesehenen »Neuen Rundschau« den bisher einzigen hellsichtigen Essay über das Spätwerk Peter Handkes veröffentlicht? Wirft er dort dem Meister des Erzählens – schon die Formulierung macht ja stutzig – nicht zu Recht vor, das Erzählen nur noch zu beschwören, anstatt es zu tun?

Auf dem Weg zurück zum Bahnhof begegnete mir eine Jurorin, die ebenfalls schon abfuhr, Silvia Bovenschen. Ihre Stimmabgabe hatte sie hinterlegen lassen. Aus gesundheitlichen Gründen konnte sie den Klagenfurt-Rave nicht mitmachen, also das berüchtigte Nachtleben rund ums »Maria Loretto« mit Totalbesäufnis, In-den-See-Springen-um-Mitternacht, Autoren-Abwerben und all dem, was Stefan Beuse schon geschrieben hat. Da sie an der Frankfurter Uni seit 20 Jahren einen ganz ähnlichen Job machte wie hier in Klagenfurt, fragte ich sie:

»Dieses geistige Elend, das durch diese Texte auf einen einstürzt und zuströmt, das man an sich heranläßt, anstatt es abzuwehren, weil man die Texte ja lesen muß: ob Sie das vergiftet hat? Wissen Sie, ich glaube nicht an KRANKHEITEN AN SICH.«

»Wer tut das schon?« Sie lächelte.

Wir waren sicher beide froh, den Ort zu verlassen. Doch dann sagte sie, daß sie ihre Meinung während der hektischen Diskussion – sie meinte die Hinrichtung des Autors Maier – geändert habe.

»Schön«, sagte ich, »dann hat es doch Sinn gemacht!«

Wenn das nicht der Startschuß zur leidenschaftlichen Literatur-Debatte während der Zugfahrt war! Ich führte sogleich aus, daß alle übrigen fünfzehn Texte der gleichen Syntax gefolgt seien, dem ewig gleichen leiernden Rhythmus, den man wohl für »großen deutschen Erzählton« halte, dieses Subjekt-Prädikat-Objekt-Geschiebe, alle Sätze seien ratternde Güterwaggons eines endlosen Zuges (in den Schlaf), und daß auf einer einzigen Seite Rainald Goetz mehr Tempi- und Dynamikwechsel stattfänden als bei allen Bachmann-Strebern zusammen. Und daß aber bei Hieronymus Maier etwas anderes geboten worden war, nämlich die helle Aufregung. Zumindest das! Sie erwiderte ebenso vehement, so daß wir die Hools kaum noch wahrnahmen, die entfernt am Bahnhofsvorplatz herumlungerten und Eisenstangen suchten.

»Wo ist Ihr Autor denn jetzt?« schloß sie ihre Rede.

»Weg. Aber jetzt sind Sie ja da.«

Um die Texte ging es nie, immer ums Gespräch. Das war Klagenfurt.

12. Echo-Verleihung in Berlin

Diese alten Menschen mitten im Terrain der Jugend, diese Perversen, das hat mich immer schon abgestoßen. Diese ewigen Ralph Siegels und Katja Ebsteins: brrr! Das war schon vor zehn Jahren, vor zwanzig, vor – ja, wann hat es eigentlich angefangen? Daß solche fetten Hausmeister-Typen wie Grönemeyer in Jugendsendungen auftraten und verlogener Charity das Wort redeten? Bleiben wir einfach beim Samstag, dem Tag also, als der Papst starb. Genau zu der Zeit wurde der sogenannte ›Echo‹ verliehen, angeblich der zweitwichtigste Musikpreis der Welt. Nach dem ›Grammy‹, der sicherlich kaum besser ist. Dieselbe verlogene Scheiße, wenn Sie mich fragen. Industrie-Dreck von alten Säcken, gemacht für sie selber, aber falsch etikettiert als ›angesagte Musik‹.

Zur Realität: Das abgelaufene Jahr war das Jahr der jungen deutschsprachigen Musik. Es war phänomenal. Nie zuvor hatte es das gegeben: daß deutsche Gruppen mehr verkauften als englische. Stichwort Silbermond, Juli, Wir sind Helden, Dresden Dolls, all die anderen. Würden trotzdem wieder Ladenhüter wie Peter Maffay, Udo Jürgens oder gar noch ältere die Preise ›abräumen‹? Erneut Katja Ebstein? Immer noch Rex Gildo, posthum? Oder so ein Depp wie Guildo Horn? Oder Schnappi das Nilpferd? Ich ließ mich gern überraschen, was die alten Kulturbetriebler diesmal für zeitgemäß hielten.

Als erstes wird Antje Vollmer, die Alterspräsidentin des Bundestages, begrüßt. Der Papst lebt zu dem Zeitpunkt noch, warum nicht auch sie. Dann Klaus Wowereit, der Bürgermeister. Der Saal ist übrigens riesig, faßt Tausende von Krawatten- und Anzugträgern, weißhaarige Burschen zumeist wie im Parlament. Selbst die ›Jungen‹ unter ihnen sind über 30 und stecken in speckigen schwarzen Kombinationen wie

Blutwürste in der Pelle. Nirgendwo Farbe. Als einer in einem bordeauxroten Anzug auftaucht, lachen die Fotografen. Überhaupt die Fotografen: Sie ersetzen die Jugend komplett. Sie kreischen bei jedem Promi wie früher die Mädchen bei Robbie Williams.

Die einzige authentische junge Person ist Yvonne Catterfeld. Diese Augenstellung! Sie ist wirklich nett. Doch wenige Sekunden später taucht schon Thomas Gottschalk in Ledermontur auf. Lange Haare, jung geblieben wie 1972. Avril Lavigne, 22, die letzte Pubertierende des Erdballs, ist zwar nominiert, wird aber mit keinem Wort mehr erwähnt (fix rausgewürfelt). Millionen Fans unter Schülerinnen? Unwichtig! Kein Argument gegen Peter Maffay! Die Kamera fängt sein stoisches Indianergesicht immer wieder ein, als wäre er als Konrad Adenauer wiederauferstanden.

Natürlich gewinnt den ersten ›Echo‹ die mit Abstand scheußlichste Person aller Zeiten, ›Anastacia‹, sprich: Anästeyischia. Ein blutleerer Brüllelefant ohne Hirn. Röhrt wie ein Hirsch, kann aber eine Zeitung weder von vorne noch von hinten lesen. Die abgefuckte Alte sieht aus wie 45, wie die dominante Mutter vom Wowereit, der wiederum wie 25 aussieht. Gott, was für ein Haufen! Was hat das alles mit Jugendkultur zu tun? Na alles, aber mit Jungsein nichts.

›Live act‹ bedeutet hier peinlichstes Playback. Nena singt ihren neuesten Song, im Zebra-Minikleid, bewegt sich wie eine 17jährige. Das macht sie aber so umwerfend komisch und raffiniert, daß ich sie zu den drei Pluspunkten des Abends rechne. Die anderen beiden: der Auftritt Oliver Pochers und der des Kabarettisten Mittermeier. Tatsächlich ist ja das Potential so groß wie nie. Man läßt sie nur nicht ran, die Jungen. Als ›Silbermond‹ am Ende einmal danke sagen dürfen, spürt man, welcher Stromschlag augenblicklich in die toten Fernsehkästen rast. Es ist, als reiße der Schleier der Gerontokraten für Minuten auf, als verbrennten sich die

Reinhard Meys (nominiert), Westernhagens (spielte seine neue Single), Phil Collins (nominiert), Marianne Rosenbergs und so weiter die gierigen Finger. Elende Krämerseelen! Von denen hat keiner eine Idee, eine Aura, ein Herz – und schon gar keine Bedeutung. Da steht keiner für etwas, außer natürlich für das Alter, also Beharrung, Stillstand, Denkverbot, Repression. Es ist Mist, was sie uns hinhalten! Warum sagt das keiner? Seit 35 Jahren dürfen sie dröhnend auf der Stelle treten, und niemand ist da, der mit dem Finger auf sie zeigt und »Aufhören!« ruft.

Das Publikum ist statt dessen total mau. Keinerlei Resonanz. Tödlich! Der Moderator Oliver Geissen ist freilich keiner, der das Eis zum Schmelzen bringt. Ein KFZ-Verkäufer, keine Spur jugendlich oder gar charmant, nur abgewichst und unsympathisch. Einfach ein weiterer korrupter, schlechter Mensch, wie fast alle im Saal. Außer Barbara Schöneberger natürlich.

Echo für Echo wird verliehen.

Andrea Berg, 45, gewinnt einen. Sie tritt halbnackt auf, ein handbreiter Minirock und ein offenes Top, schmettert maskulin ins Mikro:

»Ich widme diesen Echo einem ganz besonderen Menschen: meinem Produzenten!«

Das haben vor ihr schon andere getan und tun nach ihr einmütig alle: Sie danken ihrem Produzenten, ihrer Produktionsfirma, ihrem Management und ihrer PR-Abteilung. Klar, weil es schließlich alles ein Werk dieser Spießer ist, was sie da vortragen. Ein schriller Zynismus eigentlich, daß all diese Marionetten immer wieder als ›Künstler‹ tituliert werden an diesem Abend, meist mit dem Adjektiv ›wunderbarer Künstler‹. Das Wort ›wunderbar‹ wird inflationär oft gebraucht. Ein zweites Adjektiv fällt den Moderatoren wohl partout nicht ein zu den Zombies. Muß man verstehen.

Peter Maffay hat den längsten Act. Lederhose, offenes

Hemd, 60 Jahre. Auch die Mitstreiter sind kaum jünger. Tattoos überall, Ketten, esoterische Zeichen, Schwarzhemden – der Geschmacksfaschismus der Ewiggestrigen sozusagen. Die immer gleichen Riffs, in 30 Jahren nicht einen Ton dazugelernt. Wer soll da klatschen, wer soll da kreischen? Wieder nur die Fotografen, später, wenn sie ihr Bild brauchen. Es sind Hunderte da, Hunderte auch von schreibenden Journalisten, aber wieder wird nicht einer einen einzigen Satz schreiben, der lesenswert wäre. Verkommene Gesellschaft!

Dann Annett Louisan, Großväterchens Liebling. Wenn die 45jährigen heute wie 35 daherkommen, so die 17jährigen wie 7jährige: »Ich will doch nur spielen, ich tu doch nichts ...« Schwamm drüber (sie gewinnt gleich mehrere Echos). Hansi Hinterseer ist nominiert, die Höhner auch. Das sind die Jecken, die an Karneval diese Sendungen »Höhner – die ersten 30 Jahre« bestreiten. Hansi Hinterseer ist jünger, ein kraftstrotzender Bergfex von höchstens 50. Dann die Kastelruther Spatzen, dann die Randfichten. Und die Beastie Boys, direkt aus der Familiengruft geholt. Die sollen gerade erst in den 80er Jahren des vorigen Jahrhunderts hip gewesen sein. Auch Rammstein wird nun entdeckt, zehn Jahre zu spät, und die Böhsen Onkelz, 15 Jahre zu spät. Doch nun kommt das Irrste: Al Green ist doch tatsächlich angereist. Ja, genau, der 20jährige Superstar aus USA! Die heißeste Sache weltweit – aber er wird nicht erkannt, nicht beachtet. Kein Fotograf schreit. Und als dann doch alle schreien wie am Spieß, dreht sich Al Green lächelnd zu der Meute und sieht, daß sie nicht ihn, sondern Jenny Elvers meinen, die zufällig hinter ihm steht.

Das ist der Echo, besser kann man es nicht zeigen.

Die Ärzte sind natürlich wieder nominiert, so daß irgendwann nur noch die Toten Hosen fehlen. Udo Jürgens quakt wieder am Klavier und danach noch lange ins Mikro. Schade, der Mann hat eigentlich ein gutes Gespür für die Jugend. Insgeheim findet er sich und seine Rolle hochnotpeinlich. Als er einmal mit der russischen Lesbengruppe tATu in eine Talk-show gesperrt wurde, war er als einziger von den originären 19jährigen angetan. Es tat ihm ersichtlich weh, wie Gottschalk den üblichen grienenden Altersspott über sie ergoß. Aber jetzt ist wohl eh alles egal, die Pferde gehen mit ihm durch, mit Udo Jürgens, und er hält eine endskraß ödende Laudatio auf irgendeinen Musikindustrie-Knecht, der Musicals von Andrew Lloyd Webber ins Deutsche übersetzte. Einen Knilch von mindestens 70, schlohweiß das Haar, unsexy die Goldrandbrille. Der absolute Tiefpunkt ist erreicht.

Schlimmer gehts nun nimmer. Genau in dem Moment stirbt der Papst. Die Erlösung.

Das Fernsehen bricht die unmuntere Sendung augenblicklich ab. Doch hoppla – eine After-Party ist ja noch auf dem Programm. Die müßte nach dieser Logik natürlich erst recht abgesagt werden. Aber nein, die Party ist wohl unverzichtbar. Ich merke schnell, warum. Weitere Heerscharen von Senioren strömen nämlich herbei. Es müssen auf jeden Fall mehrere tausend sein. Vielleicht Leute, die für die Verleihung keine Karten oder VIP-Tickets kriegten und nun erst recht die Prominenten sehen wollen. Aber die Prominenten sind natürlich längst weg, jedenfalls die halbwegs guten. Geblieben ist wieder nur Ralph Siegel, Katja Ebstein, Jenny Elvers und so weiter. Siegel ist kein schlechter Mann. Einer der wenigen über 60, bei denen ich gern einmal Gast beim Abendessen wäre. Auch daß er ein viel zu junges weibliches Sexualobjekt vor sich herschiebt, sozusagen Hand an die sexuellen Ressourcen des Landes legt, die Jugend beklaut, der alte Schlawiner, finde ich besser als die unfitte Art der anderen Bonzen. Nur meine ich, daß er für jede andere Führungsaufgabe im Lande besser geeignet wäre.

Die Party ist natürlich furchtbar. Den Tod des Papstes stört keinen – genau das ist so furchtbar. Sie finden den Gestorbenen nur lächerlich, nicht der Rede wert. Weil er das hat, was sie am meisten verabscheuen: Meinungen, eine geistige Haltung, einen Widerstand zum totalen Konsumismus. Für sie ist das ›alt‹. Dabei ist es jung, und sie, die jetzt mit viel Appetit in die Lachscroissants beißen, sind viel älter als der Papst. Keinerlei Jugend ist noch anwesend, das versteht sich ja von selbst. Buchhalter, angegraute Agenturleute, Werber, die Vertriebsmanager der Phono-Branche und so weiter. Wohl gut zehn erlesene Buffets vom Feinsten künden von der Protzsucht der Veranstalter (u. a. RTL), allein das Catering muß Millionen verschlungen haben. Auf wessen Kosten schlagen sich eigentlich all diese verbiesterten Büro-Gesichter die Bäuche voll? Etwa auf Kosten der Jugendlichen, die die CDs kaufen sollen? Brennt bloß schwarz weiter, Kinder!

Wenigstens wird keine Musik gespielt. Was das wohl für eine gewesen wäre! Auf jeden Fall Rammsteins gerade mehrfach Echo-gekröntes Lied. Das geht so: »Ich habe keine Lust … ich habe keine Lust … es ist so kalt … es ist so kalt!«

Das ist Deutschland. Das alte.

13. Ovid in Kreuzberg: Thomas Kapielski

In der Kneipe liegt die Wahrheit. Thomas Kapielski, der ›Dichter als Menschenfreund‹, überdröhnt mit voller, schöner Männerstimme das aus einer dunklen Ecke heransäuselnde »There's no rain in California«, James-Last-Fassung.

»Neulich war ick in so 'nem Laden mit Kosovo-Albanern, war ja neugierig, wollte mir det ma ankucken. Mein lieber Mann! Da kommt was auf uns zu ...«

Eine Sekunde lang starrt er auf den dicken Zigarrenbrandfleck in der künstlichen Häkeldecke aus Plastik, fixiert die daraufstehende vergammelt-dreckige Haushaltskerze, die seit Ewigkeiten nicht angezündet wurde. In der relativen Stille hört man das Schwadronieren an anderen Tischen zu ähnlichen Themen.

»Jetzt reden se drüber, dasse die Messer und andere Waffen in die Schulen verbieten wollen. Mensch! Das gab's doch nie! Waffen! Die sollen se AUSPEITSCHEN, die Bengels ...«

Thomas Kapielski, 46, den sie hier nur Kapielski nennen, ist seit 20 Jahren Vorzeige-Anarchist der Berliner Literatur, begnadeter Dadaist und Surrealist, Autor der Romane ›Aqua Botulus‹ und vor allem ›Der Einzige und sein Offenbarungseid‹, womit er 1994 seinen Durchbruch auch im offiziellen Kulturbetrieb bierselig feiern konnte. Natürlich ist er ein ausgewiesener Linker, hat mit Heiner Müllers Freundin in einer Wohnung gewohnt und so weiter. Aber jetzt geht es ihm um mehr:

»Wir leben praktisch wieder in der Spätantike.«

Er redet über die gierigen Blicke des ganzen Ostens auf unsere Konsumwaren und über die hart erkämpfte Frauenemanzipation, die über Nacht wieder hinfortgespült werden könne:

»Wir glauben, es ist alles so gesichert. Aber die Technik ist störanfällig. Und die ganze Moral ist so schnell wieder weg und alle ethnischen Errungenschaften …« – wenn sie nämlich erst kommen, die Völkerscharen Asiens.

Man sitzt am ›Gebildeten-Stammtisch‹ einer Kreuzberger Kneipe mit dem Namen ›Der blaue Affe‹. Die anderen Tische wirken aber kaum weniger ›gebildet‹, vor allem der Tresen, wo ein Glatzkopf mit Schnauzbart vor den Augen anderer, ebenfalls oft glatzköpfiger Männer, die auf hölzernen, wakkeligen Hockern im Western-Stil ausharren wie hingewuchtete Mehlsäcke, ein Bier nach dem anderen zapft. Diese Leute mögen abstoßend wirken, aber sie unterhalten sich doch besser als vor dem Fernseher.

»Wenn de die Oranienburger langjehst, siehste nur Ausländer, NUR AUSLÄNDER! Und uns sagen se, daß de Deutschen nich arbeeten wolln …«

Das Stück wechselt, ›Golden Eye‹, Stimmung kommt auf, James-Bond-Stimmung. Kapielski bleibt traurig:

»Es wird zu großer Verarmung kommen. Wie zum Beispiel in Argentinien, wo der Mittelstand völlig ruiniert ist. Da ist man gezwungen, ständig von früher zu erzählen, weil es da so viel schöner war. Man redet von einem Fleischgericht von vor vier Wochen. So wird es hier eines Tages auch mal kommen.« Hätten die Argentinier sich doch bloß rechtzeitig vor den Kosovo-Albanern durch härtere Gesetze geschützt, denkt man verstört. Am Nebentisch trumpft ein entrechteter Wende-Verlierer auf:

»Da haste dein janzes Leben lang einjezahlt, und dann kriegste ne Einheitsrente von 800 Mark … da reden se schon drüber, die Politiker. Die beklauen einen doch!«

Genau! Da hat der Prolet neben ihm gleich noch eine Geschichte parat:

»Da hattich Geschenke einjekooft für zu Hause, in so ner großen Sporttasche, wa, und die war dann weg …«

Tja, die Bonner kommen. Noch ein Feindbild mehr.

Das Wort ›Politiker‹ muß Kapielski irgendwie aufgeschnappt haben:

»Alle haben diese Erwartungshaltung: wenn das erst mal fertig ist (er meint das Bauen in Berlin Mitte) und dann auch noch die Bonner kommen, dann wird alles gut. Das wird nicht so sein. Eine Katerstimmung wird kommen. Die Bonner! (Er spuckt fast aus.) Das sind Leute, die sind ihren Kölner Karneval gewohnt. Die werden sich im Prenzlauer Berg reinkaufen. Die sitzen dann in den Kneipen und verderben die Preise.«

Er schaut tief ins Glas. Es wird gerade späte Boney M. aus den mittleren 70er Jahren gespielt. Die Bonner werden mit vorgehaltenem Geldkoffer »BAB« erzwingen. Armes Kreuzberg, arme alte linke Szene der Vor-Wendezeit. Hundertttausende sind schon weggezogen, in die westdeutsche Provinz geflüchtet, nach Marburg, Celle, Karlsruhe, Oldenburg, in jene dumpfe Suppe zurück, aus der sie einst vor einem Menschenalter kamen. Und Hunderttausende sind dafür gekommen: junge, neugierige Kapitalistenkinder, die nichts vom Weltuntergang wissen. Die Besten aus Hamburg, München, Paris, London, Madrid, New York, Los Angeles. Sie wollen sich nicht »vor'm Bund drücken«, keine in der Kleinstadt vermurkste Homosexualität ausleben, keinen Idiotenfilm wie ›Cabaret‹ in Endlosaufführungen atemlos begaffen. Und sie wollen sich auch nicht nachträglich beweisen, daß das Proletariat das Subjekt der Geschichte sei, indem sie der Pleite entgegendämmernde ehemalige Arbeiterkneipen zu ihrem Wohnzimmer erklären …

Kapielski hat Geographie studiert. Dort, wo er wohnt, in der Reuterstraße nahe Hermannplatz, ist das Elend noch so schön wie vormals. Ein Trabbi mit Anhänger knattert neben dem trüben, nebelverhangenen Landwehrkanal, in dem noch immer Rosa Luxemburg und Karl Liebknecht zu treiben scheinen, vorbei. In der S-Bahn so ein Bosnien-Gefühl:

Kommt noch ein Zug? Wird man noch aufspringen und einen Platz bekommen können? Auf den Bahnhöfen Leute in Verzweiflung. Ein 30jähriger Mann mit schwarzen Haaren wirft das Gesicht schluchzend in beide Hände – gerade Haus und Familie verloren? Die Kinder beim Treck erfroren? Das gerade gefundene Heim schon wieder ausgebombt? Hart, hart!

Aber so war es immer, das alte Kreuzberg. Eine alte Fixerin, verroht, kurze Haare, Säuferstimme, Jogginghose, Palästinensertuch, geht grundlos auf einen gutgekleideten, sanftmütig blinzelnden Kroatenjungen los.

»Ey, is was?! Is was! Ich mach dich fertig! Ich schlag dich tot! ... Ich hau dir gleich so eine rein ... du hast keine Chance ...«

Keiner hilft dem Kleinen, alle denken wie Kapielski, der in der Figur der Fixerin das Tragische wittern würde: Ihr hat der Dichter zu helfen, der gesunde »angepaßte« Junge kommt schon zurecht.

Schlimm auch eine Situation, als ein Mann einer Frau den Arm nach hinten dreht und zwingt, mit ihm zu kommen. Sie ruft in Todesangst um Hilfe und krallt sich mit der freien Hand an einem Maschendraht fest. Die Passanten gehen schmunzelnd vorbei. Zur Rede gestellt, zeigen sie die sprichwörtliche Toleranz der Szene:

»Ach wat, die streiten sich doch nur 'n bißchen. Die ham sich gleich wieder lieb, wa.«

Rührung erst bei einem Siebenjährigen, der selbstgemachtes Spielzeug verkauft. Der Volksdichter läßt sich nicht lumpen, erwirbt einen fünf Zentimeter großen Schneemann für drei Mark West.

»Aus wat für'n Stoff ist denn das?« fragt er.

»Aus Kalk!« Das Kind nimmt freudig die kostbaren Silbermünzen und ruft aus:

»Sie sind aber ein reicher Mann!«

Wie ertappt steckt er hastig sein Portemonnaie wieder weg. Die Frau kreischt immer noch um Hilfe, nach 20 Minuten, aus der Ferne, man hört sie bis in Kapielskis Hinterhof.

Die Wohnung selbst ist sauber. Das einzige Jackett, obwohl gezielt ›abgetragen‹ und seit 15 Jahren nicht gereinigt, hängt ordentlich auf einem einsamen Haken im aufgeräumt leeren, gebohnerten Flur. Der Schriftsteller muß sich auf eine Lesung in wenigen Stunden ›vorbereiten‹, also noch ein paar Dosen nachladen. Nur im Rausch verklärt sich einer wie Baal, Mallarmé oder Kapielski und läuft zu großer Pose auf, zeigt es den Spießern. Dabei sieht er privat ganz manierlich aus. Gute Zähne, ein gutes Gesicht, das kräftige dunkelblonde Haar ist perfekt geschnitten; nur die weißlichen Bartstoppeln erinnern noch an das trunkene Genie, für das er sich halten läßt. Den selbstgestrickten, karmesinroten Seemannspullover mit dem unbeholfenen Reißverschluß im Latz zieht er erst im Dienst an, zur Lesung in einer alternativen Wohnung.

Seine eigene ist weder alternativ noch etabliert, sondern einfach extrem clean. Mehr als vier Bücher braucht er nicht: Oblomov, Wilhelm Busch, Zettels Traum und »Mai, Juni, Juli«. Den Arno Schmidt benutzt er später als Tablett für den Tee. Teure tulpenartige Blumen verschönern die Küche. Kein Gegenstand zuviel:

»Wenn hier mal Gäste sind und ich brauche ein paar Löffel, gehe ich zum Trödler und kaufe zwei.«

Auf dem Boden die Bild-Zeitung des Tages mit dem ›Thema des Tages‹: »Immer mehr Kneipen müssen dichtmachen – die deutsche Gemütlichkeit stirbt«. In einem ›Nachruf auf meine Kneipe‹ schreibt der zuständige Redakteur anläßlich des bevorstehenden letzten Abends in seiner Stammkneipe allerlei Gefühlvolles über Menschen, die sich mit der Startfloskel »weißt du noch …« Geschichten erzählen: »Wir werden all die Anekdoten hören, die wir schon 25mal gehört haben … und alle werden mit dem Kopf nicken und versonnen durch den Zigarettenqualm antworten: Ja, das waren noch Zeiten.«

Weißt du noch, wie wir den langhaarigen Affen von Studenten verdroschen haben, der damals gegen Springer demonstrieren wollte … oder, im Falle Kapielski, natürlich umgekehrt: Weißt du noch, wie wir dieses Schwein von Bullen verhauen haben / die Mütze geklaut haben / die Reifen mit Schmierseife eingerieben / et cetera haben? Tja, dolle Zeiten …

Doch in fünf Jahren schreibt die Welt das Jahr 2003, Kneipen und Gemütlichkeit sind tot, niemand weiß dann noch um die Bedeutung von ›1968‹. Kapielski, was sagen Sie dazu? Er weiß keine Antwort, hat aber eine. Und ahnt es nicht einmal. Er gibt sie auf der Lesung.

Er liest Geschichten, die sich vor zwanzig Jahren abgespielt haben, die er aber erst jetzt geschrieben hat. Genauer gesagt: zum zweitenmal geschrieben hat. Es sind dieselben Suffkopp-Geschichten, die er immer schon zum besten gab. Doch mit einem Mal ist Distanz da, oder, wie es so schwülstig heißt, der lange Atem. Plötzlich ist es Literatur. Große Erzählung, wo vorher pubertile Provokation in ärgerlicher Langeweile verendete. Plötzlich ist es Erich Kästner und nicht mehr Bommi Baumann, ist es Hans Falladas ›Der Trinker‹ anstatt Bukowskis Pennerprosa. Die Aufgabe des Schriftstellers, festzuhalten, was war, und nicht, was ist: hier hat sie jemand begriffen, vielleicht auch nur beherzt zu seiner Sache gemacht. Kapielski schreibt die Geschichte der alten Bundesrepublik aus anarchistischer Sicht.

Vielleicht denkt er immer noch, er schriebe nur für seine Freunde, für Plummy Gärtner, Harry Hass, Kade Schacht, Bazon Brock, Michael Schiner, Inge und Diana aus der Stammkneipe ›Goldener Hahn‹. Das Publikum besteht nur aus solchen Leuten. Er liest fast jeden Tag, meist in Kreuzberger oder

Schöneberger Hinterhofwohnungen. »Ick bin hier immer mehr im Süden. Moabit und so, da bin ich fast nie, im Norden. Und jetzt kommt auch noch der Osten dazu, um Himmels willen.« Die Welt wird ihm zu groß. Irgendwann wird man ihn zwingen, bis nach Wannsee zu reisen. Oder, noch übler, sich ein Faxgerät zu kaufen. Dabei redet er viel lieber mit den Seinen. Eine ›Froindin‹ sagt leise: »Ich kenne keinen Menschen, der soviel liest und trotzdem so warmherzig mit seinen Nachbarn redet. Wie selten jemand lebt er beides, Bildung und Leben. Er geht nicht in Lokale, wo die Kellner die weißen Schürzen bis zum Boden hängen haben.«

So ist es. Er liefert sich dem Leben hundertprozentig aus – vorausgesetzt, es findet nur in Kreuzberg statt.

Er liebt die große, ausholende Geste. Er bewundert Churchill, der schon mit 23 Artillerieführer war. Oder er erzählt die Geschichte, wie ein Freund Oswald Wieners ihm in der Paris Bar mit Grandezza die beste Flasche des Hauses orderte: »Gehns, a Flaschl Schambanja für'n Heern Profässor!« Da muß man an Harald Juhnke denken, ebenfalls »waschechter Berliner« mit kraftmeierndem Mutterwitz, ebenfalls mit diesem »Wir haben wenigstens jelebt!«-Pathos der Ballermann-6-Freunde, den verklemmte Intellektuelle dann bewundern sollen. Oder an Heinz Rühmann und Hans Albers in seligen Dritte-Reich-Filmen, wenn sie's den feinen Pinkeln mal so richtig zeigten und im schnieken Adlon nur Bier und Kartoffelsalat bestellten. Lebensmotto: »Es wird überall nur mit Wasser jekocht!«

Und da will man gar nicht wissen, was die Stadt gerade auf die Beine stellt, ein neues Zentrum für eine Millionenstadt zum Beispiel, einzigartig in der Geschichte. Nee, Unterschiede stören bei dieser Philosophie, Wasser wird jekocht, basta. Daß eine Stadt sich gerade so ändert, ja in ihr Gegenteil verkehrt, von kaputt auf lebenshungrig umschaltet: bloß nicht wahrnehmen. »Sicher ist nur eins: daß wir alle sterben müssen. Prost, Hans!« Daß im Lichte der neueren Genforschung selbst das weniger unumstößlich erscheint als in früheren Jahrhunderten, sollte solchen Vereinfachern eigentlich zu denken geben. Aber zu denen gehört Kapielski ja auch gar nicht. Seine Besonderheit: Anständig jelebt und trotzdem allet jelesen!

Der Bücherwurm als Zecher. Im Zehn-Minuten-Takt werden die beflissen hingeschobenen und abgeräumten ellenhohen Biergläser geleert. Man befindet sich in einer Privatwohnung. Freitagabend Lesung, immer in einer anderen Wohnung, man unterrichtet sich kurzfristig per Telefon oder Handzettel: eine literarische Subkultur, no doubt. Als ›Vorgruppe‹ trat einer auf, der mit Büchern wie ›Leck mich am Text‹ und ›Das Gehirn ist selbst ein Arschloch‹ bekannt wurde.

»Man braucht sich gar nicht bewegen, nur warten, die Dinge ziehen vorüber«, sinniert Kapielski beim vierten Riesenstiefel Bier, »und alle zehn Jahre gibt es eine ganz neue Stadt.«

Was bei ihm so klingt, als würde er sagen: Und so bleibt alles gleich, egal was passiert. »Sogar der Rainald Goetz wohnt wieder hier.« Allerdings in Moabit, gleich neben dem Gefängnis, wahrscheinlich der alten Stammheim-Faszination folgend.

Die Leute hier mögen ihn. Sie sehen nicht wie ehemalige Hippies aus, eher wie junge Anwälte; gebildete, freundliche Mitbürger, ohne »Schleimfaktor«, wie es neudeutsch heißt. Die gerne lesen, obwohl sie eine Freundin haben und nicht mehr studieren: etwas, was es laut Statistik gar nicht mehr gibt. Nur Kapielski sieht nicht so proper aus, aber er ist ja auch im Dienst, muß den Künstler geben. Eine Angestellte Anfang 30, rötlichblonde Antje-aus-Holland-Frisur, tagsüber bei Sat.1 im harten, nun schon Jahre währenden Bürostreß, spricht ihn gut gelaunt an: »Hab einen tollen Text im Freibeuter gelesen von dir!« Sie trägt ein perfektsitzendes, blauschwarzes Kostüm, ihr Gesicht und ihre Augen wirken angriffslustig und klar. SIE und nicht der Autor führt die angestrebte Doppelexistenz aus Leben und Literatur. Anstatt sich zu benebeln, leistet sie ihre Arbeit.

Das tut Kapielski auch. Neuerdings. Seitdem er begonnen hat, die Vergangenheit aufzuschreiben. Seitdem er diesen neuen Tonfall hat, dieses raunende Beschwören des Imperativs, diese Schwere eines alten Meisters.

Jeden Morgen um Schlag neun Uhr sitzt er, Thomas Mann gleich, zwei Stunden am Schreibtisch und fummelt, Martin Walser gleich, dreitausend Zeichen in den eleganten, hellgrauen Macintosh. Das ist eines Tages so gekommen, vorsatzlos. Wie ein Befehl Gottes.

Nun sind die Sätze wie in Marmor bzw. wie in Windows gemeißelt. Was früher so gezwungen verschmiert daherkam, liest sich nun klar wie auf weißem Papier mit Laserdruck. Das hedonistische Herumschweifen bekommt endlich seinen Platz: die Zeit zwischen 1974 und 1982, die Kanzlerschaft Helmut Schmidts also. Damals, nach dem Scheitern des Projekts Zukunft, entdeckten viele, von Jörg Schröder bis Martin Kippenberger, die Gegenwart – und gaben sich ihr rauschhaft hin. Natürlich, um darüber zu berichten, das künstlerisch zu verwerten. Nur Kapielski nicht: Der wollte nicht ›verwerten‹. Oder nicht so richtig. Der wollte noch nicht einmal sein Tagebuch umschreiben lassen.

»Methode Wildsau« blieb sein Generalkonzept, und als Kohl an die Macht kam, flüchtete er in die innere Kreuzbergemigration. Hier, nur hier, konnte er die Zeit stehenbleiben lassen. Und sogar als die Trabbis kamen, hielt er sich Ohren und Nase zu. So überlebte er als einziger den kulturellen Offenbarungseid, überlebte 16 Jahre (aus seiner Sicht) Oggersheimer Finsternis.

Und kann nun loslegen. Ein neuer Ovid, ein unverbrauchter Name.

14. Berlin Mitte und »Liebe heute«

Maxim Biller, den immer noch so viele mit seiner legendären Kolumne »Hundert Zeilen Haß« verbinden, also mit Haß, hat ein Buch über die Liebe geschrieben.

Es macht ihm übrigens nichts aus, das alte, über 20 Jahre alte Haß-Image: »Man kann von den Menschen nicht verlangen, sich von einem Autor mehr zu merken als ein einziges Buch. Das ist schon sehr viel. Bei mir ist es halt das Destruktive geworden. Nichts ist dümmer, als ein Schauspieler, der sagt ›Ich will mein Image ändern‹. Soll er doch froh sein, daß er eins hat!«

Wir stehen unten vor seiner Tür in Berlin Mitte, ich, er, dazu ein Mädchen mit einem Kinderhandy vorm Gesicht, mit dem sie uns filmt. Er bohrt mit dem nackten Zeigefinger in ihre Richtung:

»Was soll das? Was macht die Frau da? Das ist gegen die Absprache!«

»Ach, das ist nichts. Sie macht was für meinen Blog in der Netzeitung.«

Er geht kurz in die Wohnung zurück, kommt gleich wieder, wütend:

»Du hast keinen Blog in der Netzeitung!«

Er muß blitzschnell beim Computer gewesen sein. Richtig, der Blog wird erst eingerichtet. Aber warum bringt er mich in Verlegenheit? Das Mädchen ist ein Traum. Jeder, der Frauen nicht gerade haßt, wäre froh, von ihr gefilmt zu werden. Ist er also doch der alte Haßbolzen geblieben? Was ist denn nun mit dem Buch über die Liebe? Schon wieder vergessen? Übrigens hatte ich sie spontan mitgenommen. Minuten vorher, in der Bar 103, hatte sie mich angesprochen. Sie hatte mich interviewen wollen. Das Leben konnte ja so spontan sein. Ich sagte also:

»Sei doch mal spontan, Maxim.«

»Spontan?! Das geht nicht. Das muß genehmigt werden. Und zwar vorher. Schriftlich!«

»Ganz professionell.«

»Genau! Dafür gibt es zuständige Stellen.«

»Lange im voraus. In dreifacher Ausfertigung.«

»Was?«

»Alles muß seine Ordnung haben!«

»Ja, natürlich!«

»Mein Gott, bist du deutsch, Maxim!«

Er hielt kurz inne, besann sich, und ließ sie weiterfilmen. Man konnte ihn zu ALLEM bringen, wenn man sagte, das Gegenteil sei deutsch. Wir stiegen in das Auto, ein wenig gefahrener Wartburg Tourist, praktisch neuwertig. Biller sah endlich die Frau an. Sein Gesicht riß auf. Die Sonne brach durch die Wolkendecke. Der Wagen schoß nach vorn, Richtung Westen. Wir wollten in einem alten jüdischen Spezialgeschäft in Charlottenburg Handschuhe für ihn kaufen. Der linke Handschuh wurde vom Ladenbesitzer, der rechte von seiner Frau genäht – so machten sie das seit 1927 und in der dritten Generation. Sie hatten nur sieben Kunden, aber aus fünf Kontinenten.

Als typischer Mitte-Bewohner kam man praktisch nie ins alte, muffige Westberlin. Da gingen die Uhren anders, die Leute hingen noch an Diepgen, trauerten dem Kalten Krieg nach, waren hoffnungslos veraltet – es war nicht schön. Biller war sicher froh, geschützt im schicken Ostauto durch dieses Elend schlüpfen zu dürfen, unbehelligt und geräuschlos. Am Savignyplatz entdeckte er die »Autorenbuchhandlung« und befahl zu halten:

»Das ist die berühmteste Buchhandlung Deutschlands … das ist Shakespeare and Company in Berlin!«

Zwei etwas ältere Mädchen öffneten uns und verstanden sich sofort ganz gut mit dem etwas jüngeren Mädchen aus unserer Mitte. Fräulein von Kieseritzky und ihre liebenswerte Nichte leiteten den Laden seit der ersten Legislaturperiode Willy Brandts. Für sie war er immer noch Regierender Bürgermeister. Wir bekamen Tee und köstliche selbstgebackene Kekse, setzten uns und begannen zu diskutieren. Über diverse notwendige Umwege – Philipp Roth, Rainald Goetz, Henryk M. Broder – kamen wir auf Maxims neues Buch.

»Philipp Roth hat mich nie berührt. Rainald Goetz gilt ja als neuer Hölderlin und wird oft mit mir verglichen. Da sagen die Leute, wir schrieben beide so hart. Ich finde das gar nicht. Goetz schreibt, man solle der Familienministerin ins Gesicht kotzen. So einen scheußlichen Satz würde ich nie schreiben. Er macht das seit Urzeiten so. Man solle Reagan ins Gesicht schießen ...«

»... man solle Joachim Lottmanns Schriften verbrennen ...«

»... ja, burn, Berlin, burn ...«

»Stimmt, er ist der deutscheste aller Schriftsteller, deutscher als Nietzsche und Hölderlin zusammen.«

Sein neuer Blog in ›Vanity Fair‹ war tatsächlich nicht von Pappe. Auf jeden Fall völlig humorfrei. Biller rollte die Augen:

»Und immer mit dieser militärischen Sprache, mit Granaten, Offizieren und so weiter. Die Leute, die das nicht selbst trifft, finden das toll. Ich nenne das linksnational. Henryk M. Broder dagegen, der Spaß versteht, der nie so gewalttriefend-dumpf und deutschromantisch daherkommt wie Goetz, gilt den Linksnationalen als ›Reaktionär‹ ...«

»Apropos, wir wollten doch über die Liebe sprechen!«

Sein Blick huschte flackernd über die 22jährige Kamerafrau. Dann sah er mich an:

»Ja?«

»Ein kluger Kopf hat kürzlich geschrieben – ich glaube, es war in dem Roman »ZOMBIE NATION« –, der Kampf zwischen Mann und Frau sei der wahre Irakkrieg unserer Epoche. Siehst du das auch so in ›Liebe heute‹?«

»Das genaue Zitat mit dem Irakkrieg lautet übrigens anders, nämlich: ›Was Frauen den Männern antun, ist der eigentliche Irakkrieg‹, und so weiter. Und natürlich ist das so. 95 Prozent der Männer in meinem Freundeskreis sagen, daß sie von ihrer Frau kontrolliert werden.«

»Furchtbar.«

»Ich erlebe es doch selbst, daß ein Mann abends von seiner Frau fünfmal angerufen wird, wo er gerade sei und was er mache.«

»So was kann ja auch liebevoll sein.«

»Unsinn. Unterdrücken tun die Frauen sowieso. Das wäre aber nichts Neues. Schon das Patriarchat war doch nichts anderes als die permanente und aussichtslose Revolution gegen das Matriarchat, das immer schon da war und auch dann noch da sein wird, wenn der letzte Tag gekommen ist.«

»Frauen sind omnipotent?«

»Ich hasse das ganze Mann-Frau-Thema. Natürlich haben Frauen auch Angst, nämlich Verlustangst. Ihre Angst, den Partner zu verlieren, ist geradezu allesbestimmend.«

»Warum dann das promiske Verhalten, das …«

»Bitte! Das Thema ist unter meinem Niveau.«

»Entschuldige. Das verstehe ich. Manchmal träume ich selbst davon, eines Morgens aufzuwachen, und das leidige Mann-Frau-Thema sei nicht mehr da. Der Herrgott selbst hätte ein Einsehen gehabt und es aus der Welt genommen.«

Biller atmete auf. Es sei viel besser, sich mit der Liebe zu beschäftigen. Über die könne man bekanntlich nicht reden. Aber man könne sie poetisch ausdrücken, in einem Buch wie ›Liebe heute‹.

Wir ließen uns unsere eigenen Romane kommen und signierten sie. Von ihm gab es fünf, von mir einen. Die ältlichen Mädchen waren gerührt, das junge filmte und filmte, immer mit dem Kinderhandy. Zwölf Millionen Pixel, das ergab später einen Film in Cinemascope und Superbreitwand. Wir schmökerten durch die Bücherwände.

»Was ist dein Lieblingsroman?«

»›Mein Leben als Sohn‹ von Philipp Roth«, sagte Maxim Biller, der vorhin gesagt hatte, Philipp Roth berühre ihn nicht.

Ich votierte für ›Senilità‹ von Italo Svevo. Das Mädchen kaufte ›Die Gärten der Finzi-Contini‹ von Giorgio Bassani, schrieb etwas hinein und schenkte es mir. Ihr Vater hatte das Buch ins Deutsche übersetzt. Sie war in Bergamo aufgewachsen. Das ist eine Stadt 50 Kilometer nordöstlich von Mailand, die früher sehr schön gewesen war, bis sie 452 von Attila eingenommen und geplündert wurde. Ich sah nach dem Namen des Übersetzers. Diese junge Frau war also ein Vatertöchterchen, was eine Entsprechung für die Milliarden von Muttersöhnchen war, die die westliche Welt neuerdings überschwemmten. Überall wurde allein erzogen, aber nicht alle Erzieher waren Frauen. Billers Buch reagierte auf diese neue Welt(un)ordnung, aber auf recht eigene Weise.

Vielleicht kann man es so ausdrücken: Die quasifeministische Sicht der Dinge war Gemeingut geworden, und zwar in einer natürlichen, authentischen, nicht mehr bewußten Weise. Männliche und weibliche Autoren schrieben feministisch, ohne zu ahnen, daß sie es taten. Für sie war das, was sie schrieben, ganz einfach Realismus. Frauen, die noch bewußt feministisch schrieben, und ebenso die paar Männer, die sich bewußt dagegen wehrten, waren verkrampft und somit unbeliebt. Ganz zu Recht! Denn wahre Posie muß ganz und gar aus dem Unbewußten kommen. Doch nun zu Biller: Er ist der einzige Mann, der unbewußt antifeministisch schreibt. Also wunderschön.

Bei ihm ist der Mann noch ganz selbstverständlich der Herr der Schöpfung. In epischer Ruhe liegt die Welt vor ihm, und die Frau dazu. Frauen sind Teil dieser Natur, die er sich untertan zu machen hat, Gottes Auftrag gemäß. Elegische, fremde, schöne Dinge sind das, ein wenig versaut, aber so hat er es gern. Nichts verbindet ihn wirklich mit ihnen, nichts Persönliches jedenfalls. Undenkbar, daß ihm einmal ein nettes Wort entschlüpfte. Aber umgekehrt kommt ja auch keines. Der Sex ist immer stumm, wie der von anderen Säugetieren. Und zwischen den Orgasmen hat man sich auch bestenfalls Lakonisches zu sagen. So habe ich mir früher die Liebesspiele zwischen Humphrey Bogart und Lauren Bacall vorgestellt.

Das soll bitte nicht ironisch klingen. Ich meine es ernst, wenn ich seine Prosa schön nenne. Es ist ein Wunder, daß heute jemand so schreiben kann. Billers Sprache ist eine Melodie, die einen anweht, als lebte Albert Camus noch, als schriebe Gottfried Benn plötzlich Short stories, als klopfte der Existentialismus aus seinem Grab zu uns herüber. Ich sehe Marcello Mastroianni in Algerien, wie er sich bei Dreharbeiten zu ›Der Fremde‹ eine schwarze französische Zigarette anzündet. Zudem, das muß auch noch gesagt werden (so viel Germanistik muß sein): Biller ist ein großer Erzähler. In Sachen Erzähltechnik spielt er alle an die Wand. Oft beginnen seine Geschichten klein, bleiben klein, kommen nicht vom Fleck, ganze Jahre vergehen, halbe Leben, bis plötzlich etwas explodiert und die Story ausbricht wie ein Weltkrieg. Wie im wirklichen Leben. Oder wie in einem Champions-League-Spiel des FC Bayern München. Deswegen kommen einem auch nie Zweifel an dem Autor. Seine Wirkung auf den Leser ist beträchtlich.

Er denkt, er schriebe ganz simpel und realistisch von der Wahrheit. Er denkt, die Frauen seien eben so, wie er sie erlebt und beschreibt. Und sie seien immer schon so gewesen. Und das wisse ja auch jeder, und dagegen habe doch niemand etwas. Eherne Gesetze! Der Apfel fällt von oben nach unten. Im Winter ist es draußen kälter als drinnen. Frauen sind durchtrieben und bösartig. Männer sind die besseren Menschen. Frauen sind mehr oder weniger triebgesteuerte Teufel. Pardon, das sagt der Autor natürlich nicht direkt, noch weniger DENKT er es. Er fühlt es nur. Genau so, wie das Heer unserer quasifeministischen Mainstream-AutorInnen das Gegenteil fühlt. Man schlage auf, wo man wolle, von mir aus sogar bei den großen Meistern, bei Judith Hermann etwa: alle männlichen Figuren erscheinen (oder versumpfen) im Kontext der Niedertracht, des Negativen, des Charakterlosen, während alle Frauenspersonen bis hin zur letzten Nebenfigur eingesponnen sind in Adjektiva des Schönen, Geheimnisvollen, Lichthaften, Kernig-Solidarischen und Humanen. Die Frauen sind ganz Mensch, die Männer nur Ochsen. Bei Biller sind wir Männer von unfaßbarer Humanität und Humorkraft, die Frau ist DIE BITCH.

Das könnte ich nun verurteilen, aber mir gefällt es, das nicht zu tun. Solange es die Monstrosität des quasifeministischen Mainstreams gibt, finde ich es klasse, daß diese Schweinerei einmal von der anderen Seite gespiegelt wird, und zwar genauso naiv und unschuldig. Ja, und ich denke dabei an unsere armen männlichen Mitbürger im Kindesalter, die bereits heute um ein Drittel schlechter in der Schule sind als ihre Mitschülerinnen. Die auf allen Feldern hinterherhinken, selbst in Mathe und Physik, Sport und Lesen. Die sich schlechter konzentrieren können und öfter bettnässen. Die ausschließlich in Frauenwelten und mit Frauenweltbildern aufwachsen. Die, mit einem Wort, benachteiligt sind.

Nicht für sie, aber für ihre ausgesperrten Väter, ist ›Liebe heute‹ ein gutes Buch. Wenn es nur leichter wäre, mit Maxim darüber zu sprechen! Wir verlassen die Buchhandlung und suchen das Auto. An der Windschutzscheibe klebt ein Strafmandat. Aus Billers schönem Larry-David-Gesicht weicht jede Farbe. Ich spüre, wie er einige Sekunden bebt, ehe er Worte findet:

»Warum hast du nicht die ordnungsgemäße Parkgebühr entrichtet?! Nun sind wir straffällig geworden! Ich finde das unmöglich!«

»Aber ich HABE doch ein Ticket gezogen, da beim Ticketautomaten.«

»Aber du hast die Zeit überschritten!«

»Um ZWEI Minuten.«

»Na und?! Da gehts ums Prinzip!«

Er war außer sich. Der verdrängte Deutsche brach wieder durch. Ich hielt lieber den Mund und trat aufs Gaspedal. Ich überlegte. ›Liebe heute‹ begann schon auf der ersten Seite, die ich aufschlug, praktisch mit dem ersten Satz, mit einer Fünfjährigen, die einen Vierjährigen bei der Lehrerin verpetzt und grausam bestrafen läßt. Für einen Marmeladenklau, den nicht er, sondern sie begangen hat. Einen Absatz später zwingt die inzwischen Neunjährige den Achtjährigen gewaltsam zum Voyeurismus in der Umkleidekabine der Badeanstalt. Mit zwölf und dreizehn kommt es dann knüppeldick ... das Stichwort Pornographie fällt mir reflexhaft ein.

»Maxim, wie steht dein Buch eigentlich zur allgemeinen Pornographisierung aller Lebensbereiche, wie sie in Ariadne von Schirachs Schocker ›Tanz um die Lust‹ geschildert wird?«

»Mich interessiert das alles nicht.«

Das alles. Nicht. Überhaupt nicht. Niemals. Maxims Frauenbild kommt aus einer anderen Welt. Wir fahren zum KaDeWe, und diesmal zwingt uns Maxim Biller mit harter Hand, ein offizielles öffentliches Parkhaus anzusteuern. Damit das Kraftfahrzeug ordnungsgerecht verbracht werden kann. Ich löse eine komplizierte Chipkarte, gebe ein Paßwort ein und eine sechsstellige PIN-Zahl, lasse Kfz-Schein und Personalausweis scannen. Wir fahren in den siebenten Stock des KaDeWe und setzen uns ins gemütliche ›le buffet‹ im Wintergarten. Nun reden wir über deutsch-jüdische Themen, also vor allem über seine Emigration nach Israel. In ›Tempo‹ hatte er diese bekanntgegeben und begründet. Er erträgt es nicht länger, dieses unser Land, wo Grönemeyers ›Zwölf‹ aus allen Ritzen knödelt wie deutsche Gemüts-Ursuppe, und wo selbst der früher so talentierte Kracht sein neues Buch mit germanischen Runen bedrucken läßt. Und Goetz eben. Wir nicken betroffen. Die Beispiele nehmen kein Ende. Wir sprechen über den neuen Blog von Matthias Matussek auf Spiegel Online, sogar positiv. Dabei kriegt er endlich die Kurve:

»Trotz alledem, meine Freunde: Die Bilder sind das eine, die Welt das andere. Das war immer so. In der Vorstellung der Menschen ist Israel ein Land, in dem man alle drei Stunden eine Bombenexplosion erlebt. Wenn man dann aber WIRKLICH da ist, ist es das schönste Urlaubsland der Welt. Oder damals die Sache im August 1914: Alle Menschen hatten großartige Kriegsbilder im Kopf und jubelten. Drei Monate später, im Schützengraben, war sie dann ganz anders, die Wirklichkeit. Und so ist es auch mit der Pornographie und der Liebe. ALLE haben diese Sexbilder im Kopf und reden darüber, schreiben diese unsäglichen Bücher über Pornographie und so weiter. Wenn sie dann aber mit einer Frau im Bett liegen, ist es vollkommen anders. Dann ist es plötzlich Liebe.«

Liebe heute sozusagen.

15. Kunst heute: Berlin, Auguststraße, 2007

Der deutsche Mensch hat sein letztes großes Thema gefunden: das Klima. Und der Schutz desselben. Es dröhnt einem um die Ohren, man kann ihm nie mehr entrinnen? Doch, im Paralleluniversum der Kunst wird noch mehr verhandelt als der Auspuff meines Autos. Es ist eine Welt, in die man flüchten könnte. Man müßte nur in die Auguststraße in Berlin Mitte ziehen. Und eine der dortigen 63 Galerien übernehmen (Wohnraum dürfte kaum noch zu finden sein).

»So sehen Künstler aus«, denkt man kopfschüttelnd und zwängt sich an den Gartenstühlen vorbei, die auf dem schmalen Bürgersteig neben der ebenso schmalen Fahrrinne mit dem Kopfsteinpflaster von 1820 stehen.

Überall Galerien, überall Cafés, überall US-amerikanische Alltagssprache, überall Gartenstühle. Nur das Kopfsteinpflaster hört nach der Joachimstraße auf und weicht einer frischen, fast noch dampfenden Asphaltdecke, wahrscheinlich auf Wunsch der Anwohner angelegt, die ihre Smarts, Auris und Jeeps nicht mehr achsbruchmäßig gefährden wollten. Im ersten Teil der Auguststraße gibt es sogar noch Plattenbauten, in denen dann theoretisch sogar noch »Ossis« wohnen könnten, aber eine Kollegin vom Tagesspiegel, die das vor vier Jahren recherchiert hat, winkt ab: Schon damals hätte sie nur einen einzigen Vorzeige-Ossi gefunden, eine 90jährige Frau. Den Anteil der im Scheunenviertel verbliebenen Urbevölkerung taxiert sie auf ein Prozent.

Ein Drittel des Völkchens im Galerienviertel bestehe aus den berühmten jungen Familien mit Kindern, über die ja schon so viel berichtet wurde.

»Kinder kriegen« war ja das Vorläufer-Mediending, bevor

140

»Klima« kam. Zwei Drittel haben immer noch keine Kinder, aber dafür die Kunst.

Ganz viel Kunst, ja, am meisten davon, gibt es während der Galerientage, die gerade stattgefunden haben (27. bis 30. April 2007). Unbemerkt von der großen Öffentlichkeit, hat sich hier eine Messe entwickelt, die längst bedeutender ist als die Messen in Köln, Düsseldorf und Frankfurt.

Dieses Jahr war es besonders heftig, was an dem »Sahara-Sommer im April« (Bild-Zeitung) lag. Es war heiß, die Nächte waren toll, die Menschen außer Rand und Band, und was anderswo postwendend als Klimakatastrophe denunziert wurde, genossen die Kreativen & ihre Vermarkter in Mitte als Jahrhundertfrühling.

Begonnen hatte alles mit Dash Snow. Seine furchteinflößenden Plakate waren an jede freie Fläche an jedem Bauzaun – und Bauzäune gibt es immer viele dort – geklebt, Plakate, die einen schlimmen Yankee aus dem amerikanischen Sezessionskrieg zeigten, der offenbar wegen Mordes gesucht wurde. Ein Mann mit langen Haaren, manischen, bohrenden Augen, extrem willensstark, wahrscheinlich, fähig, die Leadguitar bei »Motörhead« zu halten, oder einen völkerrechtswidrigen Angriffskrieg durchzuziehen, gnadenlos.

Dieser Mann war Dash Snow. In der Galerie Contemporary Fine Arts stellte er mehrere hundert Arbeiten aus, die er allesamt im letzten Halbjahr angefertigt hatte. Er war befreundet mit Jonathan Meese, ja, er war sogar noch viel mehr als nur befreundet mit ihm. Was er genau war, wollte sich niemand, der seine Arbeiten gesehen hatte, vorstellen. Abends feierten sie gemeinsam im Berliner Nachtleben, tanzten auf den Tischen, aßen im »Bonfini«, provozierten die Leute, machten sich über die Angst der Deutschen vor Symbolen der Nazi-Diktatur lustig, machten aus Restaurants russische Polka-Stuben und aus dem ehrwürdigen »Grünen Salon« in der Volksbühne eine durchgeknallte Bauernhochzeit.

Jonathan Meese! Dash Snow! Die Augen der Kunstfreunde glänzten. Daniel Richter! Da glänzten sie noch mehr. Es gab für alles Steigerungen.

Daniel Richter trat spätabends im »nbi« auf, in der nahen Schönhauser Allee. Holm Friebes Zentrale Intelligenz Agentur hatte ihn dorthin eingeladen, und vor kreischendem Intellektuellen-Publikum wurde der junge Richter zum Löwenbändiger, der die Fragen von gleich einem halben Dutzend fittester, bestens vorbereiteter Power-Emanzen zurückschlug und den Abend brachial an sich riß. Martin Kippenberger hätte es nicht besser hingekriegt; eher wäre er da untergegangen. Ach ja, und das Wichtigste zuletzt: auch Richter zeigte Arbeiten in der CFA, die ihren Sitz in der Sophienstraße 21 hat, quasi ein Seitenarm der Auguststraße.

Richter, Aushängeschild und Nummer eins der international angesagten Leipziger Schule, erzielt zur Zeit jeden Preis, den er will. Man muß schon ein sehr konservativer und langweiliger Galerist sein, wenn man heute Gerhard Richter kauft und nicht Daniel. Solche Galeristen gibt es natürlich trotzdem, und zwar zuhauf. Sie kommen aus New York, Amsterdam, Tel Aviv, und sie entdecken Berlin. Noch immer geblendet von den hohen Preisen, die die Vorgänger-Generation erzielt, Baselitz, Lüppertz, Polke, Immendorff, betrachten sie die neuen Deutschen, Tim Eitel, Neo Rauch, Andreas Gurski, Thomas Demand, vor allem aber Meese, Meese, und immer wieder Meese. Der malt so schön deutsch! Während Kippenberger noch titelte »Ich kann beim besten Willen kein Hakenkreuz erkennen«, fällt es bei Meeses Arbeiten verteufelt schwer, an etwas anderes zu denken als an den braunen Abgrund. Den der Künstler deswegen ja nicht gutheißt, im Gegenteil.

Galerien sind weißgestrichene Räume, in denen keine Möbel stehen und auch sonst keinerlei Gegenstände, die ein Interesse wecken könnten, und in denen Bilder an den Wänden hängen. Manchmal stehen auch Skulpturen auf dem tep-pichlosen, neutral in Grau lackierten Boden. Die Wand zur (August-)Straße hin ist meist durchsichtig, also ein großes Schaufenster. Galerien verkörpern das Prinzip der Höflich-keit: »Après vouz, madame«. Sie fühlen sich ganz im Dienste der Kunstwerke, wollen selbst ganz in den Hintergrund tre-ten. Das macht alle dennoch im Raum befindlichen galerie-eigenen Details so sympathisch, etwa den weißgestrichenen Stromzähler, den weißabgedeckten Kinderschreibtisch der diensttuenden Angestellten, oder die Angestellte selber, im weißen Hosenanzug, ohne Schmuck.

Wieder draußen, ein paar Meter weiter im Auto zur näch-sten Galerie, »Eigen + Art«, Auguststraße 26. Fünf mitge-nommene Kunstfreunde steigen lärmend aus, der Motor läuft noch, was nicht nötig wäre, also noch ein paar Sekunden län-ger, obwohl der Wagen schon eingeparkt ist, sauber auf dem Behindertenparkplatz. Ein Anwohner humpelt schmerzver-zerrt heran, einer von diesem letzten Prozent wohl, ein Ur-einwohner oder Ur-Anwohner? Ein Behinderter, der seinen Parkplatz verteidigt? Ein Wiedergänger Herbert Wehners? Er brüllt, der Motor solle gefälligst sofort abgestellt werden, man wolle wohl mit dem Scheiß-CO_2 das ganze Viertel ver-pesten. Er meinte: das ganze Welt-Klima.

Man gehorcht. Aber lange wohnt der nicht mehr da. Räu-mungsklage läuft.

Der neue Besitzer, eine Kult-Galerie aus München, hat Ei-genbedarf angemeldet. »Eigen + Art« vertritt Tim Eitel, Neo Rauch, Martin Eder, Birgit Brenner, Ricarda Roggan und zehn weitere Stars der Leipziger Schule. Sie haben sogar eine Verkaufsstelle in Leipzig. Die ganze Kunstwelt blickt auf die-se Galerie, die aus dem Nichts heraus entstand.

Lebenswerte Welten sind immer auch solche, in denen vor-aussetzungslose Aufstiege möglich, ja, üblich sind. Johanna Neuschäffer diskutiert geduldig die Motive ihrer Künstlerin, mit leiser Stimme, eher still als beredt, damit die Arbeiten nicht bevormundet werden. Die junge Frau hat das naturrote Haar zurückgebunden. Das schöne Gesicht ist unbehandelt wie das auf einem altflämischen Gemälde. Ein weites, unscheinbares Kleid verhüllt den grazilen Körper. So entsteht der Wunsch, jemanden zu malen; nicht der, einen Drink auszugeben. Und so ist es wohl immer schon gewesen.

Und abends wieder Party. Das machen nicht alle Galeristen mit. Auch nicht alle, die beruflich in Sachen Kunst in Berlin sind. Es ist ein Beruf, zuweilen hart, wenn die Messetermine sich häufen, wie gerade in diesen Monaten. Basel, Kassel, Venedig – alles drängt sich jetzt. Da muß man seine fünf Sinne zusammenhalten, an Frau und Kind denken. Aber die Künstler selbst MÜSSEN natürlich ausgehen. Und sie feiern härter als die sonstige Berliner Club-Szene, was auch sofort honoriert wird.

Man hängt sich dran. Man unterstützt das. An den Galerientagen ist Ausgehen die erste Bürgerspflicht, wie Wilhelm Zwo es wohl formuliert hätte. Aber Galeristen und Sammler gehen gern essen. Am liebsten mit Künstlern, doch ohne sie gehts auch. Am liebsten in der Friedrichstraße im »Grill Royal«, am Flußufer, oder in einem der vielen Lokale daneben, etwa dem »San Ricci«.

Es sind Lokale für das große Geld. Aber wie alles in Neu-Berlin bleibt es so erstaunlich menschlich. Keine Routine bisher, keine versnobten Kellner, elitären Gesten, ausschließenden Dresscodes. Eine tolle, hochgewachsene Blondine im schwarzen Abendkleid weist einen ein, führt einen zum Tisch, kann aber dabei kaum gehen: Das Kleid zwickt, die Schuhe sind zu groß, und eigentlich studiert sie Bühnenbild, Medienwissenschaften und Umweltästhetik an der Humboldt-Uni. Dazu als Hobby wissenschaftlichen Buddhismus an der Fernuniversität von Lhasa.

So eine würde an der Düsseldorfer Edelmeile »Kö« nicht

Empfangsdame eines Fünf-Sterne-Restaurants werden können. In Berlin Mitte gerade.

Wer würde sie hier nicht lieben?

An den langen, mit doppelten Tischtüchern aus Damast bedeckten Tischen sitzen wirklich attraktive und gebildete Frauen. Die Männer sehen teilweise häßlich aus, teilweise wie Models, aber die Frauen – ausnahmslos schön. Eine neue Kategorie von Mensch, international, selbstbewußt, natürlich. Die Top-Partien dieser herrlichen Bel Etage müssen eben ALLES haben: Geschmack, Kapital, alten familiären Hintergrund – und gutes Aussehen. Die Männer müssen dazu noch erfolgreich sein. Die Mittdreißiger-Erfolgsmänner tragen Britpopfrisuren und Maßanzüge, die eher spärlich eingestreuten Künstler erkennt man an den schulterlangen Haaren und dem Bemühen, wie der schon geschilderte abgehalfterte Südstaaten-General Dash Snow auszusehen: verroht und dem Wahnsinn nahe.

Das gelingt leider nicht jedem. Ist auch nicht leicht in diesem blitzsauberen 60er-Jahre-Retrolokal, in dem der Spirit aus Leichtigkeit, Freiheit und absolut perfektem Stil einen anweht. Alle Frauen rauchen, was ihnen gut steht, und nichts ist verraucht, da Klimaanlage. Durch Panoramafenster sieht man draußen die Spree fließen. Rote 60er-Jahre-Lampen neben den Tischen machen das Licht gemütlich. Das ungekünstelte Lachen der Frauen, die sonoren Stimmen der mächtigen Männer, natürlich keinerlei Musik, und manchmal Satzfetzen, in denen Worte vorkommen wie Barbara Gladstone … Larry Googosian … David Zwirner … Anton Kern … et cetera … a nice place to be!

Will man mit den Bildern und der Kunst allein sein, muß man mittags kommen. Erst um elf Uhr öffnen die Galerien, vorher erholen sich ja die Nachtschwärmer noch vom Ausgehen. Es ist wichtig, mit der Kunst allein zu sein, denn sie gibt einem unendlich viel. Und es ist anregend, mehrere Galerien hintereinander zu sehen. Zum Beispiel CFA, Hetzler, Arndt und Partner. Drei Galerien in drei Stunden. Bei CFA wird man nur Snow schaffen, weil er so erschlagend ist. Eng gehängt, wunderbar gerahmt, Hunderte und Aberhunderte von Arbeiten, jede anders und dennoch als von ihm gemacht erkennbar. Dazu hat der Typ seine Jugendbibliothek ausgestellt: Tausende von Crime-, Sex- und blutrünstigen Esoteriktiteln, wie sie für US-Provinzkiffer typisch sind, und zwar zu allen Zeiten. Return of the body snatchers, Why the Germans are doing it again, Life of Charles Manson, Tarot and Future.

Hier sehen wir ihn, den Bodensatz der amerikanischen Kultur, und unser langhaariger Großkünstler gibt ihm genialen Ausdruck. Das überzeugt, und er sieht ja auch aus wie das, worüber er arbeitet. Hier bietet sich der Vergleich zu Thomas Hirschhorn an, der dieselben Intentionen hat, der ebenfalls seine Jugendbibliothek ausstellt, nämlich bei Arndt & Partner, und der mit einer Unmenge von Leichenbildern aus der Gerichtsmedizin aufwartet, zerfetzte, blutüberströmte Körper allesamt.

Aber bei Hirschhorn ist es nicht Satanismus- und Billignazi-Junk, den er in sein drogenzerfressenes Trashkultur-Hirn gepreßt hat, sondern Derrida, Alexander Kluge, Diedrich Diederichsen und Nietzsche. Und prompt wirken seine Leichenbilder nicht. Die ganze Installation wirkt entsetzlich ausgedacht, kalkuliert, und somit peinlich. Auch fehlt der Sex, den Dash Snow so im Übermaße ausschüttet, daß einem graust. Ein Grausen ohne Sex aber kann es nicht geben; das zumindest lehrt das Projekt Hirschhorns.

Dieser Künstler bleibt daher ein Geheimtip unter den deutschen Kunstbetrieblern. Die Amerikaner interessieren sich nicht dafür. Sie machen ihre Geschäfte, und sie verlieben sich in Berlin. Eben weil ihre Geschäfte hier so gut laufen.

»Ich habe zwei Jonathan Meese gekauft!« strahlt Doron

Sebbag aus Tel Aviv, seit 22 Jahren einer der großen Sammler weltweit. Er hatte schon fast alle Deutschen, die jemals die Millionengrenze durchbrachen: Gerhard Richter, Anselm Kiefer, Georg Baselitz, Andreas Gurski, Polke vor allem. Er geht mit seiner neuen Frau beschwingt nach Hause, Richtung Hotel. Er braucht heute kein Clubbing mehr. Die gelben, kleinen, harmlosen Straßenlaternen der Auguststraße leuchten ihm, kein Retro-Look, sondern einfach übriggeblieben aus der Honecker-Zeit. Er kommt an nicht weniger als drei neuerrichteten Kinderspielplätzen vorbei. Das hat die besondere Atmosphäre der Auguststraße, ihren eigentümlichen Zauber, nicht vernichten können. Die niedrigen, fast mittelalterlich kleinen Häuser stehen links und rechts Spalier, im Dunkel wartend, also kaum beleuchtet, wie die alte Sophienkirche, die Familienkirche des letzten deutschen Kaisers. Dort ging Wilhelm II., vom nahen Stadtschloß aus (richtig, das nun wiedererrichtet wird), mit seiner Familie zu Fuß zum Gottesdienst, am Sonntagmorgen, also, wenn Kaiserwetter war. So ähnlich fühlt sich jetzt wahrscheinlich auch Doron Sebbag, denn:

Er hat zwei Jonathan Meese gekauft. Und die wird er noch haben, wenn alles zum Teufel gegangen ist. Das Klima zum Beispiel.

16. Kunst gestern:
Köln, Hotel Chelsea, 1989

Wenn es in meiner Kindheit und Jugend ein IDOL gegeben hat ... gewiß, Willy Brandt kniete vor den Polen, David Bowie schrieb »Let's dance«, Désirée Nosbusch moderierte in fünf Sprachen ... Erich Mende trug öffentlich das Eiserne Kreuz ... nein, mein IDOL war vom siebzehnten Lebensjahr an: Martin Kippenberger. Das war ein Berserker, vor dem sich alle Jugendgangs fürchteten, ein aufgedrehter, wirrer Monomane, der 700 LSD-Trips in Folge schluckte, tagsüber. Nachts nahm er Captagon, um keine Stunde an den Schlaf zu verschenken. So viele Trips in Folge er nahm, so viele Mädchen hatte er auch. Er saugte das Mädchenmaterial einer ganzen Großstadt ab ...

Er liebte es, sich zu raufen. In Berlin geriet er in eine Schlägerei mit achthundert Konzertbesuchern. Von der acht Meter hohen Bühne war er mit einem Schrei des Entzükkens direkt in die brodelnde Menschenmenge gesprungen. Sein Vater war Künstler, seine Mutter war Künstler, er selber verachtete das alles und schuf eine Kunstrichtung, die allen bisherigen »Kultur«-Ansätzen diametral entgegensteht. Er ist seit Beuys' Tod der wichtigste Mann in Deutschland, vielleicht ganz Europas. Doch so viele Millionen er auch verdient – seine spezielle Form der rasenden Konsumption und Konsumzerstörung treibt alle Konten ins Minus und seine Milliarden Gläubiger zur Verzweiflung. Er fällt tagtäglich in die Einkaufspassagen der deutschen Städte ein, mitsamt seinen Elefanten wie Hannibal, also mit seinen »Burschen«, den zahllosen Assistenten, Bewunderern, Kollegen, Frauen, Kindern, Polizisten, kommunalen Parlamentariern, dem Hund von Albert Oehlen und dem Berichterstatter vom WIENER. Er zieht mit einem Clan von Ausstellung zu Ausstellung wie einst Muhammad Ali von Kampf zu Kampf. Er treibt tiefe Schneisen in die Geschäftsviertel. Da, wo er war, gibt es anschließend nichts mehr zu kaufen.

ER – so wollen wir Martin Kippenberger abkürzungshalber in den kommenden Zeilen nennen (ER selbst hat es so gewollt) – ist die Zusammenfassung aller kraftgenialisch-deutscher Phantasien von Zuckmayer, Stefan George und Wolf Wondraschek bis Boris Becker und Georg Baselitz heute. Der letzte große Mann, Siegfried mit dem Schwert, ein potentieller Reichsgründer, größer als Bismarck, der Künstler als Genie, der Charismatiker, der Unwiderstehliche, der Führer, der Hardcore-Bhagwan. Einer wie er könnte Khomeini das Fürchten lehren. Neun Schwestern hat er gehabt. Alle leben noch. Sie haben ihn über alles geliebt, den einzigen Jungen in der Familie.

Seit einer Woche wohnt er im Hotel Chelsea. Ich sehe ihn jeden Tag. Die Crew hat tiefe Ringe unter den Augen. Eigentlich wollte ich ihn nicht interviewen, aber es ist unmöglich, IHM zu entgehen. Ich MUSS über IHN schreiben. Ich muß es endlich loswerden. Ich will wieder frei atmen.

Sie trinken Tag und Nacht. Sie spielen »Offizierskasino«: Ein Stuhl wird auf den Tisch gestellt, auf den Stuhl eine Flasche. Alle steigen über Tisch und Stuhl, trinken aus der Flasche, bis sie tot umfallen. Der letzte Überlebende hat gewonnen.

Sie trinken immer, morgens, mittags, abends. Wenn sie nicht »Offizierskasino« spielen oder einkaufen, sitzen sie um IHN herum, grinsen, schweigen, hören zu. ER spricht. ER spricht und spricht und spricht und spricht. ER hört nie auf.

»... Förg. Das Beleidigungsprogramm. Der beleidigt alle, der Förgi, aber rucki-zucki, ha ha ha! Den Bruder von Ascan Krone. Der hat die Binationale gemacht. Wenn es um Juden geht, dann sagen wir dem schon, dem Günterchen: Hey, sag alles, mach ihn fertig, aber mach um Gottes willen nicht deine blöde Heil-Hitler-Nummer. Hält er sich auch dran. Ganz erstaunlich, acht Promille, und trotzdem. Wir kennen das ja, das Beleidigungsprogramm. Wir wissen ja, was kommt. Na ja, und wenn's ein Schwuler ist, sagen wir: Gut, Förgilein, mach ihn alle, aber sag nicht schwule Sau zu ihm. So war das. Hat sich auch dran gehalten. Und er macht ihn fertig, aber wirklich das volle Rohr, und da hängt so ein Gerhard Richter an der Wand, genau hinter dem Krone. Fängt der an, der Förg. Sagt der: ›Stehen Sie sofort auf!‹ Sagt der zum Krone, dem Kunsthallen- und Sonstwas-Chef. ›Sehen Sie sich dieses Richter-Bild an. Treten Sie fünfzehn Meter weg und sehen Sie nochmal drei Sekunden lang hin. Und dann HÄNGEN SIE ES SOFORT AB!! Diesen Scheiß!! Diese Wichse!!‹ So fängt der an, der Förg. Und wir wissen schon, was kommt. Und der macht ihn fix und fertig. Scheißt ihn total zusammen. Das gute alte Beleidigungsprogramm. Den ganzen Abend. Krone sitzt kalkweiß da, tut so, als könne er's lustig nehmen. Und wir fragen uns schon: Warum sagt der überhaupt nicht ›schwule Sau‹? Der Krone ist ja schwul. Das wär der Genickschuß. Aber er sagt's nicht. Sehr diszipliniert, der Förgi. Kann kaum noch aus den Augen gucken. Ist ja so, mit dem Beleidigungsprogramm: Erst scheißt man sie zusammen, dann versöhnt man sich, und dann stellen sie einen aus, die Schweine, fressen einem aus der Hand ... so macht's der Günter, ich nicht. Ich hab nichts gegen Menschen, erst recht nicht gegen Galeristen. Ich hab kein Feindbild. Aber der Förgi, der macht das so. Diesen Leuten, Museum hier, Kunsthalle da, Direktorenposten dort, denen alle in den Arsch kriechen, denen sagt der Förgi auch mal ein paar andere Wahrheiten, ha ha ha. Da steht der nicht so drauf, aufs Geschleime. Na ja, also er sagt nicht ›schwule Sau‹ zu ihm, und dann, ganz am Ende, als alle fertig sind, beugt der sich vor und flüstert: ›Du bist so dumm, wie du schwul bist.‹ Sagt es DOCH. Und der Mann bricht ein, das Gesicht fällt runter, Ende von allem, der is' hin. Und rennt zum Telefon und spricht erst mal 'ne Dreiviertelstunde mit dem Schwulifreund. Und kommt wieder, immer noch leichenblaß, versöhnt sich mit Förg, macht auf lustig, so gut er eben noch kann. Seitdem: Alles paletti, Förg hat einen neuen Förderer, lebenslang. So läuft das da. Das Beleidigungsprogramm. Ich find's toll. Immer erfolgreich. Ich glaub, ich mach das auch mal …«

BEIFÄLLIGES GEGRUNZE. Das sind die Geschichten, die die Claque gerne hört, sogar der Berichterstatter vom WIENER. Endlos gehen sie so weiter, gehen sofort über in die nächste Anekdote, man kann es unmöglich alles aufschreiben. Um meinen Auftrag ordnungsgemäß abzuwickeln, stelle ich IHM gleich zu Anfang zehn stinknormale Reporterfragen. Sie seien wiedergegeben.

LOTT.: Wie finden Sie den Künstler Markus Lüppertz?
(KIPP.:) Ein ganz Lieber, wenn man mit ihm allein ist. Der kriegt keinen Sarg beim Begräbnis. Der kriegt kein Sartre-Begräbnis. Die Freunde werden weinen, einen Komiker in den eigenen Kreisen verloren zu haben.
LOTT.: Wie finden Sie Andy Warhol?
(KIPP.:) In Kindesaugen habe ich Altersschwäche gesehen. Trifft auch für Gerhard Richter in höherem Maße zu. Der hat sich noch nie geopfert. Der Richter. Der kennt keinen Altar, der kennt nur Techniken.
LOTT.: Seltsam, diese Abneigung gegen diesen großen deutschen Künstler, dessen Gemälde bald die Millionengrenze erreichen werden, die Schallgrenze. Woran liegt es wirklich? An der Baader-Meinhof-Ausstellung letzte Woche?
(KIPP.:) Die Baader-Meinhof-Bande, lächerlich! Und das heute! Von einem Siebenundfünfzigjährigen! Spielt nachträglich den Revoluzzer! Will plötzlich was zu SAGEN haben, der alte Abstrakte!
LOTT.: Wie finden Sie Joseph Beuys?

(**KIPP.**:) Er hat uns Walter Dahn geschenkt. Alles andere ist unwichtig.

LOTT.: Wie finden Sie den denn, den Dahn?

(**KIPP.**:) Das ist das Kunst-Ottoversand-Paket. Ich wünsche ihm alles Gute für die Tokio-Tournee, wo alle Deutschen geliebt werden.

LOTT.: Walter Dahn gilt als der einzige ernst zu nehmende radikale Gegenentwurf zu Ihrer Kunstauffassung und -praxis heutzutage. Viele meinen, Dahns Arbeit wurzele bereits im 21. Jahrhundert, während Ihre Arbeiten die Konsumwelt der späten 70er Jahre reflektieren würden. Was sagen Sie dazu?

(**KIPP.**:) Nicht alt sei es, nicht neu sei es, gut sei es.

LOTT.: Dahn erzielt schon jetzt höhere Preise als Sie. Die Menschen lieben ihn. Er ist freundlich und vorurteilslos zu jedermann. Einen Großteil seines Geldes gibt er dafür aus, armen Künstlerkollegen zu helfen, sie zu beschäftigen, mit ihnen zusammenzuarbeiten. Er ist glücklich verheiratet, hat mit dem Saufen aufgehört, lebt am Tag, schläft in der Nacht. Hassen Sie ihn?

(**KIPP.**:) Es ist wirklich so: Ich habe kein Feindbild. Das unterscheidet mich von allen anderen Menschen. Ich kenne nicht einen einzigen schlechten Menschen. Es gibt nämlich keine. Es gibt keine guten und keine schlechten Menschen. Sie sind immer beides zugleich.

LOTT.: Warum umgeben Sie sich mit so einem Haufen dahergelaufener Claqueure? Wollen Sie unbedingt geliebt werden? Können Sie nicht allein sein?

(**KIPP.**:) Sehen Sie – SIE sind es, der zwischen guten und schlechten Menschen unterscheidet. Ich habe wirklich keine Feinde …

LOTT.: Oh doch!

(**KIPP.**:) … natürlich gibt's ein paar Arschlöcher, Vermieter und so Leute, Immobilienmakler, klar, aber das macht mir nichts, mir reicht eine Einseitigkeit. Man muß die Sache nicht genauso ähnlich sehen wie ich. Auch Dummheit kann ja zur Kunst werden.

LOTT.: Dennoch haben Sie Legionen von Feinden.

(**KIPP.:**) Die strengen sich nicht genug an. Das ist deren Problem, daß sie mich zum Feind machen. Interessiert mich einfach nicht.

LOTT.: Möchten Sie Professor an der Kunstakademie Düsseldorf werden?

(**KIPP.:**) Ich unterrichte lieber Rechtsanwälte.

LOTT.: Wie wird die Zukunft aussehen?

(**KIPP.:**) Ich werde 72, bekomme vier Kinder, die haben alle Mädel zu sein. Wenn's Jungs sind, werden sie auf die Straße gesetzt, mit einem Schild um: Bitte nicht nach Hause schikken. Natürlich warm eingepackt.

LOTT.: Haben Sie sich schon einmal mit dem Faschismus beschäftigt?

(**KIPP.:**) Ich werde mich hüten. Ich kann mich doch nicht mit der ganzen Welt auf einmal abgeben.

LOTT.: Überwiegt nicht bei manchen Menschen das Gute, bei manchen das Schlechte, etwa bei Nazis?

(**KIPP.:**) Nein, niemals. Ist immer in der Balance. Die Welt ist es, die die Nazis macht, nicht umgekehrt. Man muß die Welt erklären.

LOTT.: Fühlen Sie sich einsam?

(**KIPP.:**) Für einen Familienmenschen gibt es keine Einsamkeit.

LOTT.: Sie reißen gerne Konventionen ein?

(**KIPP.:**) Das ist doch keine Anstrengung. Das ist wie Zigaretten ziehen.

LOTT.: Betrügen Sie Frauen?

(**KIPP.:**) »Betrug« gibt's in dem Bereich doch nicht. Ist doch ganz ehrlich da, im Bett und so. Es gibt Leute schlecht behandeln, das auch noch erzählen, das öffentlich machen, also weh tun.

LOTT.: Es heißt, Sie haben vier Frauen, die gleichzeitig Kinder für Sie austragen. Wie geht das?

(**KIPP.:**) Den Plan hatte ich durchaus. Aber jetzt lasse ich lieber per Suchanzeige alle schon bestehenden unehelichen Kinder aufspüren. Die erben dann meine Schulden. Ich will ja nicht, wenn ich nach Hause komme, einen Fernseher aus dem zweiten Stock auf den Kopf bekommen. Die Kopfaußenhaut ist zu sensibel.«

Soweit meine Fragen. Während er mir antwortete, hatten sich die »Burschen« an einen anderen Tisch verzogen. Nun, da ich das offizielle Interview in der Tasche hatte, konnte ich mich entspannt dem Zirkus anschließen und einfach mitfeiern. Ich mußte fortan nichts mehr sagen, NICHT EIN WORT, es wäre nur als Störung empfunden worden. Champagnerselig schunkelte ich mit den anderen um IHN herum. 72 Stunden lang dröhnte ich ab, mit den Burschen, von Bar zu Bar. Ich lernte jeden Winkel der hippen Kunstszene Deutschlands kennen, jede Espressomaschine, jeden Privatkellner, jedes Art-Groupie.

Im »Rathenau«, im Belgischen Viertel, es ist »erst« drei Uhr nachts. Der Abend beginnt. Alle sind schon schrecklich besoffen. Kippenberger hat ein kleines Mädchen auf dem Schoß.

Das kleine Mädchen hat aber einen kleinen Freund, der sitzt ängstlich am Nebentisch, harrt aus, will nicht gehen. Die Claque ist auf zwanzig Mann angewachsen. Aber Kippi will eine Frau. Von den zwanzig »Burschen« haben nur zwei eine Frau mitgebracht, nämlich Daniel Bettermann und noch einer. Letzterer hat eine häßliche Figur dabei, aber die langjährige Freundin von Daniel Bettermann, die ist wunderschön: blauschwarze, seidene Haare, rote Lippen, heller Teint. Nur ist Daniel einer der besten »Freunde« des Meisters, sozusagen ein Oberbursche. Früher war er Schüler, dann Meisterschüler, dann Assistent bei Kippenberger. Assistieren tut er heute noch, aber wie weit geht das?

»Ich bin so geil, so irr-sin-nig SCHARF ...«, sagt Kippi schon den ganzen Tag. Das kleine Mädchen springt ihm vom Schoß. Er greift unbeholfen nach ihr.

»Komm her, Püppi ... bleib jetzt hier ... gib mir einen Kuß.«

Er hat seine besoffenen Männerarme um ihre kindliche Taille geschlungen. Sie ist höchstens 17.

»Zwanzig ist sie!« ruft er. Sie ist blond, hat blaue, grün schimmernde Augen, schimmernd wie große Glasmurmeln, dazu ein niedliches, ovales Gesicht. La belle et la bête. King Kong und das weiße Mädchen. Sie wiegt höchstens vierzig Kilo, Kippenberger hundertvierzig.

Ein neuer Bursche tritt an den Tisch, Unruhe entsteht, das Vögelchen will wieder wegfliegen. Kippenberger küßt sie auf die Lippen. Der Bursche benimmt sich beim Hinsetzen so ungeschickt, daß Kippenberger die Hände hochnehmen muß. Flatter-flatter! Weg ist er, der kleine Rauschgoldengel. Das Mädchen ist entwischt. Aber der Meister will »Fut« haben. »Ich sehe den ganzen Tag nur Titten und Ärsche! Ich dreh noch durch! Ich hab mir schon zwei blasen lassen, aber ich bin GEIL … Blasen gut und schön, aber ich will ficken.«

Er guckt sich um. Die Bedienung! Noch frisch, noch jung, noch kräftig, und prächtige, überproportional große Titten. Er winkt sie heran. Die Claque schmunzelt, gluckst. Ein paar halten bereits ein vorgezogenes Nickerchen, sind ganz allein mit ihrem bayerischen Bierglas und ihren infantilen, präpotenten Tagträumen. Der Kippi, der macht das alles für sie. Sie selbst kennen Frauen nur aus den Wichsmagazinen, aber der Kippi, der hat dafür gleich in jeder Nacht mehrere. Der macht das stellvertretend, der wird bestens fertig mit dem anderen Geschlecht …

Er redet mit der Bedienung, faßt sie an. Gott, sie hat wirklich Holz vor der Hütte. Drall und drahtig ist sie, keine vierundzwanzig, Hakennase, blitzende Augen, Haß. Ein elektrischer Schlag, wieder nichts! Bei der kommt er nicht an. Er pöbelt herum. Er ist so geil! Alle verstehen ihn. Geil ist er, der Arme, das kennt man, das ist jedem schon mal passiert!

Nun wirft er sich auf die funkelnde, noch unbeschädigte Freundin seines »Freundes« Daniel Bettermann.

»Hey, du siehst so aus, als ob ich dich gleich vergewaltige.«

»So?« sagt diese Frau in einem in der Burschenrunde unbekannten Tonfall; so seltsam aufrichtig. »Ich bin noch nie vergewaltigt worden und werde auch nie vergewaltigt werden.«

»Du wirst es jetzt schon!« faucht der alte Monsterich.

»Das kann ich so nicht finden. Inwiefern denn?« Ein Aussehen wie Schneewittchen, aber eine Stimme wie eine SPD-Bundestagsabgeordnete.

»Wir werden heute nacht ins Bett gehen, das steht jedenfalls jetzt schon fest, ha ha ha. Darauf kann sich jeder hier im Saal verlassen. Du weißt es ganz genau, ha ha ha.«

»Ja, gewiß, sicherlich, ich wollte nur betonen, daß ...«

Sie verheddert sich. Der SPD-Tonfall rutscht ihr irgendwie an die falsche Stelle. Daniel beginnt zu zittern. Er versucht, gute Miene zum bösen Spiel zu machen. Kippenberger wirft sich mit aller Kraft auf die Frau, geht sie frontal an, kümmert sich um nichts anderes mehr, starrt sie mit weit aufgerissenen Augen an, greift sie am Oberarm, unglaublich fest, so daß es blaue Flecken gibt, steht auf, zerrt sie zur Seite, führt sie ab. Sie wehrt sich, zappelt, aber er führt sie aus dem Lokal wie ein US-Polizist eine aufgegriffene illegale Nutte. Die Burschen schlagen sich auf die Schenkel. Was für eine Szene! Mal wieder unschlagbar, der Kippi, filmreif! Brüllend lustig! Wenn DER geil ist, dann IST der auch geil, ho ho ho ... man wartet ab, bis er zurückkommt, der gute Kippi, und die nächste Gaudi liefert!

Unendlich viele Biere, Moët & Chandons, Tequilas und Lokale später, Stunden später (Tage?), im Alten Spitz in der Ehrenstraße (Kölner Innenstadt): Kippenberger tanzt, Kippenberger lacht, er verklärt sich. Er ist Baal. Seit drei Stunden erzählt er Witze. Neidlos muß ich anerkennen – das perfekte Unterhaltungsprogramm. Besser noch als Förgs Beleidigungsprogramm. Er steht auf dem abgedunkelten Tresen (man kann nur noch ahnen, wie viele Nasen noch zugucken von der Clique) und läßt die Hose runter.

»Glühwürmchen, Glühwürmchen, glühe …« Er ist ein guter Tänzer, ob mit oder ohne freiem Ding. Er wiegt sich hin
und her, stößt mit dem Becken in Richtung einiger anwesen-
der »Fut«. Das Wort Frauen haßt er. Es sind neue »Fut«, eine
blonde und eine dunkelhaarig brünette Frau, beide gut aus-
sehend. Die Brünette lacht manchmal kleinmädchenhaft auf,
die Blonde ist nachdenklich, wirkt leicht deprimiert. Kippenberger läßt sich eine Zeitung geben, knüllt sie in der Mitte,
spitzt sie an, steckt sie sich in den Hintern und zündet sie an.
Großes Gejohle, Rockkonzert, dummdeutsche Rufe: »Jeii!«
   Wieder runter, wieder Gebrabbel, Witze, Angebereien,
Gospel. Wer ist der tollste, größte Künstler auf der ganzen
Welt?
   »Der Kippi!!!«
   Jeii! Und schon wieder ist er so menschlich-allzumensch-
lich »geil« … und eine der beiden Frauen muß dran glau-
ben … aber es dauert so lange … und ich bin wieder dabei,
und tue so, als wäre alles heiter.

Der letzte Tag. Vierzig Leute essen auf Kippis Kosten. Er hat
eine Party arrangiert. Er hat Geburtstag. Er darf sich alles
wünschen. An seinem Geburtstag darf eine Frau ihm nichts
abschlagen. Einige erzählen, er sei gar nicht so ungestüm,
wie man vermute. Es stimme nicht, daß er auch nachts nicht
schlafe. Am Ende der ewigen Show breche er zusammen wie
einst Old Adolf nach einer 5-Stunden-Rede im Bürgerbräu-
keller, versinke in traumlose verzweifelte Ohnmacht, da gingen alle Lampen aus, da sei nur noch Wimmern und Schlafen
angesagt. Das sagen einige Frauen. Andere sagen etwas anderes. Ich sage: Der Mann verbrennt, und die Kunst, die dabei entsteht, ist phantastisch. Als Künstler ist er mit Abstand
das Beste, was wir in Europa haben, zusammen mit Walter
Dahn. Was ist selbst ein Albert Oehlen dagegen, der ja auch
nicht schlecht ist: brotlos, ein Mann ohne Thema. Kippen-

berger bringt den Wahnsinn des ausgehenden Jahrhunderts auf den Punkt. Dahn ahnt das kommende Jahrhundert genial vorweg. Das muß einmal gesagt werden. Daß die KUNST des Herrn K. über jeden Zweifel erhaben ist. Wir wollen nicht NUR lästern, nicht NUR über die »Fut« schreiben. Wir sind nicht NUR Klatschreporter. Und wir wollen auch der hämisch denunzierten Clique/Claque zugute halten, daß die einzelnen Leute WISSEN, wie gut die KUNST des Martin Kippenberger ist, daß sie DESWEGEN das Kasperletheater dulden, zumindest AUCH deswegen. Viele werden sich vielleicht auch ganz einfach amüsieren. Werden die stressy show goutieren. Josef Strau: »Unterhaltung, aber vom Feinsten. Da geht nix drüber. Da bin i ganz staad. Da will i net störn!« Er hat glänzende Augen. Niemand pfuscht dem Kippi in die tagtägliche One-Man-Performance hinein, ist doch logo!

Dennoch stört mich das andauernde Besudeln und Abschleppen von Frauen, pardon, »Fut«, einigt man sich auf »Artgroupies«, lieber Leser, verehrte Leserin? Das sind sie dann wohl doch, oder? Vielleicht die Hälfte, die andere rutscht zufällig hinein, in diese schiefe Rutschbahn. Auch an diesem Geburtstag. Da sitzen sie wieder in Reihe wie Hühner. Vor ihnen tanzt ALF, der Außerirdische. Alle lieben ALF. Alle sind erst acht Jahre alt. Alle wohnen in prolli Vorstadthäuschen und starren in die Video-Glotze.

Der Mann ist ein Kind. Die Kunst ist gut, aber dieses Kind ist eine Katastrophe. Es ist nicht zum Aushalten. Er protzt und ferkelt wieder wie ein Weltmeister. Die Blonde hat er schon gehabt, jetzt kommt die Brünette dran, heute, am Ende der Chose. Ich will einmal den Helden spielen, wg. Rushdie. Kampf den Mullahs! Sollen 500 Jahre europäische Geistesgeschichte umsonst gewesen sein? Sollen die Frauen wieder verschleiert gehen? Ich nehme mir vor (es ist zwei Uhr nachts), die Brünette zu beschützen. Ich stelle plötzlich das weitere Trinken ein, ganz unbewußt. Ich denke an Martin Luther, an Erasmus von Rotterdam, an Lessing, an Marx und an Thomas Bernhard. Sollen diese vortrefflichen Menschen alle umsonst gelebt und gedacht haben? Mein Herz beginnt zu rasen. Kippi erzählt gerade eine Geschichte, wie er kürzlich eine bekannte Schweizer Sammlerin zwei Tage und Nächte ununterbrochen abgefüllt und angebaggert hatte, bis sie endlich kaufte. Diese elende Fotz' war der härteste Brocken, den er je hatte! Die hat sich gesträubt wie nichts Gutes! So eine Zicke! So was Widerspenstiges! So eine kranke Tante! Er schüttelt sich vor Abscheu.

Dann kommen wieder Witze dran. Ich kenne sie inzwischen auswendig. Am Tisch sitzen nahezu alle hochkarätigen Persönlichkeiten der Kölner Gegenwartskunst-Szene. Ich nenne keine Namen, diese Reportage wird mich ohnehin aus der Szene katapultieren. Man wird ein Kopfgeld auf mich aussetzen. Ich bin Rushdie. Aber vorher muß ich noch diese Brünette retten. Ihr anfängliches Kleinmädchenlachen ist längst selten geworden. Ich bin mir über vieles im unklaren, aber eines weiß ich mit Gewißheit: Das Erlebnis, das dieses Mädchen mit Kippenberger haben würde, wäre scheußlich für sie.

Aber ich werde schwach. 72 Stunden Saufen. Mir wird weich in den Knien. Er ist doch auch ein Mensch, der Kippi. Er hat etwas Dämonisches. Die Faszination des Dämonischen, der wir Deutschen so oft erliegen. Aber es ist doch nur Schwäche, so zu denken. Alles Unsinn. Dämonen gibt's nicht. Faule Ausreden.

Kippi hottet über Teller und Gläser, tanzt den Verrückten-Shuffle, zerbeißt das Glas der Rotweinkelche, springt an den Kronleuchter, läßt sich wie ein Stein zu Boden fallen, knöpft die Hose auf, züngelt mit der Zunge herum wie einst Gene Simmons von der Gruppe »Kiss«. Er babbelt und sabbelt, nuschelt, ist der verwegene Anarchist, wie die bourgeoisen Weinkenner-Galeristen ihn sich erträumen. Seit hundert

Jahren derselbe Traum. Die einen träumen, die anderen machen ihren Beruf. Was ist daran auszusetzen?

Nichts. Man entferne nur die Opfer. Ich habe das Mädchen nach draußen geführt, was gar nicht so schwer war. Wahrscheinlich hat sie sich ein kleines bißchen erleichtert gefühlt, aber das kann man nur mutmaßen – gezeigt hat sie es nicht. Ich hatte eher das Gefühl, daß sie es schon im Taxi bereuen würde.

+++ LANDSCHAFTSKUNDE +++

17. Die AVUS: Deutschlands erste Autobahn

Vielleicht ging es den Testern, die die AVUS-Raststätte so schlecht bewertet hatten, ja so wie mir: Eigentlich wollten sie auch alles mögliche loben, aber am Ende waren sie so fix und fertig, so vernichtet, daß überall der Daumen nach unten ging. Ich würde die übrigens gern einmal kennenlernen, die Tester. Wie hatten die das überlebt? Konnten sie ihren Beruf danach fortsetzen? Allein das Ding zu finden – noch eine eher leichtere Übung – erwies sich als schier unmöglich. Ich versuchte es dreimal.

Annäherung 1: mit dem Auto (vielleicht sollte man es im ältlichen AVUS-Deutsch von 1913 ausdrücken: mit dem eigenen Automobil). Man fährt so gut wie sämtliche Berliner Stadtautobahnen rauf und runter, die bündeln sich irgendwie an dieser Stelle. Man sieht immer wieder den Funkturm, denn da soll es doch sein.

Es gibt sogar ein verblättertes blaues Hinweisschildchen mit diesen schwarzen Signets auf weißem Grund, so ein Bett, Messer und Gabel, ein Zapfhahn. Es ist aber schon so ganz und gar nicht neu, daß man ihm nicht mehr glaubt.

Autobahnhinweisschilder müssen neu und makellos sein. Und wirklich: Da kommt dann nichts. Man fährt in die Irre. Mal Richtung Hamburg, Magdeburg, Hannover, Potsdam, oder plötzlich wieder Leipzig, München, Kassel, Wannsee, Cottbus, Dresden, oder wieder Rostock, Spandau, Magdeburg und so weiter. Ganz Deutschland dreht sich um diese Achse. Funkturm ja, AVUS-Gebäude ja (man kennt es noch aus besseren Tagen, und man SIEHT es zwischen den Bäumen schimmern, bei Tempo 130), aber Einfahrt, nein. Es gibt nur einen kleinen Einlaß, eine plötzliche Öffnung ohne Zubringer, die muß man kennen.

Ich erwische sie im dritten Anlauf. Schwer atmend bzw. rasselnd rollt das Automobil, ein wehrmachtsgrauer Volkswagen aus der frühen Adenauerzeit, auf die holprige Piste. Das passende Auto zum nostalgischen, nein hochgefährlichen Einsatz. Ich bin Tom Cruise. Die unmögliche Mission:

Essen Sie in der Raststätte mit den schlechtesten Noten Deutschlands.

Ich will vorsichtig vorgehen, in mehreren Stufen der Annäherung. Ich sehe mich um. Brachland. Eine offizielle Autobahntankstelle gibt es auch, eine sehr an die DDR erinnernde Baracke mit einigen Zapfsäulen davor. In dem kleinen Kabuff kaum Platz für das Nötigste: Pornohefte, Taschenlampen, Schweizer Mehrzweckmesser, Pornohefte für die Brummifahrer, Coca Cola, Underberg und Sex-Magazine, also Pornohefte. Ich schleiche daran vorbei. Vierzig Meter weiter die Raststätte. Dazwischen Campingwagen, vielleicht von Asylanten oder so bewohnt. Hinter mir raschelt etwas. Winkt da der Tankwart mit einem Pornoheft? War das ein Asylantenkind aus Albanien, das von der Mutter an den Haaren in den Bus zurückgerissen wurde? Ich sehe Container, die wirken aber unbewohnt. Gut zwanzig große LKW stehen da noch rum. Aber eher wie tot. Es ist wohl so was wie ein Dauerparkplatz.

Ich finde den Hintereingang zur Raststätte. Ist natürlich der einzige Eingang. Ein junger Mann mit freiem Oberkörper und kahlrasiertem Schädel kommt heraus, geht wie in Trance an mir vorbei, muskelbepackt. Der hat mich wahrscheinlich nicht gesehen, und dann auch nicht zugeschlagen. Ich sehe die alten, vertrauten Raststättensymbole: Wickelraum für Babys, Dusche, Toiletten. Nur Behinderte gab es damals noch nicht, also keine Klos für die. Freilich, man muß es einfach sagen, es geht nicht anders: Die Wand- und Bodenfarben braun und blau sind wirklich superscheußlich. Siebziger Style, gewiß, aber muß es gleich so kraß sein? Hätten nicht auch orange und hellblau gereicht?

Ich drehe mich nochmal rasch um. Alles menschenleer. Keine Geräusche. In der Ferne nur das feine Meeresrauschen des ewigen Autobahnverkehrs. Im Hotel selbst nur das Surren der Belüftungsanlage. Ich lese ein Schild, der alte Kommandoton aus dem Kalten Krieg: »SIE BEFINDEN SICH IN EINEM BETRIEB DER TANK UND RAST AG!« Die Sonne brennt. Ich bin Dennis Hopper in ›Paris, Texas‹. Gleich kommt Nastassja Kinski. Es ist Mitte August. Die Stadt ist leer. Der alte Bau ist von der Sonne aufgeheizt. Die braunen Kacheln am Fußboden sind vielleicht gar keine braunen Kacheln. Die Blumen sind jedenfalls auch keine. Aus Stoff. Nein, aus Stoff-Imitat. Ich setze mich und bestelle schließlich Rührei mit Schinken.

Ich kann es nicht aufessen, weil es so VIEL ist. Das sind noch die Portionen für die ausgehungerten Flüchtlinge aus der Zone, die sich 33 Tage lang unter der Mauer einen Tunnel gegraben hatten. Das ist natürlich nett, eigentlich, also wirklich rührend, und ich will schon den ersten Pluspunkt notieren, jedoch: das ganze Zeugs ist so maßlos FETT, alles trieft und schwimmt im Fett, alles schliert und glibbert und tunkt in einer undefinierbaren Soße aus ranzig wirkendem, schmalzartigen Irgendwas, daß mein Magen rebelliert. Er schwillt an auf Medizinballgröße, ich muß ständig aufstoßen, und als ich die Innenfläche meiner rechten Hand behutsam auf die Bauchdecke senke, unbeobachtet, ja, was passiert da? Da muß ich doch wirklich einen Kampf gegen den Brechreiz ausfechten!

Dabei habe ich einen Magen wie ein Panzer. Mir wird eigentlich niemals schlecht.

Also, das ist schon bedenklich. Ich versuche, mich auf die Aussicht zu konzentrieren, mich abzulenken, auf die Fotos zu starren, die zu Hunderten im Raum angebracht sind. AVUS-Fotos aus besseren Zeiten. Bernd Rosemeyer, ›Hänschen‹ Stuck, Ernst Henne, Rudolf Carrachiola. Fotos mit Hakenkreuzen und Standarten, Siegerehrungen und jubelnden Massen, Silberpfeilen und Fortschritten beim Reichsautobahnbau. Die AVUS, Mann! Hier war was los. Auf jeden. Hier haben die Nazis Geschwindigkeitsweltrekorde aufgestellt, die heute noch gelten. Also fast.

Hier ist Ernst Henne am 30. Mai 1933 über 219 km/h schnell gefahren, zum Beispiel.

Drei Stunden lang sitze ich da und kämpfe mit meinem Magen, immer regungsloser, den Blick auf die vorbeiführende Autobahn geheftet, wo breitbeinige deutsche Mannen auf ihren sogenannten ›Chopper‹-Motorrädern entlangbrettern, das Glied erigiert, auf dem Kopf der nachttopfrunde Weltkrieg-I-Helm, alles Blut ist aus meinem Kopf gewichen, dann muß ich das Handtuch werfen. Bloß weg nach Hause, morgen ist auch noch ein Tag. Ich notiere noch in meinen Rechercheblock, daß ich in den drei Stunden der einzige Gast war.

Annäherung 2: mit der S-Bahn. Tags darauf, mit frischer Kraft, bestens vorbereitet, mit ›Rennie‹-Magentabletten, der zweite Versuch. Ich bin guter Dinge; wie ich heute weiß, mache ich mir etwas vor. Der Magen hat sich über Nacht nicht wirklich beruhigt …

Ich steige am S-Bahnhof Westkreuz aus. Der ist aber auch schon wieder so seltsam zugemauert. Es gibt eigentlich keinen Ausgang. Der Bahnhof dient praktisch nur dem Umsteigen zwischen den Linien nach Spandau, Potsdam, Dahlem, Moabit, Ostkreuz und Flughafen Schönefeld. Also auch wieder alles und nichts. Nichts Konkretes. Westkreuz als realen Ort gab es nicht. Ich wußte aber, daß die Raststätte in Sichtweite war – ich mußte nur über Gleise und/oder Autobahnen klettern. Das mit den Gleisen war dann nicht nötig, ich fand eine überwachsene dead end street, die die hundert Meter zwischen Bahnhof und Autobahnkreuz überbrückte.

Dann aber wurde es schrecklich. Ich überquerte vier Spuren, kletterte einen Abhang hoch, sprintete zwischen den Autos über die zweite Autobahn, kraxelte noch höher, immer die AVUS schon zum Greifen nahe, lief in 18 Meter Höhe eine dritte Autobahn entlang, unter mir die anderen Autobahnen – und ohne Seitenstreifen. Der wurde nämlich immer dünner und hörte dann ganz auf. Die Motorradfahrer – für sie ist die AVUS noch immer eine reine Rennstrecke und die Überführung dort die alte legendäre Nordkurve – überboten rudelweise den Rekord Ernst Hennes, aber das war mir egal. Die 25tonner, die mit 120 Sachen auf mich zukamen und dadurch Wirbel entfachten, die mich wegpusteten, waren die Gefahr. Ich rannte zurück, über verkohlte Reifenfetzen. Ein Taxi nahm mich zufällig auf und fuhr mich zur Raststätte. Ich sagte ihm den Trick, also den Weg. Der Mann konnte nicht fassen, was ich gewagt hatte. »Wofür?« fragte er immer wieder, »Wofür?« Für das SZ-Magazin, antwortete ich höflich.

Staunend stand er vor der unheimlichen Raststätte mit den zugemauerten Fenstern.

»Hier du wollen übernachten?«

Ich nickte. Ich mietete sofort ein Zimmer. Im Fernseher ging nur ein Programm, Eurosport mit der Internationalen FIA-GT-Meisterschaft 2000. Ich verstand den Receiver noch nicht. In Wirklichkeit gingen 199 Programme, per Satellit.

Endlos viele, wahrscheinlich leere Zimmer. Ich ging in meinem auf und ab. Gar nicht mal übel. Ob sie hier ein Zimmermädchen hatten? Irgendwo mußte es stecken.

Ich lief durch die Flure. Eine 60jährige Frau mit ausfallenden Haaren machte die Betten. Kein Mädchen.

»Was macht man, wenn man sozialen Anschluß sucht, wieviel muß man investieren?« fragte ich die diensttuende Frau in der Raststätte. Ich saß an der Bar. Sie war Mitte 40, ihr Unterbau steckte in aufquellenden, monströs dicken Cordhosen, dafür hatte sie oben keinen Busen und keine Haare, also sehr kurze Haare, wahrscheinlich mit der Gartenschere selbst abgeschnitten. Sie zuckte immer so übernervös, und ich hatte sie schon von weitem übertrieben laut lachen gehört, und ich merkte nun, daß ich mit ihr nicht reden konnte. Sie zuckte und brüllte mehr, als daß sie fragte, was ich hätte wissen wollen. Es war diesmal noch ein weiterer Gast da. Ich fragte nicht noch einmal. Und selbst wenn ich gesagt hätte: Bitte eine junge Frau, über 18, aber nicht viel älter als 20, dann hätte sie mir keine 31jährige geschickt, was normal gewesen wäre, sondern eine ›fabelhaft guterhaltene‹ Mittvierzigerin, wie sie selbst. Oder, der Endhorror, eine gutaussehende Mittvierzigerin, die in Wirklichkeit schon 60 war. Nee, nee.

Ich sah in ihr nervöses, lärmend aufgerissenes Gesicht und sagte nur:

»Ich hätte gerne einen Apfelsaft.«

»Einen Apfelsaft oder eine Apfelschorle?«

»Einen großen, kalten Apfelsaft.«

»Groß und kalt ... aber lieber eine Apfelschorle, nicht.«

»Nein, bitte klaren Apfelsaft!«

Es kommt die Schorle, mangels Alternative. Der andere Gast kommt aus Bonn.

Ein Wende-Verlierer, wie die Frau, die ohne lange Umwege erklärt, in der DDR sei vieles besser gewesen, zum Beispiel der Staatszirkus. Der Bonner schimpft über die faule Jugend, das zu teure Berlin und so weiter. Er ist sicher über 50, trägt Jeans, Sandalen, weißliche Joggingsocken, ein rotes Baumwollhemd und natürlich Bart. Goldrandbrille, Topfschnitt: ein Muß. Er pöbelt gegen die Schröderleute und daß er »nur vier-zwei« nach Hause bringt, nach Bonn. Mir wird schlecht, noch bevor ich was bestellt habe. Nun ist es eh egal: Ich bestelle ein Bauernomelett. Es kommt ein zehn cm hohes und wohl 30 cm langes Stück Fraß, daß mir der Unterkiefer runterfällt. Ich esse ein Drittel davon, ganz vorsichtig, spüle immer gut nach mit der Apfelschorle. Dann taste ich mich zurück ins Treppenhaus mit den falschen Terrakottafliesen, zurück ins Zimmer. Dort vergehen die Stunden ohne Gedanken.

Es ist der stille, heroische Kampf des Körpers gegen die ungünstige Nahrung, und er braucht dafür alle Kraft und alle Liebe – ich gebe sie ihm. Und viel Zeit. Als ich wieder denken kann, dunkelt es schon. Ich schleppe mich zum Tankstellen-Häuschen und decke mich mit ablenkender Lektüre für die hereinbrechende Nacht ein. SPIEGEL und ZEIT finde ich nicht, bleiben also nur Playboy, Penthouse, Coupé, das neue Wochenend, Geile Nummer, Spaß am Sex und Dynamit. Spaß am Sex macht mit dem Thema auf »Bauern-Mädchen Kirsten: Hilfe! Ich kann nur in Strumpfhosen bumsen!«. Geile Nummer powert mit dem Service-Thema ›FKK und Gruppensex auf dem Campingplatz‹. Da konnte ich mich einfach nicht entscheiden.

Ich schlurfe durch die endlosen, laborartigen, niedrigen, fensterlosen, grünlackierten und grünlich beleuchteten Flure. Das einzige Licht kommt nämlich von einer grünen Notausgangsleuchte ganz am Ende des Ganges. Dort stehen dann auch die Zwillinge aus ›Shining‹, vermute ich, weswegen ich nie bis dahin gehe.

Die Nacht über pendle ich zwischen Raststätte, Hotel und Tankstelle, auf dieser Insel zwischen den Autobahnen. Oft bleibe ich vor den Heldenpostern vergangener, nein besserer Tage stehen. Der strahlende Rudolf Caracciola am 11. Juli 1926 um 14 Uhr beim Großen Preis von Deutschland, hier, genau hier, wo ich Nachgeborener nun stehe.

An der Kasse verkauft man immer noch die Berlinpostkarten mit der Mauer. Einmal gerate ich sogar kurz in den Schlaf. Aber durch eine fahrige, unbewußte Bewegung beim Einschlafen fliegt die papierleichte Nachttischlampe durch die Luft, landet Meter weiter klirrend am Boden, und ich bin

168

wieder hellwach. Das Bett hat sich ohne mein Wissen um 45 Grad verschoben, also jener Teil, auf dem ich liege, hat sich von der anderen Hälfte weit entfernt. Es sind wohl Gleitrollen an den Bettfüßen. Auf der Matratze versinkt man wie auf einem Wasserbett, man sinkt auf jeder Stelle, die man berührt, gleichermaßen ein, bis auf den Grund, da gibt es kein Halten mehr. Die Weichgummi-Schaumstoff-Füllung macht diesen ungewollten, aber irgendwie auch reizvollen Effekt möglich. Nicht alles muß man negativ sehen. Ich entdecke, daß die Anlage auch einen gewissen Charme hat. Die blaue Zierleiste etwa, die sich von der Holztäfelung löst, könnte einem die Haut aufreißen, im Dunkeln, beim Geschlechtsakt, mit der 60jährigen, und so weiter. Aber es passiert ja nicht. Ist ja alles Einbildung. In Wirklichkeit ist die Zierleiste eigentlich ganz hübsch. Und die Holztäfelungen an den Wänden. Auch gut. Oder die Bastmöbel. Bequem. Der Claude Monet im Wechselrahmen, ich meine: Was sonst? Hatte ich Joseph Beuys erwartet? Nein, nur Monet oder Degas kamen in Frage, da gab es sicher ein altes Tank-und-Rast-Gesetz.

Ich liege im Bett, höre das Luftdruckbremsenschnaufen der Laster, das unheilschwere Röhren der unwuchtig gewordenen dicken Lasterreifen, ein ganz eigentümliches Geräusch übrigens, das eine herannahende Katastrophe anzukündigen scheint. Nie vorher habe ich darauf so intensiv geachtet wie jetzt. Es sensibilisiert ganz ungemein, dieses Hotel, und das ist doch auch schon wieder etwas Gutes. Tanklaster rast in Hotel, Tagesschau, größte Explosion seit 1945, Feuer noch immer nicht unter Kontrolle, wir schalten um zur AVUS …

Ich stehe auf, sehe aus dem Fenster. Die Beton-Absperrung der alten Nordkurve (oder was das ist) sieht von hier wirklich aus wie ›die Mauer‹. Verbotsschilder, Maschendraht, sehr hohe Lager-Lampen, ein erschöpfter Lada-Fahrer, froh, die DDR verlassen zu haben. Seine Lichtkegel tasten die unebene Fahrbahndecke ab, beleuchten langgezogene Pfützen, die nicht trocknen, obwohl es seit langem nicht geregnet hat. Ich höre Geräusche aus dem Nebenraum. Der Nebenraum ist mit meinem Zimmer durch eine bloße Holztür verbunden. Wer hat den Schlüssel? Ich bin versichert gegen alles, Diebstahl, Überfall, Körperletzung, das hat mir die Redaktion versichert, es ist eine offizielle Dienstreise.

Ich rufe die Rezeption an. Das ist wieder die Frau von vorhin.

»Bitte geben Sie mir den Zimmerservice!«

»Haben wir nicht.«

»Dann jemanden von der Reinigung! Ich … will mein Hemd bügeln lassen!« Ich werde richtig verrückt.

»Ham wa nich.«

»Aber das Zimmer kostet 145 Mark! Westmark! Ich will, daß sofort jemand kommt!«

Schweigen. Ich höre, daß jetzt noch mehr Leute unten sind. Na gut, dann laufe ich eben runter. Die Geräusche im Zwillingsraum werden lauter, zugleich undeutlicher. Ich kann nicht sagen, ob es ein Mann und eine Frau ist oder mehrere Männer.

An der Bar sitzen tatsächlich ein paar Gestalten. Ein Mittfünfziger, grauer Walroßschnurrbart, Latzhose. Und ein älterer Basecap-Zoni mit einem neunjährigen Mädchen. Eine alte Stereo-Anlage spielt ›Tell me the meaning of being lonely‹. Neben mir hängt der gute alte Patronengurt mit den Underberg-Fläschchen.

Als Kind hatte ich einmal daran gerochen. Nie wieder. Also an dieser braunen Flüssigkeit. Auf einem Schild steht: »Unser Hit: Rühreier mit Schinken, 2 Brötchen, 1 Pott Kaffee, 10,50 Mark«. Ob ich das jetzt bestellen soll? Mir ist plötzlich, als habe mir jemand in den Magen geschlagen. Ich greife hastig zur AVUS-Broschüre und lenke mich ab. Nur nicht an Essen denken! Die Automobil-Verkehrs- und Übungsstraßen GmbH (AVUS) wurde 1909 gegründet … 1913 erste

170

Autobahn Deutschlands und damit der Welt … 1935 Umbau der Rennstrecke … Bernd Rosemeyer und so weiter … nach dem Krieg nur noch Touring-Rennen, das letzte vor zwei Jahren, dann gar nichts mehr. Aus, Ende, Schluß, vorbei. Aus den Augenwinkeln beobachte ich den Basecap-Schnurrbart und das neunjährige Mädchen.

»Was möchten Se?« fragt die Frau zum wiederholten Mal. Klar, man muß etwas bestellen. Sonst darf man nicht bleiben. Vielleicht heißer Apfelstrudel mit Vanilleeis und künstlicher Schlagsahne aus der Spraydose? Dazu einen Satz Underberg? Nein, ich kriege nichts runter, gehe weg.

»Wie lange haben Sie geöffnet?« frage ich noch.

»Bis Weihnachten 16 Uhr!«

Ich erschrecke. Machen die dann Pleite? Ende des Jahres? Nein, es war ›pfiffig‹ gemeint. Soll heißen: 24-Stunden-Betrieb Tag und Nacht.

Am nächsten Morgen war dann auch wirklich so etwas wie normaler Betrieb.

Sechs, sieben Leute waren da, normale Deutsche, Leute, die den Treffpunkt noch von früher kannten. Es gab ein Frühstücksbuffet und die Bild-Zeitung. Ein gewisser Stuck (»Stuck schreibt in BILD«) überlegte, ob Schumi die erste Runde beim nächsten Rennen ohne Crash durchfahren könne. Da wurden angeblich Wetten angenommen. Auf den ersten Seiten das Nazi-Thema. Brauner Terror, Bomben, Heil-Hitler-Websites. Kein Zweifel, wir lebten immer noch in Deutschland. Aber wer war »Stuck«? Der Sohn von ›Hänschen‹? Der Enkel? Er selbst? Bernd Rosemeyer konnte nicht mehr für BILD schreiben. Er starb für Führer und Vaterland beim Rekordversuch mit seinem Auto-Union-16-Zylinder-Boliden auf der Steilgeraden der AVUS zwischen Funkturm und Nikolassee. Ich stand später an der Stelle und schwieg betroffen. So betroffen wie vorher das Pärchen im Frühstücksraum. Schweigend, rauchend, ruhig. In der Ruhe liegt die Kraft. Er: Mitte 40, Jeans, Schnurrbart, stierer Blick. Sie: eigentlich noch ganz passabel, blonde Hausfrauendauerwelle, weiße Bluse, Jeans. Sie sitzen sich gegenüber, Auge in Auge, rauchen ein Päckchen leer und sagen nicht ein Wort. Seit 22 Jahren verheiratet. In diesem Lokal kennengelernt, I suppose ...

Ich ließ mir ein Taxi kommen und fuhr wieder rein nach Berlin, am Fernsehturm vorbei, dem kleinen Bruder vom Tour Eiffel, so klein und zwergenhaft sieht der doch inzwischen aus, nur noch traurig in seiner Winzigkeit. Das war einmal ein Wahrzeichen der Stadt, Symbol des Technikrausches, wie auch die AVUS.

Das ist nun alles vorbei. Die Autobahn-Tank- und Raststätte aber gibt es noch, das ist historisch verdienstvoll. Ich habe es überlebt, und es tut mir leid, daß ich über so viele negative Dinge berichtet habe. Ich war am fernsten und einsamsten Ort der Welt, mit den einsamsten und ärmsten Menschen. Ihr solltet alle dort hinfahren und euch das angucken. Mit neuen Autos und neuen Zeitungen.

Und mit den Leuten da reden. Sicher habe ich ihnen unrecht getan – Angst ist ein schlechtes Antriebsmittel für objektive Berichterstattung. Gewiß war alles gar nicht so mies. Wie gesagt, die blauen Zierleisten. Das Frühstück war NICHT WIRKLICH schlecht, die Bedienung rundum freundlich. Natürlich konnte man nicht nur Sexmagazine kaufen in der Tankbaracke. Ich habe mich einfach nur gefürchtet.

18. In Dortmund zu Hause: Phillip Boa

Das große »U« der Dortmunder Union Brauerei prangt auf
einer 1945 zerschossenen Ruine, das ist Dortmund, so sieht
es jedenfalls aus, wenn man bisher nur im ICE daran vorbei-
gefahren ist.

In dieser Stadt wohnt Phillip Boa, der große Dandy und
Musik-Avantgardist aus den 80er Jahren, Gegenspieler von
Blixa Bargeld damals. Das ist schon ungewöhnlich. Warum
tut er das, ich meine, dort wohnen, in diesem Stalingrad der
Nachkriegshoffnungen, diesem Ghetto? Warum gerade er?
Der Bryan Ferry Deutschlands? Der »german lord of Indie«?

Nun hat er nach vielen Jahren erstmals wieder eine CD
herausgebracht, und die ist ernst, angenehm, superpräzise,
sagen wir mal so drauflos: dermaßen gelungen, daß wir uns
den alten Knaben einmal anschauen wollten.

Dazu mußte ich also erstmals in meinem Leben WIRK-
LICH nach Dortmund. Denn obwohl im nahen Köln der
Papst los war, weigerte sich der Ex-Superstar, seine home
town für »ein blödes Interview« zu verlassen. Er war der
Presse nie hinterhergerannt, das wußte ich. Wieso, wußte
ich nicht.

Es liegt an seiner street credibility, die er sich in 20 Jahren
aufgebaut hat oder die ihm zugewachsen ist und die er niemals verraten würde. In Dortmund kennt ihn jeder, das ist
ihm wichtiger.

Wir treffen uns im Café Strickmann, einem Kuchen-Re-
staurant für Senioren in der Innenstadt. Mehrmals erschrek-
ke ich, weil ich meine, ihn in einem der Rentner wiederzu-
erkennen. Man hat mir ja nur gesagt, daß er vor 20 Jahren
eine schwere 80er-Jahre-Haartolle trug, die inzwischen grau
sein sollte, sowie dunkle Herrenanzüge, und daß er fast zwei
Meter groß sei.

Dann ist es aber gar nicht so schlimm, er ist wohl erst in den frühen Vierzigern und hat sogar seine junge Freundin dabei, eine Amerikanerin mit einem unfaßbar lieben Gesicht.

»Hey, mir gefällt deine neue CD, aber müssen wir uns HIER treffen? Laß uns einen schönen Tag machen und nach Köln rübercruisen! Der Papst ist da und so weiter.«

»Nope. Cruisen können wir auch hier.«

Wir steigen in seinen dunkelblauen 244er Stahlpanzer-Volvo, Boa gibt Stoff. Er zeigt mir seine Welt. Ich sage:

»Cool, daß du mich treffen willst, obwohl du weißt, daß ich manchmal verletzend schreibe!«

»Die Süddeutsche, die Süddeutsche!«

Ach so. Die Leute winken ihm manchmal zu. Es ist seine Stadt. Als erstes fährt er zum BVB-Stadion. Aber schon vorher sehen wir andauernd Mitbürger in BVB-Kostümen, obwohl gar kein Spieltag ist. Boa erklärt, die Leute liefen hier so herum, die fänden das normal. Zudem:

»Dortmund ist WM-Stadt. Das ist natürlich die einzige Hoffnung für die ganze Region.«

»Was?« Was wäre daran denn Hoffnung? Er schiebt ein Tape mit der neuen CD ›Decadence & Isolation‹ in den Volvo-Kassettenrecorder. So entsetzlich der Name, so gut ist das Produkt. Hat auch Gordon Raphael produziert, der die ersten beiden ›Strokes‹-Alben gemacht hat. Man versteht sofort warum.

Phillip Boa ist wie die Strokes, nur besser. Das Original, nicht der Nachklapp auf der Retroschiene. Und dazu gehört auch der deutsche Akzent von Boa, so paradox das klingt: dadurch wird es globale Musik. Gerade das feine Ur-englisch der Strokes läßt die Kunsthochschüler provinziell klingen, örtlich begrenzt, denn 90 Prozent der Erdenbürger spricht Englisch NICHT akzentfrei. Die lakonische Pia Lund ist wieder dabei, allerdings noch uneitler, noch zurückgenommener, noch anziehender als im letzten Jahrhundert. Die Songs sind bis auf einen sehr schnell, sehr intelligent, unbeschreiblich rhythmisch, lassen sofort die Knochen wippen. Man kann nicht anders, als »gut drauf« zu kommen, inspiriert zu sein plötzlich, und so frage ich frech:

»Warum ziehst du nicht in eine Gegend OHNE Elend? Du kannst es dir doch leisten. Nach Köln zum Beispiel, wo alle jung und fröhlich sind?«

»Ich mag diese ›Fröhlichen‹ nicht. Ich mag ehrliche Leute.«

Er streicht sich die Haartolle zurück wie ein Handwerker, der gerade für ehrlichen Lohn Steckdosen verlegt hat.

Stimmt. Hier sind alle offensichtlich ehrlich. Aber was ist das genau, Ehrlichkeit? Wie geht das, wie macht man das, tut das weh? Ich sehe nach draußen. Kanzler Schröder wirbt auf großen Plakaten mit dem schwer verständlichen, zumindest schwer auswendig zu lernenden Satz »Wer Gerechtigkeit will, muß das Soziale sichern«. Drei Abstrakta in wenigen Silben, respect. Er im Oberhemd, Ärmel halbhoch aufgekrempelt, die Faust geballt, der Blick zum Himmel. Ich mag ihn. Für mich verkörpert er Ehrlichkeit.

Wie im Osten sind die Verkehrsmittel perfekt ausgebaut. Straßenbahnen, zentrale U-Bahnhöfe, Busse im Minutentakt, alles toll. Aber wozu? Es lungern ja doch nur untätige Penner-Punks mit ihren fetten Hunden auf den Haltestationen. Die Bevölkerung ist gut zwei Generationen älter als die von Köln.

»Findest du es besonders ›ehrlich‹, nicht zu arbeiten? Ich meine, macht es die Sache ehrlicher, weil man unfreiwillig nicht arbeitet?«

»Diese Leute gibt es. Sie sind da. Einer muß sich um sie kümmern!«

Er streicht die dichten grauen Haare nach hinten. Er hat das nächste Kuchenrestaurant für Senioren angesteuert. Wir nahmen Windbeutel aus selbstgerührter Schlagsahne und aufgewärmten Himbeeren, dazu ein Kännchen Kaffee Hag. Die liebe Freundin kümmert sich um ihn, das sieht man. Sie bedient ihn nicht, aber sie ist mit Leib und Seele an seinem Wohlergehen interessiert. Sie will doch nur, daß es ihm gutgeht. Mich beeindruckt das sehr. So eine hätte auch der Papst gern unter seinen Kids. Ich war ein paar Tage mit diesen Pilgermassen unterwegs; die sind laut und rüde, sowie permanent auf Partnersuche.

Ich spreche das an, sage, Boa stehe in künstlerischer, weltanschaulicher Konkurrenz zum Papst. Seine Songtexte auf der neuen CD kulminierten in der Zeile, er wolle immer noch die Welt verändern, und zwar mehr denn je. Deshalb:

»Auf zum Ratzinger, Alter! Das schauen wir uns doch an!«

Er grunzt nur. Genauso könnte man versuchen, Helge Schneider zum Wellness-Kurs in die Schweiz zu überreden.

Er zahlt und zeigt mir weiter seinen Kiez. Wir fahren an einem an sich schönen, modernen RWE-Gebäude vorbei, sehr hoch, komplett aus schwarzem Marmor und kreisrund, aber unten ist die Straße aufgerissen, liegt Gerümpel herum, Müll, öden geschlossene türkische Reisebüros und seltsame Wirtschaftszweige vor sich hin:

»Gamblers Inn«, »Wasserbetten-Discounter«, »Spielstudio«, »Game Center« und so weiter.

Da wirkt der schöne schwarze Wolkenkratzer wie eine traurige Blume auf dem Misthaufen. Soweit das Auge reicht, nur tote Häuser, Leerstand, sogar ein geschlossenes »Museum für Kunst und Kulturgeschichte«. Unbenutzt – ein Blick nach draußen sagt wohl schon alles.

Boas Musik hält alldem stand. Sie ist ohne Pathos, ohne jene New-Wave-Dunkelheit früherer Kulttage, und trotzdem ernst. Boas Stimme ist dafür wohl kongenial, so samtig, erwachsen, unpeinlich. Warum sollte ein Mann zwischen seinem 22. und 42. Lebensjahr nicht reifer und besser werden? Hier sehen wir das mal. In Deutschland wird eben auch die Popmusik nicht auf die leichte Schulter genommen. Hier wird gründlich gearbeitet, pardon, »ehrlich« gearbeitet, und so kommt am Ende ein Werkstück heraus, das anders klingt als die Versuche der Jugendzeit. Bei uns hat auch der Dandy keinen Humor. Jedenfalls nicht bei fünf Millionen Arbeitslosen.

Trotzdem machen mich die Eindrücke da draußen langsam mürbe, also die Trostlosigkeit. Diese Ossi-Frisuren immer. 50jährige Männer mit Wolfgang-Petry-Schnurrbart und langen Haaren, Rentner in Jeans-Anzügen, Frauen mit nach oben gegelten Haaren, als seien sie auf dem Weg zu Bärbel Schäfer. Furchtbar.

Benedetto tanzt zur gleichen Zeit mit einer Million Ekstase-Kids auf dem Marienfeld, macht sein Ding, sein Woodstock, und wir hocken hier in Dortmund rum!

Eine Frau mit einer dunkelgrün-weiß-hellgrün gestreiften Polyesterbluse läßt den Kopf hängen und weint, auf der Bank einer Bushaltestelle. Sie ist nicht betrunken, nicht verwahrlost, nicht einmal ALT. Sondern nur traurig. Boa sieht es gar nicht mehr, es ist sein Alltag.

Wir fahren den Körner Hellweg entlang, Ortsteil Wambel, an diesen Kaufland- und so weiter Billigkaufhäusern vorbei, wo den Arbeitslosen der Ramsch aus China verkauft wird. Dort, wo die Arbeitsplätze hingewandert sind, wird das Gerümpel hergestellt, was die global loser dann kaufen. Noch ein dichtgemachter P & C, ein Hülyam-Grill, zwei Pizza-Döner, ein paar Plakate »CDU – Besser für die Menschen«, ein paar rührende Heinz-Erhardt-Villen mit Jägerzäunen davor, dann erreicht Boa ein Brachland, das er mir zeigen will:

»Hier stand noch vor fünf Jahren das modernste Stahlwerk der Welt. Bis die Chinesen es abmontiert haben.«

Nun wird das ganze Gelände geflutet. Zusammen mit weiten Teilen Dortmunds soll hier der größte Stadtsee Deutschlands entstehen, achtmal größer als die Alster in Hamburg.

»Sie wollen ihre unglückliche Stadt fluten? Wie Atlantis?«

Er nickt ernst und streicht sich die Popper-Strähne nach hinten, sein Markenzeichen. Aus dem Kassetten-Deck dröhnt »Have you ever been afraid«. Er trägt noch immer das schwarze Jackett, das ihm einmal Benjamin von Stuckrad-Barre geschenkt hat, damals ein Fan von ihm. Der wollte auch Dandy werden. Und zu ihm aufblicken. Boa sagt, daß ihn seine Fans wie einen Guru verehrt hätten und von ihm Orientierung abrufen wollten.

»Wie ich schon sagte, Mann. Da stehst du in Konkurrenz zu Benedikt. Nun steh doch dazu!«

Er dreht die Musik lauter, »Burn all the flags«.

Wir kommen nicht weiter mit dem Auto, Siel-Bauarbeiten, diese Pseudo-Arbeiten, die Jahre die Straße zum Buddelfeld machen und grundsätzlich nie fertig werden. Auf den Bürgersteigen kaum Menschen. Wo sind sie bloß?

Es gibt auch keine Kioske und kaum Currywurst-Buden, und wenn man einmal Leute sieht, rauchen sie und trinken sie, was ja an sich nicht schlecht wäre, aber hier … es fehlt die Freude dabei, wie sie die Kölner haben, diese Lebenslust. Nein, hier könnte Ratzinger nichts reißen. Immer wieder rußiger Backsteinbau, und nur ganz selten ein würdevolles Hauptverwaltungsgebäude aus der Vorkriegszeit.

Schließlich ein postmodernes West-LB-Hochhaus mit scheußlicher Kunst-am-Bau-Skulptur, Boa zeigt es stolz. Ist natürlich schon schmutzig weiß besprüht, wie mit Taubenkacke. Die Graffitis geben der Stadt den Rest. Aber vor der Skulptur – zwei aufeinanderstehende mannshohe Eiseneier, verbunden mit einem disproportionalen Eisendreieck – stehen vier lustige Gesellen! Alle dick, alle Anfang 30, sie reden und feixen, mixen sich Wodka mit Red Bull. Ich sehe interessiert hinüber. Schwarze T-Shirts, Jeans, Turnschuhe, eine Aufschrift: »Wir weichen nur zurück, um Anlauf zu nehmen«. Aber dann sehe ich den Haken. Besser gesagt die Hakenkreuze.

»Gas geben!«

Ich schreie Boa an, merke selbst, wie hysterisch meine Stimme dabei wird. »Das sind Nazis!«

»Oh, Scheiße!«

Er hatte gerade die Musik lauter gedreht. Er gibt Stoff, der altersschwache Sechszylinder eiert quietschend los.

»Das hat uns gerade noch gefehlt!«

»Und ich dachte schon, die kennen dich, Mann.«

»Nee, nie gesehen. Glaub mir, ich kenne hier jeden.«

»Ist wohl doch nicht so toll, dein tolles Dortmund.«

Ich bin richtig verschnupft. Das wäre uns in Köln nicht passiert. Schon gar nicht beim Papst!

»Ey, Alter, es tut mir leid. Weißt du, es ist nicht so, wie es aussieht. Vielleicht … wollten die das Nazi-Ding nur verspotten oder so.«

Es folgen wieder sehr eingängige Melodien. Boa hätte auch als Mainstreamer Millionen Kopien verkaufen können. Wenn er gewollt hätte.

Aber er will nicht. Lieber noch ein Kuchen-Café, »Kaffeehaus zur Postkutsche«. Wir sitzen ernst beieinander, er, die liebe Freundin aus Michigan und ich, trinken Eierlikör und bearbeiten eine Zitronenschnitte und zwei Marzipan-Nußsahnetorten.

Dann fährt er mich zum Bahnhof. Ich lasse ihn ungern zurück. Hier, in diesem eingeschlossenen Kessel. Er winkt dem Zug noch lange nach, so treu und ohne zu lächeln, und ich denke, daß es okay ist so.

Denn einer muß den Job eben machen.

19. Im »Maria« am Ostbahnhof mit den Strokes

The Strokes waren das erste große neue Ding nach Britpop. Sie haben in der heutigen globalisierten Vermarktung mehr Produkte verkauft als David Beckham seine T-Shirts, was doch etwas heißt. Kulturell gesehen haben sie den Rock aus seiner ewigen Anbindung an die Unterschicht befreit, soll heißen: statt rülpsender Toter Hosen, die nackig ihre Tattoos zeigen und auf der Bühne Bier verschütten, spielen The Strokes vor New Yorker Intellektuellen. Also präzise und intelligent. In diesem Fall, vorgestern, in Berlin.

Im Rahmen ihrer ›secret gigs tour‹ spielten sie ihr komplettes neues Album ›First Impressions‹ durch, das freilich noch nirgendwo zu kaufen ist.

›Secret gigs tour‹? Was ist das, wie geht das, tut das weh? Folgendermaßen: Alle drei Tage findet in in einer Stadt in Europa ein geheimes Strokes-Konzert statt. Erst eine Woche vorher wird bekanntgegeben, wo und wann. Erst einen Tag vorher werden an zwei ausgesuchten Kartenhäuschen die Karten verkauft. Wer eine ergattern will, muß die Nacht über vor dem Kartenhäuschen campieren. Ich war um fünf Uhr morgens da und damit zu spät.

Ich kam nur rein, weil ich Al Green kenne, der auch da war und ein Freund von Fat Moretti ist, Bassist der Band und Dostojewski-Experte wie Green selbst. Die lesen ›Der Idiot‹ im Original und sehen in Berlin nicht die WM-Stadt 2006, sondern den Schauplatz von Döblins ›Alexanderplatz‹. Es geht darum, vor kleinem Publikum der Musikfachpresse das neue Album zu zeigen. Ins ›Maria‹ am Ostbahnhof wurden 600 Leute geladen, also 250 Journalisten und 350 Fans.

Die Fans kennen bereits seit einem Monat die Songs, via Internet. Die Presse tut sich da schwerer, denn man braucht komplizierteste Programme, um das wertvolle Liedgut downzuloaden – das schaffen nur Minderjährige. Es ist erst die dritte Platte der Mittzwanziger, aber ihre beste. Ein metallischer, kontrolliert leidenschaftlicher Sound …

Schon seltsam, daß es nach 100 Jahren in der Musikszene immer noch diese vorgeschriebene Anti-Ästethik zur herrschenden Werbe-Ästhetik gibt. In dem ehrenwerten Club ist alles abgeranzt, dunkel, schwiemelig und komplett trostlos. Ein monströser Keller einer Fabrik aus dem Industriezeitalter, eiskalt und gruselig, und The Strokes passen hier rein wie Disney-Besucher in eine Kinder-Gespensterbahn. Was hier wohl früher mal hergestellt wurde? Reaktorbrennstäbe?

Die Ordner haben sie direkt vom letzten Nazifilm übernommen, oder vom Rammstein-Konzert: riesige, fette Fleischmassenkörper, schwarze T-Shirts mit Runen-Aufschrift, glänzende Glatzen. Die Roadies von den Strokes sehen allerdings kaum anders aus, haben nur schwarze Hautfarbe. Inmitten dieser Hölle ein mit Absperrgitter isolierter Bereich für die Band, gewissermaßen die Bühne. Hier steht die Technik der globalen Superband, selbst im Dunkeln funkelnd, wirklich vom Feinsten, wie die Ausstellungshalle eines edlen Oldie-Autosalons: Fahrbare Metallschränke, verchromte Verstärker, Kabelkaskaden, Raumschiff-Mischpulte, E-Gitarren, Zubehör aus Silber und Platin. Ab und zu blitzt eine Taschenlampe auf, weil ein Techniker noch etwas nachjustiert.

Die Fans sehen nett aus. Auch bei ihnen herrscht erkennbar ein gänzlich anderer Dresscode als im MTV-Bereich. Undenkbar, daß ein Mädchen bauchfrei daherkäme oder sonstwie auf Schlampe machte. Gedeckte Farben, man raucht nicht, man trinkt Kaffee. Velvet Underground spielt auf bei der Jungen Union, sozusagen. Also hätte man früher gesagt. Aber heute ist nicht früher. Hier steht nicht die Schülermitverwaltung seliger westdeutscher Zeiten, sondern die neoliberale Avantgarde. Spießer sind jetzt die anderen, die Linken. Wer rechts ist, ist cool und hört The Strokes.

Das Auffallendste, nein das Wichtigste an der Band ist das Jungenhafte, Nichtmännliche, die dünnen femininen Körper der fünf Knaben. Wehe, einer würde plötzlich dick! Aber davor schützen ja gottlob schon die Drogen, dafür sind sie ja da. »Dasselbe Outfit hat Julian schon in Australien getragen!« sagt ein Fan neben mir, eine Schülerin, offenbar wohlhabend.

Ja, da sind sie, die Hübschen: dunkelgrüne Sixties-Cordjacketts, Streifenpullis, der Leadsänger und Stückeschreiber Julien Casablanca in selbstgenähter Kapitänsuniform. Ihre Bewegungen sind von der ersten Sekunde an sexy, weil minimalistisch, androgyn und vor allem unendlich selbstsicher. So lässig eben. Denen macht keiner was vor. Die müssen niemandem etwas beweisen. Die Presse ist ihnen egal. Die Fans auch. Al Green auch, der keinen Backstage-Paß bekommen hat und direkt neben uns am Gitter klebt und die Arme hochreißt. Vielleicht spielen sie für Kate Moss, für Pete Doherty, für das seltsam große, ernste Françoise-Hardy-Mädchen innerhalb der Absperrung, dieses deutlich privilegierte Groupie, sicher die Ehefrau des Bandchefs, vielleicht auch nur für Dostojewski. Wer weiß.

Die Musik reißt jedenfalls total mit. »Besser als die ersten beiden Alben«, weiß besagter weiblicher Fan neben mir. Sie liest INTRO, den NME, hat Musikexpress und VISIONS im Abo, liest Spex und andere Fachzeitschriften in der Bibliothek. Sie kennt sich aus. Sie weiß, welche Bands gerade gehypt werden und welche davon wirklich gut sind, nämlich Arctic Monkeys, Kaiser Chiefs, Bloc Party, Maximo Park und Razorlight. Alle haben ein bißchen die Strokes nachgemacht, aber nicht erreicht. Nicht dieses neue dritte Album!

Es ist tatsächlich gute Laune im Publikum. Berlin ist schon die richtige Stadt für diese Knaben aus New York. Es macht diesen Jurastudenten nichts aus, einfach Pogo zu tanzen, einst

Ritual des Klassenfeindes. Und auch die Lieder klingen nun so wie Schlachtgesänge, wie ausgelassen vor Überschwang, wie maßlos verliebt.

Alles macht dieser Sänger, offenbar Kopf der Gruppe und ein bißchen zu selbstbezogen. Er ist theatralisch und aufwühlend, stemmt sich mit aller Kraft gegen den Mikrophonständer, geht dabei erschöpft in die Knie. Er macht alles richtig, wirkt ungeheuer intensiv. Selbst wenn er sich eine Strähne aus der Stirn streicht, wirkt es zum Zerreißen intensiv. Aber er singt zu laut. Er galoppiert davon, bricht aus, verliert die Band, die weiter diesen perfekten, dichten, großartigen Soundteppich liefert. Vielleicht trägt ihn die Stimmung im Saal davon, und die Technik war nicht darauf vorbereitet. Die Lautsprecher übersteuern. Seine schöne, oszillierende, variétéhaft schaukelnde Stimme wird zum ohnmächtigen Gebell.

Aber die Leute kennen die Lieder ja schon, wissen, wie sie klingen SOLLEN. Trotzdem sinkt die Stimmung, da Casablanca immer weitermacht mit dieser Art. Der Act ist auch zu lang. Nachdem alle 17 Songs runtergehauen sind, kommen die Zugaben, und da geht die Platte von vorne los. Das Pogotanzen hört auf. Al Green klettert über die Balustrade, verheddert sich aber (er ist nur 1,55 Meter klein). Françoise Hardy begrüßt deutsche Freundinnen und verläßt freiwillig die VIP-Zone. Endlich kehren sie zu ihrem eigentlichen Sound zurück, spielen neben drei alten Liedern die kommende Hitsingle ›Juice Box‹. Casablanca, völlig verschwitzt, taumelt nach hinten und flößt sich etwas aus einem weißen Becher ein.

»Sie haben für uns gespielt, für die Fans, nicht für die Presse. Sonst hätten sie nicht die alten Lieder in den Zugaben gespielt!« frohlockt das Fan-Girl, und: »Sie wollen sich nicht abgrenzen, wie Oasis früher. Das neue an den Strokes ist ihr integrales Bewußtsein. Sie sind nicht abfällig über andere, sondern offen!«

Zumindest die Fans haben sich (doch) nicht geändert.

Glückaufkampfbahn Gelsenkirchen, am Tag drei nach dem Ende des WM-Fiebers, dem Ausscheiden der deutschen Mannschaft. Woanders sind die Leute wieder so muffig wie vorher, rollen die Fahnen ein, schimpfen auf die Politiker. Hier auf Schalke aber ist das ganze Jahr Fußball. Die deutsche Fußballreligion entstand in diesem Stadion, in dem heute Tokio Hotel spielt, eine ganz ähnliche Religion übrigens. Gemeinsam ist das Schreien. Nur schreit der Fußballfan nur beim Tor, etwa beim legendären 1:0 Neuvilles in der Nachspielzeit, als selbst die Kanzlerin jede Hemmung vergaß und wieder zum kleinen Mädchen wurde.

Die Fans von Bill Kaulitz, dem charismatischen Sänger der Band, schreien immer. Viele Stunden vor dem Konzert, währenddessen, und auch noch, wenn die Jungs längst im Bett liegen. Und in höchster Lautstärke. Für sie ist immer Tor. Immer die 91. Minute, Odonkor flankt, Neuville rutscht heran, Tor, Tor, Tor. Das Geräusch ist auch anders. Das Schreien der Fans ist unmoduliert, weder weiblich noch männlich codiert, es kommt aus keinen geschlechtsspezifischen, humanen Körpern, sondern direkt aus dem Wahnsinn. Frauen schreien so, wenn sie vor King Kong stehen. Oder bestimmte Nagetiere, wenn der Tsunami kommt.

Der Tsunami heißt hier Tokio Hotel, und der Anmarschweg zum Stadion sieht auch wirklich so aus. Hunderte von Metern nur Verwüstung, liegengebliebene Rucksäcke, Decken, Tausende Stofftiere, letzte Habseligkeiten von Menschen, die die ganze Nacht ausgeharrt haben, um beim Einlaß möglichst nahe an die Band zu kommen. 38000 Menschen faßt die legendäre alte Spielstätte des FC Schalke 04, ein dunkles Ungetüm mit Stahlträgern aus der Zeit der industriellen Revolution.

Das Konzert ist restlos ausverkauft, selbst Schwerbehinderte werden nicht mehr hereingelassen. Nie zuvor hat Tokio Hotel vor so vielen Menschen gespielt.

Erstaunlich, denn die Jungs haben praktisch erst eine CD aufgenommen, und das ist fast ein Jahr her. Seitdem koppeln sie die einzelnen Songs im Quartalstakt aus, jeder schafft die Chartspitze. Erst Mitte August soll wirklich neues Material kommen. Dann gnade uns Gott.

Daß die Konzerte so gut laufen, haben sich die Jungs hart erkämpft. Sie haben Deutschland mit einer beispiellosen Tournee überzeugt. Selbst wer die Musik nicht mag, muß heute zugeben, daß die Bühnenshow alles in den Schatten stellt, was seit den Beatles 1964 geboten wurde.

Es ist das Gegenteil von dem, was sogenannte Casting-Bands bieten. Das sind zusammengewürfelte Schauspieler-Combos, die auf Befehl Dieter Bohlens zu belangloser lalala-Musik die Lippen bewegen.

Tokio Hotel ist die Antwort auf eine gewissenlose Jugendkultur-Industrie, die von alten Männern und Frauen gemacht wird und mit der Realität von Jugendlichen nur eines zu tun hat: daß die Eltern zahlen. Für Handy-Klingeltöne, Diddelmäuse, Madonna-CDs, Casting-Shows, Spielekonsolen, Plastik-Stars wie La Fee, Deutschland-sucht-den-Superstar-Verwertungen und andere Merchandising-Produkte geben deutsche Haushalte Milliarden aus. Aber geschrien wird nur bei Tokio Hotel.

Die Visual-Key-Klamotten – zu erkennen an japanischen Schriftzeichen – machen sich die Kinder selber. So wie sich Kaulitz und Co. ihre Hits selber schreiben. Diese Musik machen sie seit ihrem 7. Lebensjahr. Auslöser war die Trennung der Eltern. Die ganze Geschichte klingt wie ein Märchen, besser: wie ein modifizierter Stoff aus der Bibel, ist aber bis ins Detail belegt. Es gibt Fotos der Gruppe als 9jährige, wo sie auf der Bühne stehen, unverwechselbar die Frisuren, J-Pop-

Klamotten, Bewegungen. Sie müssen vom Himmel gefallen sein. Die Eltern stecken nicht dahinter. Mit dem Scheidungsvater keinen Kontakt, die rührende Mutter eher ahnungslos. Auf J-Pop, also Japan-Pop, werden mitten auf dem Land in der ehemaligen DDR auch keine Manager verfallen sein: Die kriegen das ja selbst in westlichen Großstädten erst ab 2008 mit. Und der SPIEGEL-Kulturteil ab 2010. Und DIE ZEIT ab 2015. Wir leben ja im Land der Kultur-Zombies ...

Der Haß der etablierten Unterhaltungsindustrie auf die Seiteneinsteiger ist natürlich riesig. Hastig werden neue Instant-Bands auf den Markt geworfen, die etwas von dem Erfolg abkriegen sollen. Aber die können nicht auftreten. Und wenn doch, brauchen sie Vorgruppen, Animateure, Anheizer, Playback-Maschinen, eingespielte Softporno-Filmchen auf Video-Großleinwänden und so weiter. Was gibt es bei Tokio Hotel in den Stunden vor dem Auftritt? Nirvana. Sie lassen superhart Nirvana vom Band laufen. Das ist ihre Ansage. Damit messen sie sich.

Davor haben sie keine Angst.

Deutschland ist das Land der lieben Eltern (geworden). Die meisten Besucher sind noch zu klein für 22 Uhr, und so gehen neue deutsche Väter gut gelaunt mit und schauen sich die vielen scharfen Mütter der anderen Scheidungskinder an.

Den vielbeschworenen Generationenkonflikt gibt es schon seit Ewigkeiten nicht mehr, genau gesagt, seit Familien nicht mehr zusammenbleiben. Und die gelegentlichen Haschischschwaden im Stadion kommen nicht von den Kleinen. Auch nicht der Ausruf »Mann, das ist ja Woodstock!«, als es anfängt zu regnen. Der große deutsche Fußballsommer endet in Kalifornien.

Das Konzert wird live im WDR übertragen, das ist natürlich nochmal ein besonderer Kick. Die Stimmung ist großartig. Als würden Reste der noch immer überschießenden

WM-Stimmung sich mit infantiler Ad-hoc-Euphorie verbinden. Das Gekreische – und das ist wirklich verblüffend, also daß das noch geht – verzehnfacht sich, als Bill Kaulitz erscheint. Dieser neue Schrei erfaßt alle Hysterienerven, fährt auch dem Hartgesottenen in Mark und Bein. Ein Meer von Menschen, gereckten Armen, ein wogendes Kornfeld im Sommer, erfaßt von der tiefstehenden Sonne, nein von geschickten Scheinwerfern. Die ganze Show ist total interaktiv.

So wie die Scheinwerfer immer wieder das Publikum erfassen, und natürlich die Kameras, und das auf eine Leinwand werfen, so spricht Kaulitz nach jedem Song mit den Leuten, geht zu ihnen, holt sie auf die Bühne, läßt wahlweise einzelne oder Zehntausende mitsingen. Wobei zu sagen ist, daß ohnehin alle Songs mitgesungen werden. Nach einem Jahr Dauerfeuer kennt zumindest die Refrains jedes Kind. Mit Schrecken erinnert sich mancher des verklemmten Schweigens oder Nuschelns vermeintlich großer Rockstars, etwa Bob Dylans, der zwischen den Liedern kaum eine Silbe herausbringt. Kaulitz:

»Wenn ihr denkt, daß dies hier nichts Besonderes für uns ist, irrt ihr euch! Wir haben noch nie vor so vielen Leuten gespielt!«

Später relativiert er: in Magdeburg seien es bereits 75 000 gewesen, aber das sei ja auch quasi ihre Heimatstadt. Den nächsten Song kündigt er so an:

»Es geht einem nicht immer gut, vor allem, wenn man dann keinen um sich hat, mit dem man reden kann. Aber es gibt noch Schlimmeres. Etwa wenn die Eltern sich trennen. Uns ist es so gegangen jedenfalls. Den folgenden Song haben wir geschrieben darüber, da waren wir neun Jahre alt …«

Zum Vergleich: Selbst 50 Cent hätte hier nur »Next song … ahm … ahm … its called … ahm … Against my wil … ahm« herausgestottert. Und sich ersatzweise in den Schritt gefaßt.

Oder Bon Jovi! Wer erinnert sich noch an Bon Jovi? Oder Guns'n'Roses?! Das war doch Standfußball à la Günter Netzer dagegen. Sogar Mick Jagger wäre hier nur rumgehampelt, die Bühne rauf- und runtergerannt und hätte dabei doch wie ein angeschossener Elch gewirkt im Vergleich zu dem Luftwesen Bill Kaulitz, der keinerlei Körpergewicht zu haben scheint. Der sich nicht schämt, Nena als Vorbild zu nennen. Die verehrt er, seit er mit sieben »Nur geträumt« hörte.

Zwillingsbruder Tom hört seit sechs Jahren nur Hiphop, was ihn nicht daran hindert, Bills Affenliebe für Nena zu akzeptieren. Ja, gut zu finden. Die Songs werden sowieso anders. Georg zum Beispiel ist ganz ein Kind der Beatles. Sein Vater hatte ihn damit vollgemüllt. Und er liebt seinen Vater.

Aber Bill liebt Nena. Er versucht, genauso auszusehen wie sie. Ihre Frisur hat er schon vollständig adaptiert. Und auch das Gesicht wirkt inzwischend ähnlich. Mit einem Unterschied: Bill hat das perfekte Gesicht. Jede angehende Hollywood-Schauspielerin wäre glücklich, wenn sie dieses Gesicht hätte. Keira Knightley wirkt dagegen schrumpelig. Cameron Diaz wie eine Boxerin nach einem verlorenen Kampf. Nur die ganz frühe Liz Taylor hatte ein Gesicht dieser Perfektion, dieser Ausdruckskraft. Und mit diesem Gesicht kann Kaulitz im Zeitalter der Großleinwände eine Aura kommunizieren und verbreiten, die es vorher noch nicht gab.

Der Spießer wird an dieser Stelle wieder fragen: Ja, ist er denn schwul, der feine Herr Sänger? Nein, so wenig wie es alle geborenen Superstars der Popgeschichte vor ihm waren, so wenig wie David Bowie vor 20, Marc Bolan vor 30, Mick Jagger vor 40 Jahren. Aber damit hört es bei Kaulitz nicht auf. Denn er ist auch nicht das andere. Und auch nichts Drittes. Er ist, geschlechtlich gesehen, das Neue. Er hat das Geschlecht der Millionen alleinerzogener Kinder. Spätere Soziologengenerationen werden uns sagen, was das bedeutet.

Zunächst einmal: alle vier Jungens von Tokio Hotel haben keine Freundin. Ihre Freundin ist die Gitarre. Den ganzen Tag hocken sie im Studio herum und daddeln an neuen Songs. Nach dem Konzert werden trotzdem zwei wunderschöne minderjährige Groupies ins Zelt geführt. Häßliche fette Security-Bullen führen die hochbeinigen Starlets ab, bringen sie wie Gefangene über die harte Grenze zum innersten VIP-Bereich, die alle anderen nur mit drei (!) Pässen überwinden. Was die Bill und Tom mit ihnen machen werden, wird die Presse nie erfahren; sicher ist nur, daß sie nicht zum Frühstück bleiben dürfen.

Das Konzert tobt. Wo die Beatles nach 40 Minuten stoppten (auch, weil die meisten der Fans schon der Ohnmacht nahe waren), legen Tokio Hotel noch zu. Die Sanitäter sind nun pausenlos im Einsatz. Es gibt gar nicht so viele Tragen, um all die Ohnmächtigen sofort wegzubringen. Normalerweise sind es schon mehrere hundert in der ersten Stunde. Aber hier ist alles nochmal eine Dimension größer, greller, ergreifender. Eine kultische Veranstaltung, bei der die alten Inkas blaß werden würden. Und nicht nur die. Michael Jackson erst, der plötzlich merkte, daß er ein trotteliger Braunbär war, ein peinlicher Hampelmann, im Vergleich zu diesem Magier. Wie der die Massen tanzen läßt, wie Marionetten, wie sie seinem Wort gehorchen! In Sachen Massenhysterie setzt er neue Standards. Das aufgerissene, euphorische Gesicht beherrscht die Situation. Dagegen sähe selbst Hitler alt aus.

Die Medien reagieren hilflos. Berichten über die Bulimie des Sängers, mit der er die Geschlechtsreife hinauszögere, um seinen kindlichen Fans nahe zu sein.

Oder verweisen auf irgendeinen Manager, oder PR-Mann, oder Produzenten, oder Geheimniskrämer, der »in Wirklichkeit« Tokio Hotel »gemacht« habe. Alles Blödsinn. Seit Adam und Eva ist alles von Menschen gemacht. Der Erfolg von Genies erklärt sich immer aus ihrer Genialität heraus.

Der Mißerfolg von Casting-Bands ja ebenso: wo nichts drin ist, kann auch nichts rauskommen. »La Fee«, das neueste synthetische Star-Produkt, wird ein temporärer, rein kommerzieller Verkaufserfolg bleiben, wie »Du darfst«-Käse, den heute auch keiner mehr will. Tokio Hotel dagegen sind echte deutsche Helden und werden dereinst in der Walhalla stehen.

Oft rühren die Texte eine juvenile Todessehnsucht auf. Bloß gut, daß die Eltern nicht so genau hinhören. Lieder wie »Wenn nichts mehr geht, werd ich ein Engel sein, nur für Dich allein« spielen mit der Lust am Hinwerfen nach der ersten, oft traumatischen Liebesenttäuschung. Jugendliche Suizidverklärung (»Die Unendlichkeit ist nicht mehr weit«) bewegt seltsamerweise oft die jüngsten der Fans. Sie sehen dann aus wie ergriffene Erwachsene. Am meisten bewegt sie das Lied »Leb die Sekunde«, das zu einem ekstatischen Genuß in der Gegenwart auffordert. Bleibt den Kleinen nur noch so wenig Zeit? Wenn die wüßten, daß sie in der schlimmsten Elendsregion des Landes sich befinden, wo die Arbeitslosigkeit Generationen vorher Einzug hielt, also bevor sie in ganz Deutschland ausbrach. Auf Schalke! Wo die Menschen nichts haben außer einem bankrotten Verein, der nie Meister wird. Na, vielleicht genau DER magische Ort für einen Visionär (»Rette mich!«, der letzte Chart-Renner). Kaulitz hat ohne Zweifel das Messias-Gen. Wo es anderen (Hiphop-)Stars um Kohle, fette Limousinen, geile Bräute und noch geilere Plattenverträge geht, geht es ihm um die Massen. Er will sie beglücken. Sie und Nena.

Sie spielen acht Zugaben. Ihre dreizehn Songs der CD haben sie längst alle gespielt, machen es einfach nochmal, ein zweitesmal, das ganze Konzert. Sie schwitzen nicht, krepieren nicht wie Joe Cocker auf der Bühne, das Mikro im Sterben umklammert. Sie haben Kraft für zwei, drei, viele Konzerte. Und nicht nur dafür. Der Regen stoppt sie, das versprochene

Sommergewitter. Die perfekte Gelegenheit, nochmal »Durch den Monsun« zu spielen, zum drittenmal, durch Blitz und Donner, diesmal locker eine Zehn-Minuten-Fassung. Und danach das Ende im Fanal nicht endenden Jubels.

Eine deutsche Band, kein Zweifel. Danach der Abmarsch. Zehntausende bewegen sich in einer gelenkten Kreisbewegung – wie die Pilgermassen beim Gang um die Kaaba – nach draußen. Die Mädchen schreien weiter. Es bleibt laut. Und wird immer unwirtlicher und nasser. Aber das ist die Open-air-Situation, an die sich die Tokio-Hotel-Fans nun gewöhnen müssen. Konzerte in geschlossenen Räumen wird es in Zukunft wohl nicht mehr geben. Das Schreien überschreitet inzwischen die gesetzlich zulässige (eigentlich für die Verstärker gedachte) Dezibel-Obergrenze.

Sind sie die neuen Beatles? Ist das wirklich möglich, nach über 40 Jahren? Musikwissenschaftler bestätigen die These. Auf der am Freitag veröffentlichten CD ›Der letzte Tag‹ geht es im gleichnamigen Lied um Halbtonschritte einer kleinen Sekunde beim Gitarren-Riff im Hintergrund und um Mehrstimmigkeit, beides beliebte Stilmittel der Beatles. Ihr bekannter Hit ›Jung und nicht mehr jugendfrei‹ bringt die Harmonien Es-B-C-As, genau wie bei ›Let it be‹, dem letzten Nr.-1-Treffer der fab four. Bei der vorletzten Hitsingle ›Schrei‹ (Platz eins auch sie) erinnert das Intro zunächst an Linkin Park oder Nu Metal. Aber dann gehts los: Wie in ›Help‹ von Lennon/McCartney wechselt d-B-F-G auf G-F-d und endet voller musikalischer Überraschungen auf d-B-d-C-G-A. Der expressive Gesang hat einen geradezu waghalsigen Mut zur Dissonanz, wobei der Beatleskenner ›I've just seen a face‹ wiedererkennen mag. Und der absolute Superhit ›Durch den Monsun‹ besticht durch eine verhältnismäßig gehobene Harmonieführung, also E-E4-C-C4-D-D, was musikalisch sehr interessant ist und nicht standardisiert, und eine Einstiegsterz (E-C) wie bei ›Tell me why‹ von den Beatles.

›Ich bin nich ich‹ setzt den Baß auf jeden vollen Schlag, genau wie bei – nein, nicht den Beatles –, wie bei Nena!

Das alles mag die Klasse bestätigen, das Niveau, auf dem
Tokio Hotel spielt – ein Plagiatsvorwurf wird nie daraus.
Die smarten Jungs würden das mühelos mit einem frechen
Spruch kontern. Etwa »Auf alten Schiffen lernt man segeln«
(Gustav, der Drummer). Das war zwar auf die Frage, wie er
zu Sex mit Erwachsenen stehe, würde aber auch auf die an-
dere passen.

Interview mit Tokio Hotel/August 2006

JL: Am Freitagmorgen um 9 Uhr kommt »Der letzte Tag«
in die Musikgeschäfte. Wird es wieder die Nummer eins
werden?

TOM: Das wissen wir ab etwa Dienstag. Aber in der zweiten
Woche sollten wir es geschafft haben.

JL: Was bedeutet euch diese CD?

TOM: Wir reflektieren über das letzte Jahr. Über das Song-
schreiben, den Medienhype, das Alleinsein, in das man sich
dann flüchtet.

JL: Wie ist denn die Musik diesmal?

TOM: Melancholisch, gitarrenlastig … ein bißchen wie Nirvana vielleicht. Aber das darf man natürlich nicht sagen, das
sind ja Heilige. Es sind Momentaufnahmen.

JL: Ist Tokio Hotel die erste authentische Jugendbewegung
seit zehn Jahren, also die Antwort auf die sogenannten Casting-Bands?

BILL: Wir sind auch keine Fans von Casting-Bands. Uns war
es schon immer wichtig, daß wir genau in der Formation
bleiben und das machen, worauf wir Lust haben.

JL: Die letzten Jahre bescherten uns künstliche Bands. Alte
Personen wie Dieter Bohlen schreiben die Texte, ältere
komponieren, noch ältere erfinden »Deutschland sucht den
Superstar« und andere sogenannte Casting-Shows. Verachtet ihr das?

BILL: Also eigentlich finde ich traurig, was da passiert. Heutzutage ist es sehr schwer, die richtigen Leute zu finden, und da gibt es bei Castings bestimmt ganz viele Künstler, die eigentlich authentisch arbeiten oder die vielleicht sogar eine Band haben oder sehr talentiert sind, die aber vielleicht keine andere Möglichkeit mehr sehen, als bei einem Casting mitzumachen. Wir waren eine Band in Magdeburg, wir wußten auch nicht, wie das gehen sollte, aber wir waren irgendwann zur richtigen Zeit am richtigen Ort und haben unseren Produzenten getroffen. Aber diese Wahrscheinlichkeit, daß das passiert, ist ja mehr als gering.

TOM: Ich meine, man kann schon so vorgehen und Tapes an Plattenfirmen verschicken, aber es nützt eben nichts. Sie gelangen nie an die richtigen Personen, sie werden abgefangen und nach ein paar Wochen wahrscheinlich weggeworfen.

JL: Die Musikszene in Deutschland ist doch eigentlich recht lebendig zur Zeit … Wir sind Helden, Silbermond, Juli und so weiter. Man hat das Gefühl, es wäre doch eine funktionierende Szene, ein Markt, Mechanismen, die das irgendwie regeln, daß da unten in der Mitte und ganz oben die Leute hinkommen, die das Talent dazu haben. Das hättet ihr doch auch schaffen können oder nicht? Also ohne den großen Zufall des ›Entdecktwerdens‹?

BILL: Viele deutsche Bands haben jetzt wieder die Möglichkeit, auf sich aufmerksam zu machen, die Zeit ist günstig, weil das natürlich jetzt gerade angesagt ist. Ist ja klar, wenn eine Band gut funktioniert, dann suchen die Plattenfirmen natürlich nach anderen Bands, das heißt, dann gibt es für viele wieder eine Möglichkeit, den richtigen Kontakt zu knüpfen. Wir spielen seit 6 Jahren zusammen, und als wir anfingen, da hatten wir auch schon die ersten Auftritte in vielen kleinen Clubs. Da steht aber nicht einfach ein Produzent herum oder jemand von einer Schallplattenfirma und sagt: »Ich will dich haben!«. Das war ein Glücksfall, daß genau dieser Produzent an diesem Abend da war. Und wir sind sehr dankbar dafür, daß das passiert ist. Das war mehr als unwahrscheinlich, und wir hätten nie damit gerechnet.

JL: Wie wäre das gewesen, wenn ihr nach Berlin gegangen wärt, etwa ein Jahr später?

GEORG: Das wäre schwer gewesen. Wir waren ja alle noch ziemlich jung, und wir fanden es bereits cool, daß unsre Eltern uns in Magdeburg herumfuhren, das ist ja auch nicht selbstverständlich.Es ist schon unglaublich schwer, einen ersten Auftritt in Berlin zu bekommen.

BILL: Ja, ohne Kontakt ist das echt schwer. Es gibt so unfaßbar viele Bands. Allein wenn ich daran denke, mit wie vielen Musikern wir in Magdeburg aufgetreten sind, die alle nach uns und vor uns spielten. Da waren auch ganz viele talentierte Leute mit dabei, die Songs schreiben, die schon jahrelang auftreten, die aber einfach den Kontakt nicht haben.

JL: Aber ihr seid doch was Besonderes ...

TOM: Ja vielleicht. Der Produzent wollte ja auch was mit uns machen und nicht mit den 30 andern Bands, die da mit uns aufgetreten sind.

JL: Kann es auch sein, daß euer Profil oder euer Programm, dieses Japanhafte eben doch sehr neu und ungewöhnlich ist, immer noch, und daß die normale eingefahrene Indiszene damit gar nicht zurechtgekommen wäre?

BILL: Das ist auf jeden Fall so. Wir waren immer anders als die andern Bands. Wir sind immer herausgestochen. Das ist vielleicht auch der Grund, warum es dann funktioniert hat.

JL: Habt ihr persönlich Kontakt zu den Stars der deutschen Welle wie Judith Holofernes, Jochen Diestelmeier, Bernd Begemann?

TOM: Bill versteht sich sehr mit Judith. Wenn die sich irgendwo treffen, beim ›Echo‹ oder so, stehen sie stundenlang zusammen und albern rum und lachen und so weiter.

JL: Und wie geht es euch jetzt, wenn ihr in Zeitschriften immer mit diesen widerwärtigen Bands »us five« verglichen werdet?

TOM: Der Vergleich betrifft wohl eher den Erfolg als die Musik.

JL: Wie ist euer Verhältnis zu den Casting-Bands ganz persönlich? Sind das für euch auch Musiker? Oder habt ihr ein gewisses Überlegenheitsgefühl?

GEORG: Musiker würde ich nicht sagen. Es sind Interpreten.

TOM: Ja, eher Interpreten … Die sind ein Produkt sozusagen, die sind gemacht worden. Sie bekommen alles vorgeschrieben, stehen auf der Bühne und müssen das präsentieren.

JL: Gibt es in der Musik für euch eine Untergrenze, wo selbst ihr sagt: das ist mir zu schrecklich, das kann ich nicht hören?

BILL: Also was ich zum Beispiel privat gar nicht höre und womit ich nichts anfangen kann, ist Techno und Schlager. Das hat null Emotionen und ist nicht echt. Also mir geht das so, ich spreche da nur für mich.

TOM: Ja, mit Techno geht es mir ebenso, da können wir uns alle anschließen.

JL: Was war das erste Lied, was euch mal als Kind geprägt hat oder euch aufgefallen ist?

BILL: Bei mir war das »99 Luftballons« von Nena. Ich bin ja immer noch Nena-Fan, und das, seit ich sechs bin. Da hab ich sie zum ersten Mal gesehen, und kurze Zeit später hab ich ja mit Tom bereits angefangen Songs zu schreiben und Gitarre zu spielen. Ihre deutschen Texte und Kompositionen waren einfach gut, und ich mag sie auch einfach als Typ.

TOM: Nena höre ich eher nicht. Seit vielen Jahren höre ich privat nur noch Hiphop, deutschen Hiphop, z. B. Samy Deluxe. Ich mag es natürlich nicht, wenn es dann nur darum geht zu zeigen, wieviel Geld man hat und wie viele Frauen, das finde ich eher primitiv. Aber Samy Deluxe ist jemand, mit dessen Texten ich mich sehr identifizieren kann.

GEORG: Ich bin mit den Beatles, den Rolling Stones aufgewachsen. Da bin ich wohl der letzte, der das noch von sich behaupten kann (lacht). Ich war noch ziemlich klein bei der »Bridges-to-Babylon-Tour« von den Rolling Stones. Da war ich in Leipzig auf dem Konzert und kann mich noch genau erinnern, wie sie mit dem Hubschrauber erst über die Leute flogen und dann hinter der Bühne landeten. Das war eine coole Show.

JL: Wie verbindet sich bei euch der Input und der Output?

Gibt es zwischen der Musik, die ihr hört, und der Musik, die ihr schreibt einen Zusammenhang?

BILL: Ich glaube, das kommt automatisch. Dadurch, daß wir alle komplett verschiedene Musik hören, und dadurch, daß wir alle so unterschiedlich sind, vermischt sich das automatisch und unbewußt. Wir wissen jedoch immer alle ganz genau, was wir machen wollen.

JL: Wie schreibt ihr eure Songs? Zuerst den Text oder zuerst die Musik?

BILL: Das ist auch unterschiedlich. Die Jungens schreiben immer die Musik, und ich mach die Texte, und manchmal, wenn sie schon ein Riff gefunden haben, schreib ich dann einen Text, der mir grade dazu einfällt. Oder aber ich hab schon einen Text geschrieben und habe eine Melodie in meinem Kopf, dann schreiben die Jungens dafür die Musik.

JL: Ihr habt ja einen Auftritt nach dem anderen. Gibt es da nicht auch eine Sättigungsgrenze, so daß ihr keine Lust mehr habt?

G: Bei Live-Auftritten gibt es keine Sättigungsgrenze.

BILL: Wir haben demnächst unser größtes Konzert und spielen in Gelsenkirchen vor 18 000 Leuten. Das wird richtig gut, das finden wir schon sehr sehr cool!

JL: Mögt ihr Deutschland?

TOM: Wir sind hier aufgewachsen, das ist unsere Heimat, und natürlich fühlen wir da eine Verbindung.

JL: Was sagt ihr zum Ost-West-Gegensatz zum Beispiel?

G: Das ist für uns überhaupt kein Thema.

BILL: Wir sind ja auch nicht in der DDR aufgewachsen.

G: Das war alles vor unserer Zeit.

GU: Vielleicht hatten wir nicht immer so viele Bananen wie die Westdeutschen …

JL: Spricht man euch nicht drauf an, daß ihr aus Magdeburg kommt?

G: Die meisten wissen nicht einmal, wo Magdeburg liegt.

JL: Lest ihr Zeitung? Tageszeitungen oder so?

TOM: Ja, morgens zum Frühstück liest man schon mal die Zeitung.

JL: Deine Einstellung zu Angela Merkel?

G: Also wenn schon unsere Bundeskanzlerin aus Ostdeutschland kommt, dann können wir ja wohl auch nicht so weit hinterher sein.

JL: Woran denkt ihr bei dem Stichwort Neonazis?

TOM: Wir als Jugendliche beschäftigen uns auf jeden Fall damit. Das begann schon in der Schule, da war rechts/links schon auch ein Thema. Natürlich finden wir ›rechts‹ nicht gut.

BILL: Also es ist erstaunlich und auch traurig, wie viele Leute quasi noch hinterm Mond leben und eine Meinung haben, die erschreckend ist.

TOM: Vielleicht liegt es an der falschen Erziehung der Eltern, vielleicht auch am Umgang mit den falschen Leuten. Jugendliche sind ja auch extrem beeinflußbar, und wenn man jung ist und nicht genügend Aufmerksamkeit bekommt, dann rutscht man vielleicht schnell in falsche Kreise ab.

G: Ja, aber das muß man doch aber irgendwann mal begreifen. Man liest ja Zeitung, und man schaut fern. Da muß man doch irgendwann reflektieren.

BILL: Jedenfalls hab ich keinerlei Verständnis für diese Leute. Ich habe kein Mitgefühl und kein Verständnis. Na, vielleicht doch Mitgefühl, weil ich das mit JEDEM Menschen hab, aber kein Verständnis.

JL: Die Videokultur ist ja auch im Untergang begriffen, stimmt euch das nachdenklich?

BILL: Ich könnt heulen, wenn ich daran denke! Überall laufen nur Klingeltonwerbung und diese »Dismissed«-Sendungen. Die sollten auch nicht auf MTV laufen, das paßt zu RTL, aber nicht zu MTV.
Ich finde, es sollte mal wieder einen Sender geben, wo ausschließlich Musik läuft. Und diese Klingeltonwerbung, die finde ich echt so unerträglich, die sollte verboten werden, ganz im Ernst.

JL: Das Geld ist einfach nicht mehr da, um diese aufwendigen Filme herzustellen. Wie läuft das mit der Plattenfirma?

BILL: Wir wissen, daß das Geld knapp ist für Videos und so weiter, wir klemmen uns auch immer persönlich dahinter zusammen mit unserer Plattenfirma. Wir werden immer versuchen, um jeden Preis ein Video zu machen.

JL: Der Spiegel will natürlich wissen, was ihr als Band soziologisch bedeutet, welcher Teil der Jugend sich aus welchen Gründen mit euch identifiziert. Warum gibt es jetzt Tokio-Hotel-Fans die so ganz anders sind als zum Beispiel Fans der Kelly Family? Was bedeutet es, was auf deinem T-Shirt steht, der Schmuck, das ganze Äußere?

BILL: Solange ich mich erinnern kann, habe ich immer Dinge getan, mit denen ich auffalle und die provozieren. Die Art, wie ich meine Haare trage oder wie ich mich anziehe, bringen meine Persönlichkeit zum Ausdruck. Das hängt davon ab, wie ich morgens gelaunt bin. Ich kann nie vorhersagen, was ich tragen werde oder ob ich mir zum Beispiel morgen eine Glatze schneiden werde.

JL: Paßt ihr bei diesen ganzen jugendlichen Fans, die knapp über zehn Jahre alt sind, nicht ein bißchen mehr auf, was ihr sagt und tut?

BILL: Also wir wissen, daß wir mit unserem Beruf Vorbilder sind für viele Menschen, daß sich viele Jugendliche an uns orientieren und sich mit unseren Texten identifizieren, wir haben jedoch nicht den Eindruck, daß wir ein schlechtes Vorbild sind und daß sich irgendwer sein Leben damit verbauen würde.

JL: Ich glaube, daß eure Jugend, die, die auf euch schaut, sich auch irgendwie unterscheidet von der Jugend, die es vorher gab, z.B. zur Zeit der Beatles. Fragt sich nur, in welcher Hinsicht unterscheidet sie sich?

G: Die nehmen keine Drogen.

BILL: Also wenn wir Texte machen wie »Schrei«, dann beabsichtigen wir etwas, und dann wollen wir, daß unsere Fans das verkörpern. Wir hatten schon so viele Briefe von dankbaren Fans, die, seit sie den Song kennen, mit noch mehr Selbstbewußtsein durchs Leben gehen. Vielleicht sind wir insofern dann ein Vorbild, daß wir etwas bewegen und daß die Leute sich anders fühlen, wenn sie uns hören.

TOM: Das ist eine Jugend, die nicht macht, was sie gesagt bekommt, die sich nicht unterbuttern läßt, sondern die lernt, ihren eigenen Weg zu gehen.

JL: Also vielleicht auch eine Jugend, die von alleinerziehenden Müttern großgezogen wurde, aus Scheidungsfamilien kommt und sich dann auch verstanden fühlt, wenn sie Tokio Hotel hört?

BILL (wesentlich ruhiger, bedächtig): Das ist ja mit ein Thema, was wir angesprochen haben auf dem letzten Album. Der Song heißt »Gegen meinen Willen«.

TOM: Das ist bei vielen Fans ein Thema, die hören das Lied, und das hilft ihnen.

JL: Was war der schwärzeste Tag in eurem Leben? Die größte Gemeinheit?

BILL: Nicht unbedingt der schlimmste Tag, aber ein schlimmer Tag war, als meine Eltern sich getrennt haben. Es ist schwer, das zu verstehen, wenn man so jung ist, mit sechs.

TOM: Ja das ging mir ebenso, aber bei mir gab es dann auch so Zeiten, wo ich mich in der Schule nicht verstanden gefühlt habe, wo ich aneckte bei den Lehrern. Und das war schon schlimm. Bill und ich, wir hatten immer viele Freiheiten, wurden sehr offen erzogen, konnten sagen, was wir dachten, und da sind wir natürlich viel auf Widerstand gestoßen.

BILL: Wir hatten immer unseren Freiraum, ich lief herum, wie ich wollte, schon mit etwa zehn Jahren durfte ich mir meine Haare färben Unsere Mutter ließ uns immer diesen Freiraum.

TOM: Warum sollte sich ein junger Mensch nicht die Haare blau färben dürfen, wenn er Lust dazu hat? Das kann man immer wieder ändern, wenn das irgendwann nicht mehr gehen sollte wegen des Jobs z.B. Aber es ist auch wichtig, daß die Eltern ihrem Kind den Weg zeigen und auf es aufpassen. Und wenn sie merken, daß das Kind das schon irgendwie hinkriegt und seine Sache schon macht, dann sollte man ruhig auch den nötigen Freiraum schaffen.

G: Ich denke, die Eltern müssen Freiräume vor allem für Fehler lassen, weil man nur aus Fehlern lernt.

JL: Bill, du hast doch bei Starsearch mitgemacht, wie kams dann dazu?

TOM: Wir saßen auf der Couch, und in diesem Moment lief die Werbung im Fernsehen für diese Casting-Show, bei der sich junge Leute bewerben konnten, die unter 16 waren.

Zwischen Tom und mir lief damals eine Wette, und wir beschlossen: wer verliert, der muß sich da bewerben

BILL: Jedenfalls hatten wir gewettet, und ich verlor, wie man nun weiß. Ich mußte den Auftritt also durchziehen, und das war mir schon sehr peinlich. Bis heute habe ich das nie wieder angeschaut, und die Teilnahme hat mir im nachhinein auch nichts genützt. Keiner hat mich entdeckt, niemand hat sich daraufhin gemeldet.

Auch der Versuch, die Jungens mit einzubauen, hat nicht funktioniert.

JL: Jetzt muß ich doch mal eine Bravo-Frage stellen ...

G: ... wir haben keine Freundin!

JL: Also Mädchen müssen ja doch irgendeine Rolle im Laufe der Bandgeschichte gespielt haben.

BILL: Da die Band an allererster Stelle steht, haben wir natürlich nur wenig Zeit. Das war bei mir schon immer so. Für mich stand immer fest, daß ich Musik machen möchte, und dahin wendet sich meine ganze Konzentration. Dafür investiere ich alles, meine ganze Zeit und meine Energie. Und natürlich hatten wir Freundinnen, und das war auch alles gut und schön, das wurde eben irgendwann immer ein Problem. Wir hatten und haben immer weniger Zeit.

TOM: Wir waren eine Männer-Runde.

GEORG: Das war unsere eigene Welt ...

BILL: ... zu der niemand Zutritt hat.

JL: Aber ihr interessiert euch doch für Mädchen?

TOM: Das versteht sich doch von selbst. Bill hatte auch schon feste Freundinnen. Aber wir unterscheiden uns in unserer Einstellung extrem. Ich bin einem Abenteuer nicht abgeneigt, während Bill so was niemals machen würde.

BILL: Ich warte auf die große Liebe.

TOM: Bill ist da so extrem, das kann man sich gar nicht vorstellen.

JL: Der spricht lieber mit dem Tourbus-Fahrer als mit einem hübschen Groupie?

BILL: Oh nein, nein! Natürlich spreche ich mit dem Mädchen! Aber es muß schon eine schicksalshafte Begegnung sein, wenn mehr daraus werden soll.

JL: Und Drogen?

TOM: Da sind wir noch extremer. Das ist für uns außerhalb jeder Vorstellungsmöglichkeit.

JL: Aber Popstars nehmen doch Drogen.

TOM: Mag sein, sollen sie. Vielleicht kommen wir ja später mal auf den Geschmack. Aber jetzt ist es echt das Allerletzte, woran wir denken würden. Dieser Scheiß!

JL: Apropos später: Was müßte passieren in den nächsten fünf Jahren, damit ihr denkt: so ist es am allerbesten?

TOM: Weitere Alben, weitere Konzerte, und wenn sich alles so gut weiterentwickelt wie bisher, dann kann es perfekter nicht sein. Wir haben Schallplatten auf dem Markt, sie verkaufen sich gut, die Menschen interessieren sich für uns, viele Zeitungen schreiben über uns, wir haben viele Fans, und wir sind in der Lage, riesige Konzerte zu geben.

JL: Habt ihr auch schon einmal überlegt, das Projekt mit eurer Band zu stoppen?

BILL, GEORG: Niemals!

TOM: Nein, niemals. Also wir könnten es jederzeit. Wir könnten sagen, ich mag nicht mehr …

BILL: … aber das kommt für uns gar nicht in Frage, das ist das letzte, woran wir denken. Wir haben noch viel vor. Wir möchten schreiben, viel erleben, und es macht uns Spaß, in der Welt herumzukommen.

GUSTAV: Schließlich müssen wir noch nach Tokio.

TOM: Vielleicht fragen Sie uns in fünf Jahren noch einmal.

21. Im Palast der Republik mit Einstürzende Neubauten

Es war ganz schön scheußlich. Wirklich. Es war so, wie man sich es vorstellt: altgewordene Wendeverlierer aus dem Westen verkrümeln sich in den Weiten der galaktisch großen Tiefkühltruhe ›Palast der Republik‹.

Nun sind diese beiden Worte »Einstürzende Neubauten« und »Palast der Republik« allein schon einen Artikel wert. Weil ja diese Band so alt und eingestürzt ist wie der Palast selbst. Weil da zwei Deutschlands zusammenfinden, die beide etwas Haarsträubendes haben: Die Grufti-Szene aus seligen Kohl-Tagen und die tote Welt der Inka-Monumente Erich Honeckers. Das müßte eigentlich was geben. Und der Artikel wird ja auch geschrieben.

›Ideal‹ piept und säuselt aus dem Tour-Bus. Berlin leuchtet. Der Dom, von Willem Zwo höchstselbst bezahlt, funkelt neben den ganzen anderen Evergreens der Berliner Republik, Schinkels Neue Wache, Schröders Alte Kommandatur, Schadows Zeughaus und so weiter. Doch dann der ›Palast‹! Wie eine US-amerikanische ›Gothic‹-Comicphantasie ragt das braune Rostgebirge in den schwarznassen Nachthimmel. Hier können sie, mal wieder, ›Blade Runner II‹ drehen. Eine lange Schlange wie vor dem Moma kriecht von der Straße her an das gestürzte Megasymbol unbarmherziger Diktatur heran, wohl am Brandenburger Tor beginnend. Keine Autos. No games, just sport. Die Leute sehen alle aus wie Michael Stipes oder wie der heißt, von R.E.M. (um mal eine nicht-deutsche Spur zu legen, denn von nun an wirds fürchterlich teutonisch).

Es ist eiskalt. Was für ein Bau! Wie allesverschlingend, allesvernichtend riesig. Man ahnt das von außen ja gar nicht. Es sind halt die Ausmaße des Alten Stadtschlosses, ob von

Schinkel oder Schadow ist da ganz egal. Gewaltige meterdik-
ke, 140 Meter lange Stahlträger halten oben eine bedrohlich
schwere Betondecke davon ab, herunterzustürzen auf diesen
namenlosen Reichsparteitag wabernder deutscher New-
Wave-Gefühle. Eine Kulisse wie für ein George-Orwell-Vi-
deo, oder, lassen wirs gleich raus, wie von Leni Riefenstahl
geträumt. Hier haben die Matrosenräte von Petrograd getagt,
1917 oder wann, im Beisein Eisensteins! Das spüre ich doch!
Da kann mir keiner was erzählen! Heraus zum Ersten Mai,
jawoll, weil der Prolet ein Prolet ist! Man hört die schwere
Kirchenorgel und dazwischen deutsche Worte wie »Fahr-
stuhl«, »Taxi«, »Minibar« – der Blixa Bargeld singt schon.
Die Veranstaltung hat auf die Minute pünktlich angefangen,
und ohne Vorgruppe …

Ich schaue nach oben, immer wieder, zur Betondecke. Ein
Kamikaze-Düsenjet würde an ihr zerschellen.

Aber angsterregender noch sind die vielen funzeligen Ne-
ben-, Tief- und Hinterebenen, die sich im Dunkel verlieren
und ahnen lassen, daß der Schrecken dieses Ortes keinesfalls
schon abgeschlossen, ausgegrenzt ist. Die hysterische Weibs-
mann-Stimme des Sängers erreicht jeden Winkel. Das ist
ein Typ, hilf Himmel, zuckend, ekstatisch, der ewige Kinski
natürlich, ›ausdrucksstark‹. Blixa Bargeld. Nimmt sich entsetzlich wichtig, ist so humorlos. Es gibt keine Ansagen, kein
einziges Wort fürs Mikrofon, keine Auflockerung. Der Ho-
hepriester will seine Messe zelebrieren. Dabei ist die Hütte
voll, und jeder könnte etwas Stimmung gebrauchen. Denn
im ›Palast‹ wirkt jede Volksmasse verloren. Die Leute frieren
wie wahnsinnig. Viele werden sich erkälten, einige sterben.
Arme harmlose 30- bis 40jährige West-Loser, alle so nett …
sie tun mir leid, ich mag sie. Sie tragen dunkle, zerbeulte All-
tagshosen, Thermojacken von Tschibo, oder nur einen ange-
jahrten V-Pullover.

Die ›Neubauten‹ treten in Wave-Anzügen auf, Blixa im

dunkelgrauen Dreiteiler mit Weste. Ein Bäuchlein schützt ihn davor, den späten Jagger zu geben und auf ›Sexsymbol‹ zu machen. Nein, er hat als ›Aguirre der Zorn Gottes‹ die Rolle seines Lebens gefunden. Immer schön tiefsinnig hinter Nebelwänden und vor ›hypnotisierten‹ Menschenmassen, die in Trance die Köpfe nicken auf Befehl, grusel-grusel. Dumpfe Trommelschläge nehmen ihnen den letzten freien Willen, diesen Ur-Germanen, die ihrem apokalyptischen commander in chief hörig folgen, ja ja ja, das ist der Kick für die Ausländer, die auch Rammstein schon entdeckt haben, als ›typical kraut art‹. Dann bricht es doch wieder aus, bricht die feierliche Stimmung weg, als der Zeremonienmeister seine Kompetenz überdehnt und zu jodeln anfängt wie Hubert von Goisern und seine Almkatzerln. Da nutzt ihm auch die exzentrisch lange Hitler-Tolle nichts mehr, die er wütend nach vorn ins Gesicht wirft: das zahlende Publikum will nun partout nicht mehr heilig gestimmt sein! Es beginnt zu lachen, sich zu unterhalten, Handygespräche anzunehmen. Also die, die ein Handy besitzen. Die meisten der schmächtigen, redlichen West-Loser-Senioren können sich ja keins leisten, oder sind mit der Technik noch nicht vertraut …

Blixa will nun das Konzert tatsächlich abbrechen. Und tut es auch erst mal. Er sagt, es sei ihm zu laut. Minutenlang tut sich nicht mehr viel. Die Leute werden nicht leiser. Blixa will die sakrale Stille für seine Botschaften. Welche Botschaften? Was hat er uns zu sagen? Was WILL dieser Mann? Seit wann gibt es ein Schweigegebot bei Kitsch? Das sieht niemand ein. Bei ›Human League‹ hätten sie vielleicht mehr Respekt gehabt, weil man außer »She was a waitress in the cocktail bar« nicht viel versteht, als jemand, den das Leben bestraft hat, weil er zu spät gekommen ist. Aber hier? Dieser weihevolle Trübsinn? Man versteht doch jedes Wort! Die Band macht trotzdem weiter – düster, dräuend, ahnungsvoll, und dann sagt dieser Frontmann doch noch etwas: daß die Band jetzt die Greatest Hits aus 25 Jahren Einstürzende Neubauten spielen werde.

Ich gehe die Treppe hinunter, entferne mich. Ich erinnere mich daran, wie alt mir die Rolling Stones vorkamen, als sie ihr zehnjähriges Bühnenjubiläum feierten. Da war ich noch ein Kind. Alte Menschen, dachte ich damals, sollten nicht mehr auf der Bühne rumhampeln. Schicksalsschwer zittert ein dunkles Cello. Dann wieder Hardrock-Griffe, maßlos laut, die Toten Hosen sozusagen brettern mit ihrer Bier-Musik durch den Palast der Republik. Schon seltsam, daß dieser Ort, genau hier und nirgendwo anders, das Allerheiligste des Sozialismus war, die kommunistische Kaaba. Und heute: Quatsch und Kitsch; deutsche Schauerromane, tödlich ernst aufgetischt.

Nur hat keiner mitgemacht. Die Band verzog sich reichlich beleidigt nach zwei Stunden hinter die Bühne und wartete darauf, für mindestens vier Zugaben rausgeklatscht zu werden. Als keiner klatschte, kamen sie auch so. Für eine.

Jens Friebe will geliebt werden – als Popstar. Halb hat der
Berliner Sänger das mit seiner Debüt-CD schon geschafft.
Eine Begegnung

> »I don't know what it is
> It makes me feel like this,
> I don't know where you are
> But you must be a kind of superstar ...«
>
> (Kelly)

Es nieselt leicht, aber man kann ohne Regenschirm den
dürren Grünstreifen auf der Stalinallee entlangschleichen,
dem Osten entgegen. Kein Auto zeigt sich, es ist Sonntag,
es sind sogar Ferien. Jens Friebe ist noch fertig vom letzten
Auftritt. Er mußte plötzlich Blumfeld ersetzen, eine Band,
die nun keiner mehr hören will. Nicht mehr, seit vor kurzem Friebes CD »Vorher Nachher Bilder« (ZickZack) erschienen ist. Dabei ist Friebe nicht gerade schön, aber dreist
angeschwult und undefinierbar daneben. Irgendwas ist da,
das es bisher nicht gab. Die Mädchen sind verrückt nach
ihm, auf Konzerten sieht man sie, rot angelaufen, verheult,
erregt. Die Manager registrieren diesen »Groupiefaktor«
sehr genau.

Wann hatte es zuletzt einen deutschen Star mit diesem Fak-
tor gegeben? Selbst der frauenfixierte Bernd Begemann zog
in demselben Alter nur männliche Fans an, vor 15 Jahren.
Doch nun: Jens Friebe. Ein Name wie eine Autowerkstatt.
Wie für eine schlechte Comedysendung ausgedacht. So
könnte ein Busfahrer heißen. Aber einer, der MTV-Mädchen
in den Orgasmus treibt? Wie ist das überhaupt, mit so vielen

Groupies zu schlafen? Was machen da seine metrosexuellen Persönlichkeitsanteile?

»Ich kann's dir nicht sagen, Mann, selbst wenn ich es könnte«, stöhnt er. Zur Metrosexualität gehört auch, nicht mehr über Sex zu reden: »Das ist einfach over.« Eine gute Kombi sei, verrät er immerhin, die mittelalte Frau mit Kind. Da verbinde sich die reale Lebenserfahrung der Frau mit der unterstellten Medien-, also Welterfahrung des nur halb so alten Jungstars. Aber am liebsten schläft er immer noch mit seiner Freundin Doreen aus Hellersdorf, weil da »Spiritualität« hinzukomme.

Anyway: Er will dafür geliebt werden, ein Star zu sein. Nur als Star fühlt er sich gemeint. Alles andere wäre austauschbar. »Andere Jungs haben alles, was ich auch habe. Aber den Starstatus haben sie nicht.« Bei Frauen, die ihn deswegen lieben, muß er keine Konkurrenz fürchten. »Wer sollte da kommen? Die Jungs von Echt vielleicht? Das sind doch Schüler!« Schlecht gelaunt stolpert er weiter. Der Sozialismus hat Grünflächen nie in den Griff bekommen. Die wilden Grasbüschel im Mittelstreifen machen, was sie wollen. Na ja, Honecker ist tot, da tanzen die Mäuse auf den Tischen.

»Wie findest du eigentlich meine Platte?!« fragt Friebe ungeduldig. Ich erkläre es: »Sehr dynamisch! Die Musik hängt mich immer nach zehn Sekunden ab. Von da an kann ich nicht mehr auf den Text achten, sondern werde von dieser sich ständig steigernden Dynamik ergriffen. Das ist bei allen Stücken so. Sie beginnen intellektuell und enden dramatisch.« Jens nickt befriedigt. Er gilt nämlich als politisch und engagiert. Aber lieber wäre er ein guter Musiker.

Die Stalinallee, die heute wieder Frankfurter heißt, nimmt
kein Ende. Friebe schaltet auf Konversation um, also Städ-
tevergleiche, Horoskope, Weltreligionen und so weiter. Köln
sei die Stadt mit dem schlimmsten Regionalismus. An Berlin
komme natürlich nichts heran: »Und man denkt: Warum bin
ich nicht gleich hierhergezogen?« Wir stolpern nach vorn,
unseren Füßen hinterher. Friebe hat den totalen Hangover.
Die lassen so einen hübschen jungen Popstar ja nicht einfach wieder in den Tourbus steigen, die weiblichen Fans. Eine
Gruppe Ostjugendlicher überholt uns. Gelbe Haare, wie sie
Die Ärzte haben, schwarze Klamotten, Jeans mit Löchern, die
eine Hand am Arsch der Freundin, in der anderen baumelt
eine offene Flasche Rotkäppchensekt. Eine Blonde schlägt im
Gehen auf ihren Freund ein, immer wieder, ritsch-ratsch.

Das beste Lied auf Friebes CD heißt »Das deutsche Kino
ist das schlechteste von der Welt«. Damit meint Friebe die
Moritz-Bleibtreu- und Franka-Potente-Filme ebenso wie
»Gegen die Wand«. »Da wird immer gebrüllt und geschrien
wie im modernen Theater. Je mehr Kotze und Schleim, desto echter, denkt die Kritik und jubelt. Für mich sieht Realismus anders aus.« Für den Song wird er oft unbegreiflich
hart angegriffen und versteht es nicht. Friebe liebt Robert
Stadelober, dem er übrigens ziemlich ähnlich sieht. Auch der
hat dieses nachlässig Angeschwulte, ohne schwul oder wenigstens schön zu sein. Prompt zieht auch Stadelober me-
gaschwere Aggressionen auf sich. Er werde auf der Straße
manchmal sogar angespuckt, habe der ihm gestanden. Kein
Wunder, daß der Schauspieler (»Crazy«) seinen Beruf nicht
achtet und lieber Musiker sein möchte. Leider ist seine Band
zu schlecht.

Friebe hält kurz inne, der 22jährige Blondschopf atmet
schwer. Soweit das Auge reicht, diese pfeilgeraden fortge-

setzten Germania-Phantasien, Hitlers letztes Spielzeug. Umgesetzt natürlich von anderen. Der Senat hat nach der Wende ein paar Kastanien gepflanzt, sieht aber immer noch unmenschlich aus. Jens umklammert eine Straßenlaterne mit römischer Standarte obendrauf. Heil dir, mein Sportsfreund, heil Weltfestspiele der Jugend, heil Honecker! Er geht weiter. Es geht wohl wieder mit der Pumpe.

Das Gute am Popstarberuf ist, daß man nicht in Euro, sondern in Mädchen bezahlt wird. So ist das gesellschaftlich verabredet. Aber zu diesem Regelwerk gehört auch, daß man darüber schweigt. Rio Reiser hat die Namen seiner 375 Groupies mit ins Grab genommen. Auch Jens seufzt, sieht auf seine zitternden Hände und lächelt nur. Popstar zu werden ist kein Weg, sondern eine Entscheidung. Er war es schon mit 17. Ein echtes Glück bei seinem Aussehen. Er sieht weiß Gott nicht süß aus, hätte in keiner Boygroup eine Chance. Aber gerade die Dämlichkeit der Boygroups sowie die feminine Allergie gegen Hiphop waren seine Chance. In Deutschland kann ein Junge, der seine Beobachtungen in Lieder packt, noch immer etwas werden. Bei Frauen. Nicht bei Männern: »Oft werden wir gerade bei linksalternativen Hip-Festivals entbucht, also trotz Buchung wieder ausgeladen. Die Typen da hassen mich einfach.«

Wäre nicht schlecht, jetzt den Bus zurück zu nehmen. Aber die Linie ist eingestellt. Eigentlich weiß Friebe nicht, welches Lied er als nächstes schreiben soll. Beim vorletzten dachte er bereits, es käme nun keins mehr. Einmal Popstar sein und danach das richtige Leben beginnen, das war sein Plan. Vielleicht macht er es aber doch anders. Übernimmt die Galerie seiner Mutter nicht. Landet noch ein paar Hits, lernt Mädchen kennen. Er reckt den Kopf, blickt mutig in den Himmel. Die blonden Haare flattern nach hinten, an den Ohren vorbei. Der Mund selbstgerecht und hart, die Lippen scharf geschnitten, unfähig zur Zärtlichkeit. Ein deutscher Kurt Cobain? Ein David Beckham der Popmusik?

Unrasiert ist er ja. Die senfgelbe Fliegerjacke aus feinstem Leder kontrastiert angenehm zu einem bis zum vierten Knopf aufgeknöpften Côte-d'Azur-Hemd mit breiten violetten und schwarzen Streifen. Heidi-Klum-Lover Flavio [Flavio] Briatore könnte ihm das geschenkt haben, als der Bauch zu sehr anquoll. Ich bringe meine Assoziationen zur Sprache, Friebe pariert: »Ja, Beckham. Leider ist dieses durchaus neue, fortschrittlich-weibliche role model eines Mannes bei der EM zerstört worden. Durch diesen Rooney, dieses Tier, dieser Bierpöbeltyp alten Schlages. Kurt Cobain dagegen war keineswegs antimaskulin, nicht seine Musik.«

Die Stalin-jetzt-wieder-Frankfurter-Allee ist zu Ende. Wir biegen links ab nach Friedrichshain, besuchen ein Steh-In-der-Restaurant, zu dem wir schon die ganze Zeit wollen. Zwei Tische, drei Gerichte. »Seltsam«, meint Jens, »vor einem Jahr war der Laden doppelt so groß. Die müssen etwas zugemauert haben.« Eine bahnbrechend reizende junge Frau bedient, keine Inderin, eher eine schwarzarbeitende Schülerin. Kräftige, selbstgeschnittene Haare, grünes Unterhemd, darüber ein marmeladenrotes T-Shirt, das sie auszieht, als sie meinen Begleiter als Jens Friebe identifiziert. Er mustert ihre Figur mit einem langen, müden Blick von oben bis unten. Aber sie kommt nicht mehr dazu, ihn anzumachen, da zwei andere Kunden zahlen wollen.

Er ißt im Weiterlaufen ein Süppchen mit weißen Pilzimitaten, ich trinke aus einer schmalen Blechdose Litschi-Saft. Der Himmel ist so grau, weißlich-grau und gräulich-grau, wie bei einer Kap-Hoorn-Umsegelung. Das sieht so trostlos aus, daß ich ihn bitte, etwas zu singen. Er stützt die linke Hand in die Hüfte, atmet einmal tief durch, überlegt kurz, behält das gerade klingelnde Handy in der rechten Hand. Ohne sich zu genieren – es geht ihm jetzt auch besser, nach der Suppe, und ich merke, daß er eine großartige Stimme hat –, intoniert er seinen aktuellen Hit »Weil ich ein Star bin«: »Daß ich dich hab/ Reicht mir einfach nicht/ Ich will nicht/ Daß du mich trotz meiner Schwächen liebst/ Oder weil man mit mir über alles sprechen kann/ Oder weil ich für dich da bin/ Ich will/ Daß du mich willst/ Weil ich ein Star bin!«

»Was machen wir jetzt?« fragt der Star und sieht mich aus blutunterlaufenen, nicht gerade dezent geschminkten Augen an. »Ich muß meine Freundin anrufen, wir haben uns gestritten.«

»Ach!«

23. Im Regierungsviertel: Berliner Sommerfeste

Es kam die Woche der großen Sommerfeste. Alles begann am Montag mit dem ›Bild-Sommerfest‹. Eine große überregionale Tageszeitung richtete es aus. Am nächsten Tag las man in der Bild-Zeitung, wer alles da war. Die Feste hießen meistens ›Gala‹, also Benefiz-Gala der Aids-Stiftung, oder 50-Jahre-BamS-Geburtstags-Gala, oder Bundespresseball, oder eben Sommerfest, diesmal. Man sah dann hundert kleine Farbbildchen, und auf jedem war ein sogenannter Bild-Prominenter, also einer, der innerhalb des Bild-Kosmos prominent war, Leute, die sonst keinerlei Bedeutung hatten, wie Babs Becker oder Udo Walz. Ich fuhr also zum Axel-Springer-Haus in der Axel-Springer-Straße, direkt an der Mauer.

Eine seltsame Mondlandschaft war das da. Keine Menschen, keine Limousinen, gar kein Auftrieb. Die Gegend war besonders trostlos, weder Wohngegend noch Geschäftsgegend. Überall nur Brandmauern und dazwischen unbebaute Plätze, oder Tiefgaragen, die unbelegt waren. Dann ein mehrere hundert Meter langer roter Teppich, der zig Kurven nahm und vom Haupteingang zu dem Gebäude führte, auf dessen Dachterrasse die große Sause stattfinden sollte. Ich trabte von Kurve zu Kurve. Alle zehn Meter stand eine junge Hosteß stramm und lächelte verheißungsvoll – wahrscheinlich, weil ich, soweit ich sehen konnte, der einzige Gast war. Wenn man aus Köln kam, fiel einem immer sofort auf, wie leer und unbewohnt Berlin war. Aber warum kamen selbst zum Großen Bild-Sommerfest weniger Menschen als zu jeder Pittermännchen-Kneipe in Kölns Außenbezirken? Mindestens hundert Pseudo-Prominente mußten dann doch da gewesen sein, ihr Fotochen am folgenden Morgen bewies es.

Endlich erreichte ich den Tresen, an dem man seine Einladungskarte, unterschrieben von Friede Springer, vorzeigen mußte. Ich hatte keine und sagte das auch, wurde jedoch geradezu hektisch weitergewunken. Auf jeden Gast kamen ungefähr zwei Kellner. Ich schritt den Kies auf der Dachterrasse ab, kam an einer Gruppe älterer grauhaariger Herren aus dem Vertrieb vorbei. Ich hörte, wie einer sagte: »Hast du Udo Walz gesehen?«

Der andere konterte wie aus der Pistole geschossen:

»Ja, und der Scharping ist da!«

Wow! Der Herr Bundesverteidigungsminister von vor vielen Jahren! Mit Gräfin Pilati wahrscheinlich. Tatsächlich konnte man am nächsten Tag ihren ganzen Namen lesen, die Buchstaben größer als das Foto: ›Ex-Minister Rudolf Scharping (57) verliebt mit Partnerin Kristina Gräfin Pilati-Borggreve (57)!‹.

Da auf einen Kellner etwa zwei Fotografen kamen, wurde auch ich fotografiert. Aber als was würden sie mich bezeichnen? Welche Frau konnten sie mir zuordnen? Tatsächlich kam der männliche Gast grundsätzlich mit Frau. Allmählich erkannte ich vage die ersten Gesichter. Das heißt, ich ›erkannte‹ die jeweiligen Fake-Promis immer nur zu zehn Prozent und rätselte dann minutenlang weiter: War das nicht … äh … äh … äh … der Typ, der mal mit Boris Becker befreundet gewesen war, dieser Hochspringer … Bernd Herzsprung, nein, Bernd, nein Carlo Thränhardt! Oder doch nicht?

Die meisten Gesichter kamen mir bekannt vor, weil sie Kolumnen in der Bild-Zeitung schrieben und ihr Portrait daneben abgedruckt war. Oder weil sie bei der Berichterstattung über eigene Galas, Feste, Bälle und Jubiläen im Foto neben Halbprominenten gestanden hatten. Claus Jacobi erkannte ich, weil der mal bei der WELT Senior-Chef gewesen war, als ich dort als Volontär anfing, nach dem Abitur. Nun stand er wieder vor mir, rüstige 110, offenes Hemd, braungegerbte Haut. Mir war's zu unheimlich, und ich schlenderte grußlos weiter. Noch immer schrieb er täglich eine endlos lange Moral-Kolumne auf der zweiten Seite, direkt unter ›Post für Wagner‹. Sein Gehirn hatten sie für immer dichtgemacht und plastikverschweißt, als Adenauer zum Kanzler gewählt wurde.

Ich nahm die Musik wahr, sosehr ich mich auch dagegen sträubte. Altherren-Disco. So ein pumpender, automatisch eingestellter Boney-M.-Rhythmus, zu dem zuletzt meine Eltern auf Ibiza tanzten, als Dieter Bohlen noch ein richtig heißer Tip war.

Schon wieder ein widerwärtiges Gesicht: Klaus Uwe Benneter. Angeblich Generalsekretär der SPD, in Wirklichkeit StamoKap-Führer aus der Apo-Zeit. Was machte der beim Klassenfeind? Was wollte der hier? Warum verteilte er nicht Flugblätter gegen Vietnam?

Dann natürlich Wowereit, Berlins Regierender Partymeister. Und Béla Anda, »früher bei BILD, heute Regierungssprecher«. Und Vicky Leandros. Früher Schlagerstar, seit 40 Jahren nicht mehr, dafür von Beruf »Prominente«, wie auch viele andere, bis hin zu Laurenz Meyer: »Der Ex-CDU-General (57) und Freundin Sonja (32) gut gelaunt: ›Uns geht's richtig gut!‹.« Und so weiter, Ex, Ex, Ex.

Immer wieder beschleunigte ich meinen Schritt, weil irgend jemand häßlich lachte. Dieses häßliche Altmännerlachen, dagegen bin ich nämlich allergisch. Endlich ein noch amtierender »Prominenter«: Kai Diekmann! Und erst (41)! Der Jüngste auf der Party. Ich blieb in seiner Nähe stehen, und wirklich kam Holger Pfahls hinzu, nein, äh … äh … Friedbert Pflüger, der außenpolitische Sprecher der CDU, glaube ich, (51), und der hatte eine echte Status-Frau dabei! Eine attraktive Blondine, märchenhaft schön, in weißem Kleid, winziger Popo, mit breitem Lachen, das sie jederzeit einsetzen konnte. Ich hatte Pflüger immer für schwul gehalten, oder für einen Waffenhändler. Wie man sich doch in den Menschen täuschen konnte, bis man sie persönlich traf!

Aber gerade, als ich mir ein Getränk geholt hatte, um mir Mut anzutrinken, und die anziehende Status-Frau (27) ansprechen wollte, waren die Pflügers wieder gegangen. Das kalte Buffet mit Tausenden von Crèmes, Puddings, Eis und Petit Fours blieb fast völlig unberührt. Es waren einfach zu wenig Leute da. Und wenn Pflüger schon ging, wollte ich nicht der Lückenfüller sein und ging auch.

Diese Enttäuschung hätte mir fortan das Vorurteil eingeben können, daß Medienfeste scheiße sind. Aber ich war nicht so. Alles bekam bei mir eine zweite Chance, Vorurteile waren mir vollkommen unbekannt. Tags darauf gab es das große ZDF-Sommerfest.

›Nichts wie hin!‹ dachte ich mir. Sicher konnte man umsonst essen und endlich andere Nasen sehen als die von Babs Becker und FDP-Gerhardt (61). Ich ahnte noch nicht, wie sehr ich recht haben sollte! Da waren tausendmal mehr Leute als beim Schmuddelblatt. Alle, die Angst hatten, neben Vicky Leandros als neues Mitglied des Loser-Clubs abgelichtet zu werden, strömten zum ZDF-Fest. Ich merkte plötzlich, wo die wahre Macht im Lande lag. Weiß Gott nicht bei der Groschen-Postille, wie ich so lange gedacht hatte, sondern bei der großen öffentlich-rechtlichen Riesenkrake, die strukturell links war, weil Teil des Sozialstaates. Zehntausende von gut ausgebildeten, lebenslang korrumpierten, bestens versorgten Leuten organisierten das kollektive Bewußtsein und verwalteten es, gewissenhaft und mit tödlicher Langeweile. An ihrem lethargischen Klammergriff war inzwischen unser ganzes Gemeinwesen abgestorben. Das waren die Assoziationen, die ich in dem Moment hatte und die natürlich komplett blöde sein konnten.

Ich ging hin. Schon wieder hatte ich keine Einladung. Aber diesmal wurde ich nicht durchgewunken. Hunderte von fabrikneuen BMW-Siebener-L-Limousinen standen vor dem Lustgarten und dem Berliner Dom. Ich sah, wie vor mir Leute abgewiesen wurden und verzweifelt-unschlüssig vor den hohen Stahlgittern verharrten, die die Polizei errichtet hatte. Ich erkannte sogar Leute, die in gewisser Weise fast prominent waren, etwa Mathias Döpfner, Michael Mronz, Peter Limbourg und Vicky Leandros. Wenn DIE schon nicht reindurften, dann durfte ich es erst recht nicht. Zumal genau an dem Morgen Bild ein briefmarkengroßes Portrait von mir veröffentlicht hatte, mit den Worten ›Schreibt ein neues Buch: Kult-Dichter Johannes Lohmer (45) mit BILD-Hosteß Julia Vetter (21)‹. Da hatte ich wohl zufällig neben einem der Zigaretten-Mädchen gestanden und mich festgequatscht. Weil das die einzigen Nicht-Geronots da waren.

Was also tun? Der Trubel und der Polizeischutz waren größer als beim Clinton-Besuch vor einigen Jahren. Gut, da war Clinton bereits Privatmann. Es war leichter, als Terrorist mit zwei Kilo Sprengstoff in eine Lufthansa-Maschine zu kommen, als hier ohne Einladung ins Sommerfest. Schließlich sprach ich einen Gast an, der das Sommerfest bereits verließ, ob er mir nicht seinen festgetuckerten Armreifen überließ. Er tat es. Mit dem Ding am Handgelenk konnte ich im Prinzip lässig durch die Kontrollen laufen. Ich sah aber, daß vor mir jemand, der genau das tun wollte, festgehalten wurde. Er mußte erneut nicht nur seine schriftliche Einladung zeigen, sondern auch seinen Personalausweis und seine Tasche, die nach Waffen untersucht wurde. Ich verzichtete daher auf komplizierte Manöver und wartete lieber, wie im Fußball, auf die Sekunde für den tödlichen Paß, für die geniale, imaginierte Vorlage. Als die Pitbulls am weitesten auseinanderstanden, lief ich los, erst gegen die Laufrichtung des einen, dann gegen die des nächsten, immer so weiter, und immer das linke Handgelenk mit dem ZDF-Bändchen locker halbhoch in Gesichtshöhe haltend. Sie koordinierten sich falsch, die Ordner, und niemand wußte, wer von ihnen nun für mich zuständig sein sollte. So kam ich hinein.

Diese Leute hatten wirklich Geschmack. Das schönste Areal der Stadt hatten sie sich gesichert. Die Spree floß ruhig an den alten Arkaden vorbei. Hier hatte schon der Ur-Lohmer seine schönsten Stunden verbracht, in den Wandelgängen der Museumsinsel, wacker diskutierend mit dem jungen Fichte und dem unschicklich heterosexuellen Jacobi. Doch statt erbaulicher Kammermusik gewahrte ich nun eine Musik, die noch scheußlicher war als die der Bild-Fuzzis, nämlich live gespielten Swing Jazz. Es handelte sich natürlich nicht um eine Big Band – soviel Stil konnte das ZDF nicht haben –, sondern um eine Combo, die einfach nur abgegriffene Assoziationen aus schlechten Woody-Allen-Filmen hervorrief. Mit dieser Musik konnten noch nicht einmal schlechte Art-Direktoren schlechte Kino-Eiswerbung machen – um das Grauen in höchster Potenz gleich einmal anzuführen. Nicht ›In the Mood‹ wurde versucht, was auch schon schmerzhaft gewesen wäre, sondern Dixieland-Swing wie bei FDP-Frühschoppen-Veranstaltungen am Sonntagvormittag. Gerd Schröder war da eine volle Epoche weiter, wenn er sich auf Wahlpartys die frühen Stones wünschte.

Meine Euphorie wurde durch die vielen alten Leute etwas gedämpft. Schon wieder dieses dominierende Grau auf allen Köpfen. Die Leute waren deutlich älter als die Ganoven von Springer. Mich hätte es nicht gewundert, wenn sie sogar die Zigarettenmädchen aus dem Seniorenstift geholt hätten. Und überall hörte ich Dialekte, die ich nicht zuordnen konnte. Schließlich fragte ich entnervt zwei Omis in Walla-Walla-Kleidern, die wohl ›Sommerkleider‹ darstellen sollten:

»Wo kommen Sie her?«

Die Antwort war Mainz. Das ganze ZDF kam aus der Gegend. In Sonderbussen war diese Ethnie nach Preußen gefahren. Ich sah nun viele Notarzt-Teams emsig herumlaufen, hörte aber keine Sirenen. Ein Attentat, kein Attentat, ein Probealarm? Nein, es waren nur einige ältere Gäste mit Kreislaufproblemen zu behandeln. Bis zu zwei Dutzend Schlaganfälle gleichzeitig hätte man versorgen können, soviel Personal stand ärztlicherseits zur Verfügung. Ich fühlte nach, ob ein Schlaganfall bei mir bevorstand, fand aber nichts. Die Pumpe schlug in aller Ruhe vor sich hin.

Ich war zu jung für diese Gesellschaft. »Trau keinem unter 50« schien das Motto der ZDF-Gewaltigen zu sein. Das hübscheste Mädchen war Gräfin Pilati, die über eine Notleiter vom Dom aus eingestiegen war. Mit ihren (57) war sie für mich aber zu alt. Ich bevorzugte die ewigen 35jährigen, die Claudius Seidl in seinem Buch ›Schöne junge Welt‹ erfunden hatte. Und überhaupt war ich in festen Händen und treu wie Gold.

Ich blickte auf die bewegte Menge, und mir fiel auf, daß dieses Publikum besser gekleidet war als bei Bild. Ja, diese öffentlich-rechtlichen Gerontokraten aus Mainz. Arrogante Gutmenschen oder sogar Herrenmenschen, elitär und trotzdem reinsten Gewissens. Aber verdammt, wo waren jetzt die Prominenten, nein, die Politiker? Ich wollte über die Neuwahlen sprechen und über Schröders Vertrauensfrage, die unmittelbar bevorstand. Ich blickte angestrengt um mich. Überall essende Alte. Als wäre hier die Massenspeisung im Lande Kanaan oder so was. Kilometerweit Buffets, mal heiß, mal kalt, mal wieder heiß.

Endlich sah ich Scharping, aber der war ja nicht mehr gut informiert. Dann Udo Walz, aber der war nun gar kein Politiker. Da, Müntefering, aber der ging gerade. Und Otto Schily. Den traute ich mich nicht anzusprechen. Manfred Stolpe. Zu glatt – was sollte DABEI schon herauskommen? Peter Limbourg, dieser N24-Chef. Sicher mit dem Ohr an der Macht, aber er guckte immer so seltsam zu mir herüber, als hätte er etwas gegen mich. Außerdem war er so hochgewachsen, daß ich zu ihm hätte hochbrüllen müssen. Ich sah ein paar befreundete Journalisten. Gut, besser als nichts. Ich sprach dann lange mit politischen Redakteuren vom SPIEGEL, merkte aber, daß sie schlechter informiert waren als ich. Anschließend waren alle Politiker verschwunden. Die kamen und gingen wohl alle binnen einer Viertelstunde. So hatte ich die Merkel und den alten Kohl mit seiner neuen Lebensgefährtin verpaßt. Ich nahm mir vor, beim nächsten Sommerfest früher zu kommen und besser aufzupassen.

Das war am nächsten Tag, beim großen Stern-Sommerfest. Nun waren es nur noch Stunden bis zum historischen Mißtrauensvotum. Ich hatte mir diesmal eine Einladung besorgt. Das war problemlos, da ich mit der gastgebenden Zeitschrift befreundet war. Um Punkt acht betrat ich das Spree-Palais, in dem der Stern residierte. Erneut galt: Die Linken hatten sich Berlins Filetstücke gesichert. Nobler und feiner konnte man nicht residieren. Die Leute badeten in Prunk und Protz, schienen Geld ohne Ende zu haben. Alles war noch eine Dimension großartiger und feiner als am Abend zuvor. Man hörte auch keinen verschollenen Dialekt mehr. Die meisten Herren trugen schwarze Anzüge, und einige hatten sogar noch ihre natürliche Haarfarbe. Natürlich gab es trotzdem erneut keine einzige 35jährige, aber ich blieb, denn ich war glücklich verheiratet und brauchte keine schönen Frauen zu meiner Erbauung. Sondern waschechte Politiker! Und ich bekam sie. Sie waren alle da. Hier beim Stern, bei den Linken. Nicht beim FOCUS, nicht beim CDU-Sommerfest, nicht beim BDI. Der Staat gehörte einfach den Linken, denn die Linken waren die Medien, und das würde sich beim Regierungswechsel nicht ändern. Hans-Ulrich Jörges war da und auch die Merkel. Sie ging nicht nach zehn Minuten, sondern blieb den ganzen Abend. Andauernd rannte sie zum Buffet, bestimmt viermal, immer selbst und ohne Diener, was ich sympathisch fand, mit unzügelbarem Appetit.

Die Schultern hatte sie leicht eingezogen, und anders als ihr Vorgänger Schröder, strahlte sie nichts Präsidiales aus. Immer guckte sie so unsicher seitlich und stand überbetont breitbeinig da, was auch eher unsicher wirkte. Die Sachen, die sie anhatte, sahen übel aus. Unpassend, unelegant, abgetragen, wie bei Woolworth gekauft. Ein eher helles Sommerjakkett, das ihr nicht stand, kurze Haare, die aber hochtoupiert waren, eine dunkle Männerhose und absatzlose Latschen. Sie sah außerdem überarbeitet und deutlich älter aus, als sie war. Ein Wrack also, noch ehe sie mit der Regierungsarbeit begonnen hatte. Das konnte nichts werden. Irgendwie sah sie aber auch nett aus und mütterlich, so wie diese Berliner Frauen mit Mutterwitz. Sie wirkte dadurch unernst und wie ein Leichtgewicht. Jemand wie sie konnte unmöglich den Posten vom Gerd übernehmen. Das war es, was Stoiber gemeint hatte, als er von ihr und Westerwelle als »Leichtmatrosen« gesprochen hatte. Die ganze Zeit hatte sich dieser N24-Chefredakteur neben ihr aufgebaut, Peter Limbourg, der dafür viel zu groß war und der auch nichts sagte. Merkel und Limbourg sprachen nicht miteinander, warum also wich er nicht von ihrer Seite? Suchte er verzweifelt die Nähe zur Macht? Es sah schon absurd aus, dieses ungleiche Paar, und daß die Merkel den Tölpel nicht loswurde, sprach gegen sie. Schröder hätte den mit einem einzigen Haifischlächeln verscheucht.

Mainhard Graf von Nayhauß schlich herum, endlich einmal ein echter Prominenter, eine hochgradige Persönlichkeit erster Kajüte.

»Na, alles in Dortmund, Herr Graf?« fragte ich beflissen. Er ging nervös zuckend weiter. Hier war Geld, hier war Luxus und Überfluß. Die Hostessen trugen dunkelrote Goldbrokatkleider und waren natürlich alle Models. Man hätte sie an sich reißen mögen. Aber alle im Areal waren bestens verheiratet und hatten keinerlei Sinn für solchen Erotikschmarrn. Wozu eine Frau dieser Art auch nur beachten, wenn man einen Angela-Merkel-Typ zu Hause hatte, oder sogar neben sich? Wieder waren alle Männer mit weiblicher Begleitung gekommen. Wer das nicht tat, galt heutzutage als stockschwul. Deshalb kamen selbst die Halbschwulen in weiblicher Begleitung, um nicht als stockschwul zu gelten.

Als Kampa-Chef Machnig einmal zufällig neben mir stand, fragte ich ihn, ob er auch glaube, daß es keine Neuwahlen gebe. »Klar gibt es die!«

»Na ja, Köhler prüft das und sagt dann nein. Basta!«

»Kann er nicht, weil schon Kohl das so gemacht hat.«

»Dann geht die Klage nach Karlsruhe, und die Sache scheitert da.«

»Ja, aber erst lange NACH den Wahlen. Bis dahin kräht kein Hahn mehr danach.«

Lächelnd ging er weiter. Hatte er recht? Kohl hatte den Bundestag aufgelöst, um sich durch Neuwahlen einen fetten Sieg zu bescheren; eine grobe Manipulation zu seinen Gunsten. Genau DAS hatte das Grundgesetz verhindern wollen. Und es war trotzdem durchgekommen. Dann mußte es jetzt erst recht durchgehen. Verschüchtert fragte ich Wolf von Lojewski. Der machte mir wieder Mut:

»Köhler ist anders. Ein weltfremder Technokrat, ein Außenseiter. Er wird sturköpfig das entscheiden, was er zufällig für richtig hält. Und da ist beides gleichermaßen möglich. Die Wahrscheinlichkeit, daß er ›nein‹ sagt, beträgt genau 50 Prozent. Ich kenne ihn gut, habe ihn oft getroffen.« Innerlich jubelte ich. Doch keine Neuwahlen, vielleicht! Und der Kanzler hatte bereits definitiv gesagt, daß er weitermachen werde, wenn Köhler nein sagte. Mit anderen Worten: Schröder wäre dann ein Kanzler, der bewiesen hätte, daß er nicht an seinem Stuhl klebte. Ein Politiker, dem es nicht um Macht, sondern um Verantwortung ginge, um Gestaltung, um des Volkes Willen. Ein Regierungschef, der nicht nur vom Volk gewählt war, sondern nun auch noch zusätzlich die Legitimation durch den Bundespräsidenten besaß. Und Köhler mußte sich volle 21 Tage Zeit lassen mit seiner Entscheidung, das war so vorgeschrieben. Genug Zeit also für Schröder, mit dem Mann ein paarmal essen zu gehen und ihn zum Freunde zu gewinnen. Das schaffte der Gerd mit links. Eine kleine Charme-Offensive, und der spröde Technokrat war Feuer und Flamme für unseren herrlichen jungen Kanzler! Erst beim zweiten oder dritten Essen mitsamt Frauen würde Schröder einfließen lassen, wie leicht die Staatskrise in ihr Gegenteil zu wenden wäre, wenn das Staatsoberhaupt persönlich für die mühsam angestrebte, aber nur auf diesem etwas fragwürdigen Weg zu erreichende Legitimation durch ein ›Weitermachen!‹-Machtwort sorgte …

Solchermaßen beflügelt, wandte ich mich an Laurenz Meyer, den Ex-CDU-General:

»Köhler sagt nein. Wissen Sie es schon?« Er sah mich dunkel an, mit fast brutalen Augen.

»Zunächst einmal: Für wen arbeiten Sie?«

Die Frage hatte ich durchaus erwartet. Und ich wußte, daß er sich wortlos wegdrehen würde, wenn ich gestand, nur ein Privatmann zu sein. So antwortete ich:

»Für die ›taz‹.«

Sofort tanzte ein Lächeln auf seinem vorher so mürrischen Gesicht. Er sagte:

»Köhler sagt ja. Und tut damit etwas Gutes für Deutschland. Jeder Tag ohne Rot-Grün ist ein guter Tag für Deutschland.« »Aber es wäre verfassungswidrig. Deshalb sagt er nein. Warum sollte er einen Verfassungsbruch begehen? Welches Motiv sollte er dafür haben? So ein ehrenwerter Mann, Sie kennen ihn doch?« »Nein, ich kenne ihn nicht. Und er wird es tun, weil es gut ist für Deutschland, für unser Vaterland. Weil er damit unserem Volk einen sehr großen Dienst erweist! Weil nämlich jeder weitere Tag, an dem das rot-grüne Regierungschaos NICHT mehr besteht, ein wundervoller und guter Tag für unser gesamtes deutsches Vaterland sein wird!«

»Ich danke Ihnen!«

Ich schlug im Geiste die Hacken zusammen und war froh, Herrn Meyer wieder los zu sein. Den hatte die Merkel also abserviert. Sauber, Angie!

Nun spielte die Musik auf, der gemütliche Teil sollte wohl starten. Stevie Wonder von 1972 wurde von einer Kapelle intoniert, also die meistgespielte Platte zwischen Caruso 1904 und ›Thriller‹ 1985. Selbst ›Street Life‹ und ›Its raining Men‹ hatte man im Vergleich dazu seltener als Stimmungsmittel geriatrischer Schwachsinnsfeste eingesetzt. Ich machte förmlich einen Satz Richtung Ausgang. Auch der ›Stern‹ war kulturell also 1972 stehengeblieben, wie die ganze Gesellschaft. Ob ich es innerhalb der mir vergönnten Gesamtlebensspanne noch einmal anders erlebte? Würde diese Zeit jemals aufhören? Würde jemals, und sei es in 25 Jahren, also 2030, etwas anderes auf Stern-Sommerfesten gespielt werden als Stevie Wonder von 1972? Nein, diese Hoffnung bestand nicht. Denn es war ja nichts nachgewachsen, schon biologisch nicht. Also konnte ich auch bleiben, auf dem Fest.

Neben mir mampfte Dagmar Berghoff ein Lachsbrötchen. Mir lag die zynische Frage auf der Zunge, warum sie die Tagesschau nicht mehr moderiere, in ihrem Alter, mit noch nicht einmal 75 Jahren? Aber ich ließ es. Immerhin hatte SIE sich zurückgezogen, mit noch frischen 65 Lenzen.

Dann waren da immer wieder so seltsame 40jährige Stern-Reporter, die schulterlange Kurt-Cobain-Matten trugen, Vier-Tage-Bärte und auffallend helle Sommerjacketts. Oder waren sie doch schon 50? Oder FAST 50, somit noch jung und rebellisch? Wie sah ihre Rebellion textlich aus? Schrieben sie wüsten, anarchischen Scheiß, halb Bukowski, halb Fifty Cent? Böse Zuhältertexte über Einbrüche im Penny-Markt und heiße Bräute, die für sie anschafften ... nein, das ging bei uns nicht. Ich hätte gerne noch herausgefunden warum, aber immer mehr waschechte Politiker liefen an mir vorbei, und ich wollte noch ein paar abfischen.

Bütikofer! Ich kannte ihn schon vom Grünen-Sommerfest her, das bereits vor Unzeiten stattgefunden hatte. Ich sagte:

»Wissen Sie es schon? Es gibt keine Neuwahlen.«

»So? Dann warten Sie den morgigen Tag einmal ab.«

»Die SPD rettet sich in die Große Koalition, darum geht es. Dafür das ganze Theater. Statt Neuwahlen gibt es einen Koalitionswechsel.«

»Wer sagt das? Wer will das?«

»Das haben sich Schröder, Müntefering, Kurt Beck und Fischer Mitte Mai ausgedacht. Wußten Sie nichts davon?«

Er stand mit offenem Mund da:

»Nein.«

»Dann sage ich es Ihnen hiermit.«

»Das ist ja eine Verschwörung.«

»Genau. Was werden Sie jetzt dagegen tun?«

»Wie ich schon sagte: Erst mal die Rede des Kanzlers morgen anhören.« Ich dankte, er ging weiter.

War er nicht ganz vernünftig? Plötzlich wollte auch ich diese Rede hören. Die mußte ja total brisant sein. So ging ich früh ins Bett und stellte den Wecker. Um acht Uhr informierte der Kanzler seine Fraktion. Um 8 Uhr 30 die Fraktion der Grünen. Von da an begann die Sonderberichterstattung von N24. Peter Limbourg berichtete nahezu nonstop aus dem Reichstag. Um zehn Uhr sprach der Kanzler. Die Rede war sehr gut, aber alles andere als brisant. Dann sprach die Merkel. Wieder wirkte sie so fiepsig und leichtmatrosenhaft, wie auf der Party. Sie hatte außerdem einen Schluckauf, der sie ziemlich außer Gefecht setzte. Kein gutes Zeichen für sie und ihre schwere Aufgabe. Bei der Rede verschluckte und versprach sie sich andauernd, und es schien ihr gar nichts auszumachen. So unbekümmert und unernst hatte ich zuletzt Mitschüler erlebt, die vor der mündlichen Prüfung gekifft hatten.

Die Strafe folgte auf dem Fuß, in Gestalt von Joschka Fischer, der eine mitreißende, geniale Wahlrede hielt und die Merkel glatt abschoß. Hustend, schluckend und augenblinzelnd saß sie auf ihrem Sesselchen und war alles andere als die neue Regierungschefin. Schließlich kam noch ein Abgeordneter namens Werner Schulz, der genau begründete, warum die Neuwahl ein Verfassungsbruch wäre. Später sagten alle Kommentatoren, daß diese Rede die beste gewesen wäre. Ich dachte: Wenn der Köhler diese Rede auch gehört hat, ist es vorbei mit dem ganzen Theater. Was natürlich toll wäre. Schröder wurde dann erwartungsgemäß das Mißtrauen ausgesprochen, und noch während die Typen von der CDU hämisch klatschten, lief der alte und neue Kanzler im Geschwindschritt zum Ausgang, um zum Schloß Bellevue zu fahren, zum Bundespräsidenten, um mit ihm den Beginn einer wunderbaren Männerfreundschaft einzuleiten.

Nun wird auch die Natur neu entdeckt. Was die WM fürs Nationale, könnte dies Buch für die verlorene Naturbegeisterung der Deutschen werden. Für ihre Romantik. Ihr Heimatgefühl.

Endlich darf man es wieder sagen, denn Illies hat den Mut dazu aufgebracht, und der muß beträchtlich gewesen sein:

»Peitscht der Regen übers Land, dann drätschds; fallen sehr dicke Tropfen aus dunklen Wolken, dann draddelds; kommen die Tropfen nur vereinzelt und kleiner von oben, dann drebbelds.«

Über die Schlitzer, Einwohner seiner Geburts- und Heimatstadt, schreibt er, weit ausholend, mit dem langen Atem Marcel Prousts:

»Über Jahrhunderte hinweg, in denen sie an verregneten Maitagen hinter ihren Fenstern saßen und zusahen, wie sich die Tropfen auf ihren Scheiben sammelten, um dann gemeinsam in die Tiefe hinabzugleiten ...«, hätten sie die deutsche Sprache bereichert.

Wohl dem Volk, das solch einen Dichter sein eigen nennen darf, den Autor von ›Generation Golf‹ und ›Generation Golf II‹! Und Schlitz gibt es wirklich.

»Wo immer Onkel Hägar konnte, nahm er seinen mittelalterlichen Pflug zur Hand, wälzte die Erde um und pflanzte neue Nadelbäume.«

Zum Beispiel bei Illies' Eltern, die bei Onkel Hägar eine Buchenhecke bestellten. Die Hecke steht da immer noch, ebenso das Haus in der Parkstraße 85, und die beiden Golfs stehen davor, ein schwarzer und ein weißer.

Der Taxifahrer kennt »den Florian« natürlich, den kennen alle dort. Weil nämlich alle Schlitzer sich gegenseitig kennen. Das steht ja auch schon so schön im Buch. Im Buch ist übrigens ALLES schön. Alle lieben sich. Alle sind rührend einfältig, ein bißchen doof, aber rechtschaffen, redlich, der Zeit trotzend, bauernschlau. Eine Idylle dort. Früher hätte man es als Kitsch abgewehrt, aber das wird diesmal nicht gehen; dazu ist es zu gut geschrieben. Dies kleine, aber feine Büchlein erzähle von den kleinen Wundern, werden die Feuilletons schon bald wispern. Die Naturbeschreibungen seien von Rembrandtscher Größe und so weiter. Und auch die Golf-Fans kämen auf ihre Kosten, da auch immer wieder Autos eine Rolle spielten, etwa der gelbe DAF von Tante Do oder die vielen verschiedenen Traktoren der Schlitzer Bauern. Nun sagt der Taxifahrer aber: »Der Florian war ein Jahr jünger als ich. Wir waren immer bei Illies' zum Fußballspielen. Zu acht waren wir, immer acht Jungen. Wegen dem Fußballspielen. Jeden Nachmittag.«

Er zeigt den Garten der Illies', ein extrem abschüssiges Gelände. Wer den Ball verschoß, mußte kilometerweit nach unten laufen. Befreundet seien sie alle nicht gewesen mit dem ›rich kid‹, nein, es sei nur wegen dem Fußballspielen gewesen. Er betont es immer wieder, wie ein nervöser Zeuge im Tatort-Verhör.

Illies galt im Dorf als schnöselig, mal als arrogant, mal als versponnen; gemocht hat ihn wohl keiner. Was für eine Hölle für ein waches, neugieriges, phantasiebegabtes Kind: Da kommen jeden Nachmittag sieben Gleichaltrige in die Wohnung, und alles, was sie wollen, ist blödes, dumpfes Rumgebolze mit einem Ball, der ständig in Richtung Abgrund verschwindet. Grund genug eigentlich für ein Genie, mit diesem Ort des Stumpfsinns abzurechnen, ihn qua Literaturgeschichte auf ewig zu schwärzen. Doch nein, Illies schreibt eine Schmonzette darüber im »So zärtlich war Suleiken«-Stil von Siegfried Lenz. Was ist da passiert?

Nun, die Leute wissen es natürlich: Der Vater, von außen kommend und schon alt, fiel eines Tages tot um, ließ die junge Mutter, Tochter des Schlitzer Bürgermeisters, mit dem Kind Florian zurück. Der wurde dann ein Mutter-Sohn, und mit dem Buch ehrt und verklärt er heute ihre Welt. So würde es zumindest Volker Weidermann sehen. Nichts dagegen! Aber wie ist Schlitz wirklich?

Knarzen die Treppenstufen Nummer 27 und 29 von Tante Dos Stiege in der Straße Im Grund 17 immer noch? Nein, das Haus wurde luxussaniert, zumindest renoviert. Liegen die Häkeldeckchen mit den eingenähten Bleikügelchen immer noch auf dem Tisch von Oma Soundso? Sind die Ureinwohner immer noch so liebenswerte Tierchen mit dem Verstand einer Schnecke? Schrullig, kauzig und auf dreistellige Alterszahlen zugehend? Sitzt die Großmutter noch am Kachelofen? Waschen die Spießer in karierten Holzfällerhemden noch immer ihre Opel Kadetts?

Die Antwort verblüfft: Sie tun es mehr als damals. Irgendwie und gewiß unabsichtlich hat Illies das vielleicht modernste Buch der Saison geschrieben, nämlich eins über die alte Gesellschaft. Die Perspektive ist die eines dieser heute so typischen letzten Nachgeborenen inmitten einer Fülle von Alten und Uralten. Der Enkel, der im Altersheim aufwächst.

Der Opa reißt die Dachluke auf, weil ein Zeppelin vorbeischwebt, und ruft »Hurra! Hurra!«. Na prima. Da schmunzeln einem die Seiten entgegen, aber eigentlich ist das alles nur gruselig.

Das reale Schlitz ist's nicht minder. Die Hauptstraße quält sich gewunden und tempodrosselnd durch den Ort. Ein anthrazitgrüner Golf V kommt herangeschlichen, weiß nicht, was er tun soll, mit einer alten Frau drin, die eine noch ältere Frau im Fond herumfährt. Provinz scheint zu sein, wenn immer Autos hin- und herfahren, die lackglänzend und grün und fabrikneu sind und in denen alte weißhaarige Leute sitzen, die rüstig sind und freundlich, aber mit denen man kein Wort wechseln möchte.

Früher, das sagen alle Schlitzer, war Leben auf den Straßen. Wo ist das Leben bloß hingegangen? Schlitz wirkt wie eine Westernstadt, in der Mittagsglut, in New Mexico.

Man sieht kaum einen. Ab und zu ein paar Alte. Die sich immer etwas über die Straße hinweg zurufen, was man aber nicht versteht, weil Hessisch. Oder eine kahlrasierte Punkerin, fett, schiebt einen Kinderwagen vor sich her, am Hintern eine lange Silberkette mit dem Schlüsselbund. Solches Personal kennt man aus den Oliver-Geissen-Shows, und man weiß: das ist Provinz, und genau deshalb zieht man in die Stadt, sobald man ein Girokonto eröffnen kann.

Drei junge Leute lümmeln am stillgelegten Schlitzer Bahnhof herum. Ein Bus fährt jetzt hier an manchen Tagen, aber auf den warten sie nicht. Sie hängen einfach nur ab. Sie fluchen auf alles, was mit Schlitz zu tun hat.

»Die Gemeindepolitiker tun wirklich alles für die Menschen hier – wenn sie nur alt sind! Für die Jugend wird absolut nichts getan.«

Das Jugendhaus wurde geschlossen, weil Russen es demoliert hatten.

»Die Russen haben alles zerschlagen, die letzten Sachen mitgenommen, sogar den Computer geklaut.«

Unter den Jugendlichen hätten Deutsche keine Chance mehr. In Schlitz gibt es nur noch eine Schule – die Gesamtschule –, und da herrschen Gewalt und Drogen durch die Ausländer. »Wenn ich mal Kinder hab, geh ich weg hier. Die kann ich nicht in diese Schule einschulen!« Fulda sei besser. Da gebe es noch mehr deutsche Kinder und auch verschiedene Schulformen.

»Ortsgespräch« wird in ganz Deutschland gelesen werden und zu einer romantischen Rückbesinnung auf Natur und Heimat führen. In Schlitz nicht.

+++ DER REPORTER PRIVAT ... +++

25. Das KaDeWe – Weihnachten
mit meinem Bruder

Ich mag meinen Bruder. Ich lief die Treppe hinunter, durch das schöne alte unsanierte DDR-Treppenhaus, und sah schon sein Auto. Ein schicker Ford Mondeo, dunkelblau, ein Kombi, mit Servolenkung, Baujahr 1993. Vorher hatte er ein rotes Modell gehabt, noch besser, keine acht Jahre alt, aber das war in Polen leider gestohlen worden. Er saß am Steuer und lächelte mich nett an. Mein Bruder. Gut sah er aus.

Die allerbeste Nachricht hatte ich erst eine Stunde vorher gekriegt: Er konnte wieder laufen! Ein halbes Jahr lang war er Invalide gewesen. Nach einem sogenannten Sportunfall beim Beachvolleyball hatte er sich falsch operieren lassen und konnte seitdem das Bein nicht mehr bewegen. Natürlich sollte man keinen ›Sport‹ betreiben, der für junge nackte Frauen erfunden worden war. Mein Bruder war schon über 40, näherte sich der magischen Zahl 50, die wir als Kinder immer als natürliches Lebensende angesehen hatten. Offenbar zu Recht, denn ich hatte Eckart, so heißt mein Bruder, als Invaliden schon abgeschrieben. Nun ging es wieder. Zweite Operation, Arztklage, neues Leben. Und wir konnten unseren traditionellen Weihnachtsmarsch durchs feindliche Kaufhausviertel antreten. Das machten wir jedes Jahr seit 40 Jahren. Wie die Katholiken durch die Sinn-Féin-Viertel in Nordirland. Völlig unerschrocken. Denn wir waren ja von Haus aus verschworene Antikonsumisten.

Wir fuhren erst mit dem Auto von der Kleinen Präsidentenstraße, wo ich wohnte, zur Rosenthaler Straße und parkten es vor dem ›Sisal‹, unserem Hausrestaurant. Jedes Jahr wurden im Sisal neue Serviererinnen angestellt, die alle eines gemeinsam hatten: sie waren vollkommen naiv. Sie wirkten so, als kämen sie direkt vom Mars und begegneten zum erstenmal Menschen. Aber sie waren total nett und gaben dem Raum eine Stimmung des Neubeginns, der Euphorie, der Mitmenschlichkeit. Gelebter Humanismus sozusagen. Das mochten mein Bruder und ich.

»Ich gehe immer noch ins Sisal, die Tradition habe ich weitergeführt«, sagte Eckart unschuldig.

»Ich auch«, sagte ich und seufzte.

Wir schwiegen diskret. Das Wetter war wie immer bei unseren Weihnachtsmärschen: dunkel, naß, trostlos, eben nordirisch. Wir gingen zum Hackeschen Markt, am weißen Chamisso-Denkmal vorbei, durch den Monbijoupark bis zur Spree, und dann an der Museumsinsel und dem unruhigen Fluß entlang bis zum Bahnhof Friedrichstraße. Es blies ein ordentlicher Wind, aber wir waren furchtlos. In der Gegend Friedrichstraße kamen uns schon die ersten Konsumisten entgegen, manche sahen uns frech ins Gesicht, aber wir ließen uns nicht provozieren.

Dann stiegen wir in die S-Bahn und fuhren zum Bahnhof Zoo. Dort war natürlich ›die Hölle los‹, aber keinesfalls so extrem wie in früheren Jahren. Der Konsum war zurückgegangen im ersten Weihnachten der Ära Merkel. Und noch etwas fiel uns sofort auf: diese faschistoide Dauerberieselung mit alten, leiernden, verfälschten oder weichgespülten Weihnachtsliedern hatte aufgehört. Die Kaufhäuser verkauften ihr Zeug jetzt ohne »Stille Nacht, heilige Nacht«. Das tat dem Ganzen wahnsinnig gut. Aber, wie gesagt, wir sahen nur wenige Kunden. Und das keine zehn Tage vor ›dem Fest‹!

Unser Ziel war natürlich das KaDeWe, angeblich das letzte Wahrzeichen der ehemaligen Frontstadt, des alten untergehenden Westens. Wir kamen an der Kaiser-Wilhelm-Gedächtniskirche vorbei, und ich machte ein Foto davon. Zu Hause konnte ich später zeigen, daß ich wirklich da war, also im spießigen Westberlin, das Leute wie ich ja nie betreten.

Wir waren recht durchgefroren, als wir in den Innenbereich des KaDeWe gesogen wurden. Jeder wußte, daß es dort zuging wie in der Sauna, wie eben in jedem Kaufhaus. Die Luft war verbraucht und künstlich aufgeheizt. Eigentlich war es gar keine Luft, sondern … ein stickstoffreiches Bakterienfeld. Aber sicher waren auch die Bakterien schon alle umgekommen. Mein armer Bruder! Eben noch Invalide, mußte sein gerade genesener Körper die nächste Belastungsprobe überstehen. Aber das gehörte zum Spiel. Das war Teil unserer alljährlichen ›Großen Mutprobe‹.

Wir waren alte Marxisten, das verband uns. Am Montag wollten wir mit Gretchen Dutschke und ihrem Sohn Marek eine antikapitalische, ehemals freilebende Weihnachtsgans essen. Aber vorher noch ›der Marsch‹, wie wir ihn nannten. Das mußte sein. Das machten wir schon als Kinder. Das quälte uns.

Schon unsere Eltern hielten nichts von Weihnachten. Sie stritten sich morgens, mittags und abends, das war schon schlimm genug. Aber an Weihnachten potenzierte sich alles noch. Unsere Mutter, die nicht kochen konnte, probierte es ausgerechnet an »Heilig Abend« immer wieder. Die ganze Familie kam fast dabei um. Also es kam wirklich zu Magenkrämpfen. Ich sage WIRKLICH. Für mich ist das kein Witz. Für meinen Bruder ist es etwas anders, weil er unsere Kindheit regelrecht verdrängt hat. Er weiß nicht mehr, daß wir schon 1968 in den Spielwarenabteilungen der Kaufhäuser standen und uns nichts kaufen konnten. Übeteuertes und kindungerechtes Spielzeug nannten sie es; das sollten wir lieber selber basteln. Sie schickten uns immer weg, am Weihnachtstag. Noch auf der Straße hörten wir sie schreien.

Nun standen wir wieder da, in der Stofftierabteilung des KaDeWe.

»Du willst hier etwas KAUFEN?« fragte Eckart ungläubig und erstaunt.

»Ja, ich muß zwei Geschenke hier besorgen.«

»Kannst du es denn auch BEZAHLEN?«

»Hör mal, ich bin doch nicht mehr neun Jahre alt!«

»Ach … ach so.«

Ich ging sehr bestimmt auf eine Verkäuferin zu und verlangte die Affen zu sehen. Sie bediente zwar gerade einer Kunden, ließ ihn aber stehen und führte mich zu einiger Stoffaffen, die mir durchaus gefielen. Nicht sehr, aber ich hätte wohl einen genommen. Er war von Steiff und hieß angeblich ›Jocko‹. Der Name stand auf einer Halskrause aus Papier. Ich wußte das schon. Also daß er Jocko hieß. Dieser Affe wurde von Steiff seit 1903 unverändert hergestellt und hieß erst Jimmy, seit 1944 dann Jocko. Die damals herrschenden Nationalsozialisten wollten keine amerikanisch klingenden Kosenamen für die Stofftiere ihrer arischen Kinder. Schon 1965 hätte ich gern Jocko gehabt. Ich hätte ihn ja Jimmy nennen können.

»Was kostet das Tier?«

»89,95 Euro.«

»Ich brauche zwei davon.«

»Gern.«

Mein Bruder stand daneben und hatte einen vor Freude roten Kopf bekommen. Ich sah aus den Augenwinkeln, daß ihm die Stoffaffen gefielen.

»Für wen sind die denn, die Tierchen?«

»Ach … Hast du etwas dagegen, wenn ich sie noch einpacken lasse? Es gibt hier einen Einpack-Service, sagt das Mädchen.«

»Na ja, eigentlich …«

»Komm, sieh es einfach als einen Teil des Shoppings. Das wollten wir doch machen, oder? Das ist doch ›der Marsch‹, nicht wahr?«

»Ja.«

Wir gingen in den dritten Stock, und von da zum ›Parkdeck

Eins‹, und von da zum Einpack-Service. Zwei wundervolle, engelhafte Einpackfräulein erwarteten uns. Sie strahlten, als seien sie direkt vom lüsternen ›Sisal‹-Chef abkommandiert worden. Als hätten sie vom Beginn des schleppenden Weihnachtsgeschäfts an nur auf mich gewartet. Die eine, die NOCH Hübschere, fragte:

»Mädchen und Junge? Wie alt sind sie denn?«

»Äh, fünf Jahre.«

»Oh!«

»Also, ein fünfjähriger Junge und ein siebenjähriger Junge.«

»Ja! Ich dachte schon … wenn sie beide fünf wären, wären es ja …«

»Hm … Zwillinge!« Gut, daß es mir noch einfiel.

Ich hatte ein Geschenkpapier gewählt, das ungewöhnlich geschmackvoll war, mit Teddys drauf wie von Immendorff gemalt, leuchtend bunt wie sein berühmtes Bild ›Café Deutschland‹. Und die engelhafte Angestellte sagte prompt:

»Ja, das ist das schönste Geschenkpapier, das wir haben, solange ich mich erinnern kann!«

Ich ließ die Stofftiere getrennt einpacken. Einmal dabei, holten sie noch besonders prächtige und passende Schleifen in Gold, Silber, Rot, Blau, Gelb und Weiß hervor. Mein Bruder bat mich derweil, ihm meinen Kassenbon zu überlassen. Damit wollte er zur Kasse gehen und sich angeblich »Punkte für eine KaDeWe-Kundenkarte gutschreiben« lassen.

»Übertreibst du es nicht ein wenig?«

»Entweder, oder. Das gehört alles zum ›Marsch‹!«

»Na schön.«

Um zu testen, ob es wirklich ›Sisal‹-Mädchen waren, wollte ich nach der Handynummer von der einen fragen, bis mir einfiel, daß das nicht zur Nummer paßte, die ich gerade abzog. Und sie gaben sich wirklich Mühe beim Einpacken, das mußte ich sagen. So machte ich lieber ein Foto von ihnen.

Der Bruder kam zurück, glücklich und rotbäckig über seine virtuellen Punkte im Kundenpaß. Unsere Eltern drehten sich im Grabe um, wenn sie das sähen ...

Wir bewegten uns wieder durchs KaDeWe. An die Nichtluft hatten wir uns fast gewöhnt. Trotzdem geriet ich durch die aufgebackene Atmosphäre in einen Zustand verschwitzter Ohnmacht, bis wir endlich das Kundenrestaurant im sechsten Stock erreichten, unseren Stammplatz. Von hier aus konnte man das ganze Einkaufsviertel sehen. Erschöpft fiel ich in einen häßlichen Holzstuhl, pellte mich aus meinen ärmlichen Sachen. Eckart holte ein Stück Kuchen und eine kleine Tasse Wasserkaffee für mich.

Kaum saßen wir etwas gemütlicher, als ein Proletenpärchen neben uns Platz nahm:

»Se jestatten doch wohl, wa.«

Da war nun schlecht kommunizieren. Eigentlich stand nun ›Das Gute Gespräch‹ an, das mein Bruder und ich traditionellerweise hier führten, als geistiger und geistlicher Höhepunkt des ›Marsches‹. Wir sprachen dann normalerweise über Berufliches, über sexuelle Entwicklungen, über Politik und Philosophie. Als Altlinke gehörte Privates und Öffentliches für uns zusammen. Doch nun dröhnten die Prolls unsere Ohren zu:

»Un da ha ick zu ihr jesacht, dat is dat ALLERLETZTE Weihnachtn, dat du hier bei mir ...«

Wir verdrehten pikiert unsere Augen. Diese unmöglichen Leute! Indiskutabel, also echt.

»Is doch jut, wennet ma jemandt zu dir sacht, wa, is doch bessa, wennde et endlich hörst, ha ick zu ihr jesacht ...«

Wir mußten hier wieder weg, es hatte keinen Sinn. Wir schwiegen noch betreten fünf Minuten, wobei wir merkten, daß unsere sexuellen und philosophischen Tagesordnungspunkte nicht für die Ohren der Lumpenproletarier bestimmt waren. Ich versuchte es matt:

»Schön, daß Schröderchen jetzt ordentlich Geld verdient, bei Gazprom. Er ... geht einfach in die Offensive, denke ich mir ...«

»Was?!«

»Na, die Depression, in die du als Politiker fällst, nach dem Job-Ende, ist normalerweise schlimmer als jeder Heroin-Entzug ... und dann will ich mir nicht die Doris vorstellen ...«

Das Gute Gespräch fiel dieses Jahr aus. Den Prolls war fast der Löffel in die Suppe gefallen. Es drohte der Ausbruch einer Gruppendiskussion!

Deshalb aßen wir finster und still den Kantinenkuchen auf und traten den geordneten Rückzug an. Erst durchs Haus, dann durchs feindliche Viertel, dann mit der ollen S-Bahn Richtung Osten, zurück zum Hackeschen Markt. Die Heizung war ausgefallen, und als ich einmal nicht hinsah, hatte mein Bruder mit seinem Finger »X-MAS SUCKS« in die beschlagene S-Bahn-Scheibe gemalt. Mit dem Auto wieder zur Kleinen Präsidentenstraße.

Ich stieg aus und gab Eckart eines der beiden Päckchen. Ich sagte, es sei für ihn, und das andere würde ich mir selbst schenken. Er umarmte mich und sagte, ich sei ein guter Mensch. Das hatte er noch nie zu mir gesagt. Ich erwiderte:

»Wenn du mal Kummer hast und mein Handy ist abgeschaltet, mußt du es dem Affen erzählen. Der erzählt es dann meinem Affen, und der dann mir. So bleiben wir kharmisch verbunden. Wie früher.«

»So so ... wie heißt er denn?«

»Mumin. Und meiner heißt Miko.«

»Deiner heißt Mumin?«

»Nein, DEINER.«

»Hm ...«

»MEINER heißt doch Miko.«

So hießen schon die beiden Äffchen, die wir als Kinder

hatten. Keine teuren Jockos. Die hatten wir uns selbst ge-
schnitzt, aus Schaumstoffschwämmen. Aber die Kindheit,
jetzt wurde es wieder deutlich, hatte Eckart ja verdrängt.

Vielleicht ganz gut so!

26. Die Reportage als »Gegendarstellung«: Eine Nacht mit Joachim Lottmann

Er war der nette Hamburger. Schon am Telefon. Die Reportage – das »Feature« – sollte eine Ausgehnacht mit mir beschreiben, Titel: »Eine Nacht mit Joachim Lottmann«. Wir trafen uns im Club Kurvenstar am Hackeschen Markt, wo ich ja auch wohnte.

»Sie wohnen doch im Kurvenstar-Haus, da müssen Sie nur die Treppe runterlaufen.«

Er hatte gut recherchiert, dieser Reporter. Nicht gut genug. Ich wohne inzwischen in Friedrichshain, für 99 Euro im Monat, und fahre gegebenenfalls mit dem Wartburg Tourist 353 Super nach Mitte. Ich erklärte es ihm und gab ihm den Tip, auf das Zweitaktgeräusch zu achten.

Wenn er das höre, sei ich da. So war es auch. Er hörte das Geknatter und reckte den Kopf nach draußen. Ich ging kurz mit rein, schlug dann aber vor, eine Runde zu cruisen. Es war erst 18 Uhr und noch nichts los im Club.

»Mit dem Wartburg?!«

»Ein fetter Schlitten, Mann. Die Bräute stehen drauf, du wirst sehen.«

In Wirklichkeit mußte ich einfach noch was erledigen, hatte zudem keine Lust auf ein Interview. Ich hasse Reporterfragen. Ich hasse mich, wenn ich darauf antworte. Ich erklärte es ihm:

»Du kannst mich was fragen, aber keine Reporterfragen. Okeeh? Auf Reporterfragen antworte ich nicht. Das hat nichts mit dir zu tun. So habe ich das schon gemacht, bevor ich dich kennenlernte.«

Ich kannte ihn erst seit zwei Minuten. Es wurde Zeit, daß ich ihm ein paar Fragen stellte. Er mußte noch zahlen.

»Wo bist du geboren?«

»In Rellingen bei Pinneberg.«

»Hast du Geschwister?«

»Einen jüngeren Bruder.«

»Was machen deine Eltern, während du dich hier herumtreibst?«

»Beides Kaufleute.«

»Auf welche Schule bist du gegangen?«

»Gymnasium Halstenbek.«

»Welche Musik hörst du?«

»Jazz. Ich spiele Klavier. Ich spiele Jazz auf dem Klavier. hab auch schon mal …«

Ich winkte ab. Die Rechnung kam, wir mußten los. Ich fotografierte ihn noch schnell im Lokal. Dazu preßte ich die Kamera gegen eine Wand im Kurvenstar und betätigte den Selbstauslöser. Die Belichtungszeit war zwei Sekunden, der Junge mußte starr in die Kamera gucken.

Es ging erst mal nach Friedrichshain, wo ich die Limousine in meiner Garage abstellte.

»Hast du schon eine Freundin?« fragte ich. Er wurde rot.

»Na, heute kriegst du eine.«

Die jungen Volontäre, die die Zeitungen heutzutage schickten, kannten den Geschlechtsverkehr ja nur noch vom Hörensagen.

Bei Thomas Lindemann war es womöglich anders. Er erzählte von einem Freund namens Lars, der noch Jungfrau sei und das leidenschaftlich. Er schüttelte den Kopf.

»Ich verdanke dem Roman ›Die Jugend von heute‹, daß ich Lars endlich verstehe. Er redet immer nur vom Kuscheln und Schmusen, wie in Ihrem Buch!«

»Danke. Ja, so sind sie heute alle.«

»Wirklich ALLE?«

Ich nickte. Die zweite Generation der alleinerzogenen Kinder. Vaterlos und vaterlandslos, ohne Identität und absolut bindungsunfähig. Ich hätte viel sagen können. Aber dann wäre es ein Reportergespräch geworden. Er pusselte bereits an seinem kleinen Digitalaufnahmegerät herum. Vielleicht siezte ich ihn lieber.

»Lindemann, Sie müssen Ihren Bericht wie ein Popautor schreiben, nicht wie ein Journalist.«

»Gute Idee.«

»Hauptsache: keine blöden Tonbandaufnahmen!«

»Und das Interview?«

»Wenn Sie sich Sätze nicht merken können, sind sie auch nichts wert gewesen.«

Zu Fuß gingen wir zur Straßenbahnhaltestelle und fuhren mit der Linie 20 bis zur Schönhauser Allee. Ich merkte, daß der Junge keine Augen für die Stadt hatte. Ich zeigte ihm die ganze Schönheit dieser anonymen, zeitlosen, großzügigen Metropole, aber er starrte nur auf mich.

»Da! Sehen Sie! Sechs sich kreuzende Tram-Linien! So sieht es auch in Buenos Aires aus!«

Er fragte nach Auflagen, Honoraren, Freunden und Feinden im Kulturbetrieb. Immer wollten die Reporter wissen, wie man zu Walser, Goetz oder Stuckrad-Barre stand.

»Kann ich nicht sagen, sind Reporterfragen.«

»Und zu Christian Kracht und seiner neuen Zeitschrift ›Der Freund‹?«

»Mach doch deinen Daten-Abgleich mit wem anderes. Schau lieber nach draußen, mach mal die Augen auf!«

Er wußte nicht, was ich meinte. Er war Journalist, er mußte Fragen stellen, in seinem Hirn hämmerte das ›Fakten, Fakten, Fakten!‹-Geschrei des Helmut Markwort. Bloß keine Eindrücke, bloß kein Leben! Er bettelte geradezu nach einer Stellungnahme zu Rainald Goetz. Ich solle mich zu dessen Angriffen gegen mich äußern. Ich beschleunigte meinen Schritt. Noch immer hundert Meter bis zum Club ›nbi‹. Zum Glück klingelte das Handy. Ich riß das pfundschwere 1995er Motorola ans Ohr. Der Verleger.

»Helge! Was läuft?«

»Ich sitze bei Wolf Biermann fest. Endskraß öde. Was machst du?«

»Ein Zeitungsmann von der Welt am Sonntag stellt mir Meinungsfragen.«

Der Typ zuckte zusammen. Ich merkte, wie er sich vornahm, seine Fragetechnik zu ändern. Mit Helge verabredete ich mich für später.

»Wir hätten mit dem Wartburg auch bis zum ›nbi‹ fahren können. Aber dort sind mein Neffe Elias und seine Homies, die haben einen fetten 7er BMW, mit dem cruisen wir nachher durch Mitte!«

So war es auch. Um es vorwegzunehmen: Wir alle, selbst der Verleger, heizten mit dem Münchner Nobelschlitten durch die Nacht, die lachenden Bräute auf dem Schoß. Generation Jungbrunnen. Für die Jugend von heute gab es kein Alter mehr. Keine Grenze. Keine Nation. Dabei war, wer dabei war …

Wir betraten den Club, ich begrüßte Wolfgang Herrndorf, den Altmeister der Popliteratur. Er war in diesem Sommer mit dem Klagenfurter Ingeborg-Bachmann-Preis für sein Lebenswerk geehrt worden. Wahnsinn, daß er nun mir seinen ›respect‹ zollte!

Ich brachte die Lesung hinter mich. Dank der guten Bühnenshow mit Ulrike Sterblich und Kerstin Grether wars äußerst kurzweilig und sofort vorbei, nach (subjektiv gefühlten) drei Minuten. Objektiv dauerte es bis 23 Uhr. Elias und seine Leute platzten mittendrin rein. Ich las gerade eine Stelle über sie. »Waren wir schon dran?« rief Jonas Richtung Bühne. Ich lachte. Sie waren doch immer dran. Das ganze Buch ging über sie.

Danach traf ich wieder auf meinen Reporter. Der hatte inzwischen gemerkt, daß 90 Prozent der Fragen, die er sich überlegt hatte, noch immer unbeantwortet waren, nach über fünf Stunden Recherche am lebenden Objekt! Aber bevor er loslegen konnte, hatte ich mein eigenes Blöckchen gezückt und fragte ihn weiter aus.

»Was haben Sie als erstes gelesen, welche Literatur, welche Titel waren prägend?«

»Jugenddetektivgeschichten ... Simmel ... äh ... na ja, ich habe auch viel Computer gespielt.«

Schluck. Er war trotzdem der nette Hamburger. Sehr gut erzogen, dabei keineswegs devot, sondern von natürlicher Güte beseelt. Absolut uneitel. Mit dem schütteren Barthaar und den ungeschnittenen Locken konnte er auch Einsiedler in einem der späten Hamsun-Romane sein. Ich stellte ihn einem der besonders scharfen Mädchen vor. Die sagte mir, er sei nett, aber langweilig. Eine Beurteilung, die mir unlogisch erschien. So hatte ich ihn weiter an der Backe. Erst die Kids erlösten mich, wie immer. In der radikal durchhomosexualisierten Jugend fand er sogleich seinen Platz. Die Homies mochten ihn total. Elias strahlte mich an:

»Jolo, dieser Thomas, dieser Journalist, ist ja VOLL NETT! Der schreibt garantiert gut über dich! Der kommt noch mit zur Universal-Party ...«

Und so kam es. Wir dampften durch die Hauptstadt, von Party zu Party. Der Typ trank immer noch Coca-Cola. Er hatte Angst, die Fakten, Fakten, Fakten für sein sogenanntes Feature wieder zu vergessen. Manchmal schaffte er es, neben mir zu stehen und den Sekretärinnen und Nutten auf dem Dancefloor (nicht) zuzusehen. Er bemerkte nicht, daß ich gerade für mein nächstes Buch »Elend im Kapitalismus« recherchierte. Gleich kamen wieder die Fragen.

»Warum hat Kiepenheuer & Witsch zehn Jahre lang Ihre Romane unterdrückt?«

»Reporterfrage, gestrichen!!«

»Ach ja, Entschuldigung ... schöne Frauen hier ...«

»Keineswegs.«

»Nanu – plötzlich kein Interesse mehr an fetten Bräuten?«

»Es gibt nichts, was mich weniger interessiert als fette Bräute. Ich bin seit 16 Jahren mit derselben Frau zusammen, und sie gefällt mir jeden Tag besser.«

»Jonas und Angelus stellen noch was auf hier, haben sie gesagt.«

»Ja, das ist das Gute an solchen Partys: Da sich ALLE Frauen langweilen, kann man sofort welche aufstellen, vor allem Jonas und Angelus, die ja schwarz sind.«

»Stimmt … Sagen Sie mal, warum sind Sie eigentlich das schwarze Schaf im Literaturbetrieb?«

Jede Assoziation trieb ihn wieder zurück zu seinen Was-ist-denn-nun-die-Wahrheit-Fragen. Ich kannte das natürlich schon. Deswegen hatte ich den jungen Mann ja mitgenommen. Älteren Leuten gab ich schon gar keine Interviews mehr, die kamen ihr Lebtag nicht mehr aus ihrer Entweder-oder-Haltung heraus. Letzte Woche war ein Opa von der Neuen Zürcher Zeitung da, dem hatte ich ins Ohr geschrien, es gebe hundert Wahrheiten gleichzeitig. Tags darauf lagen meinem Verlag schriftliche Anfragen über mich vor. All die buchhälterischen Infos über mich mußte dann der arme Helge Malchow zu Papier bringen: Auflage, familiärer Hintergrund, Sternzeichen, literarische Präferenzen, literaturpolitische Positionierung und so weiter. Später hatte der Mann dann diese Angaben gegen meine gestellt und die Differenz als große verdienstvolle Enthüllungsgeschichte verkauft, und zwar an mehrere Zeitungen auf einmal. Was für ein wunderbarer, großer Journalist er doch war! Er hatte seinen Beruf ganz und gar ausgefüllt! Sein vertrocknetes Spatzenhirn blähte sich vor Stolz …

Da war Thomas Lindemann schon anders. Ich machte noch ein paar Fotos von ihm und der Umgebung. Als es hell wurde, gingen wir die Spree entlang, zum Beispiel, und das war sehr schön. Die Homies sangen alte Chart-Hits vom letzten Sommer. Blind lief der Schreiberling neben ihnen her und sah nichts, aber ich mailte ihm die Fotos umgehend auf seinen Computer, so daß er sie als Erinnerungsstütze beim Schreiben verwenden konnte. So wurde sein ›Feature‹ auch gar nicht schlecht. Natürlich konnte es die Zeitung in dieser Form nicht drucken, aber ich bekam es als Datei und schickte es meinem Neffen und seinen Leuten. Die behandeln ihn als Freund, was für einen echten netten Hamburger stets mehr zählt als die öffentliche Meinung.

+++ ... UND JENSEITS DER GRENZE +++

27. »Ganz oben«: Der Mann, der in Karlsbad Graf Lottmann war

Ich werde angekleidet. Ich, heute Joachim Graf Lottmann. Daß die Schuhe so passen wie eine Haut, hätten wir nicht gedacht. Und auch der maßgeschneiderte Frack, das weite Frackhemd, die massiv goldenen Manschettenknöpfe, die Schärpe, die Fliege – gigantisch. Wie angegossen. Völlige Stille umgibt mich im Grand Hotel. Es gibt nur mich und die feinen Kleidungsstücke. Und zwei dienstbare Schneiderinnen, die ich aber kaum wahrnehme. Viele hundert Euro kostet das Leihen, jeden Tag. Allein der Zylinder 40 Euro für die wenigen Minuten, in denen man ihn aufhat. Es gibt ein Video von Madonna, das einen Stierkämpfer in den einsamen Momenten vor dem Auftritt zeigt. So fühle ich mich jetzt.

Keine großen Taschen. Das Handy muß der Diener hinterhertragen. Der ist zugleich SPIEGEL-Fotograf und heißt »Paul«. Daß er fotografiert, fällt nicht auf, denn von den 300 hochwohlgeborenen Gästen halten ungefähr 299 eine Digitalkamera in die Luft und blitzen. Man gewöhnt sich daran, so ist die Zeit. Außer Benedikt XVI. und Schirmherr S. k. und k. M. Otto II. von Habsburg – und eben mir – knipst jeder. Der Schirmherr, er wäre heute Kaiser, würde die Monarchie endlich wieder eingeführt, ließ sich vertreten, und Benedetto scheut Reisen.

Karlsbad war auch nie etwas für Päpste. Goethe, Schiller, Marx, vielleicht sogar Gysi haben hier gekurt, die Liste hat kein Ende. Es gibt praktisch keinen Namen aus den letzten 250 Jahren, den man hier nicht fände. Und für alle hat der Ort eine besondere Bedeutung gehabt. Goethe sagte, er könne nur in drei Städten wohnen, Weimar, Rom und Karlsbad. Er verliebte sich regelmäßig dabei in junge heiratsfähige Mädel niederen Adels, was ihm woanders nicht gelang.

Kleider machen Leute. Also echt jetzt. Von Anfang an fühlte ich mich edel, wichtig, huldvoll, gravitätisch, wie soll ich es zusammenfassen: groß. Drei Köpfe größer als ›Paul‹. Der hatte nämlich die Kleiderordnung nicht eingehalten. »I gäh hoit ois Fotograaf«, hatte er gewitzelt und sich in seinen üblichen, leicht welligen C-&-A-Nadelstreifenanzug gezwängt. Ein Fehler.

Noch nie war ich so verhaltenssicher. Der Handkuß kam mir wie von selbst über die Lippen und ebenso die Konversation und das selbstgefällige ›Wir‹. Kein Wunder bei 150 herausgeputzt schönen Damen, 60 Prozent davon »in keiner Weise partnerschaftlich gebunden« (Mitveranstalter Michael Kahlberg). So ganz nach Etikette klang das nicht. Aber anregend. Ich sage dem Mann, der die Medien betreut, er möge mich bittschön nur mit genau solchen Damen bekanntmachen: »Ich recherchiere auch ein wenig in eigener Sache, wissen Sie.«

Adlige stellt man sich SOUVERÄN vor. Beim Karlsbader Adelstreffen, und das ist der kleine Schönheitsfehler, mischen leider auch Bürgerliche mit. Man erkennt sie sofort. Nicht am übertriebenen Posieren, sondern an der Unsicherheit. Am durchgedrückten Kreuz, am nervösen Hin- und Hergucken, an den gewöhnlichen Gesichtern. Frauen sieht man nie in Hosen, das ist schon mal gut. Und es scheint – nur für Frauen – eine bestimmte Altersgrenze zu geben, und zwar sobald Großmütterliches, ja graues Haar aufzuscheinen beginnt. Das soll nicht sein. Die Illusion der Heirat inkl. Familiengründung darf nicht schon im Vorfeld optisch behindert werden. Denk ich mal.

Am ersten Abend fällt mir ein Flavio-Briatore-Typ auf, über 50, bestimmt bürgerlich, weil unsicher. Weißhaarig, braungebrannt, mit rotseidenem Halstuch und Angstaugen. Alleinstehend. Er ist der erste, der zum Ball kommt, und der erste, der mit der Frauenjagd beginnt. Ein verzweifelt

Suchender. Obwohl ich ihn dreist beobachte, sieht er mich nicht, weil er nur Frauen sieht.

Schnell füllt sich der große Saal im Hotel Imperial, ein Ding, das auf dem Berg thront wie Manderley auf dem Himalaya. Eine Geraldine Chaplin in jung fällt mir sofort auf, weil ihre Schönheit stärker strahlt als der Reaktor von Tschernobyl am Tag des Unfalls. Sie ist sehr selbstsicher, was man an einer ziemlichen Genervtheit erkennt. Kein Zweifel: Diese Kostüme sind einfach ein enormer Verstärkungsfaktor. Wer gut aussieht, wird nun gleich zur Prinzessin. Oder, in meinem Fall, zum Erbprinz von Burma. Flavio Briatore startet hier nicht in der Pole-Position.

Aber er kämpft sich heran. Nach einem Glas Champagner steht er schon etwas ungelenk, das heißt aufdringlich, halb stehend und halb sitzend, am Tisch zweier alleinstehender Damen – und bringt sie alle fünf Sekunden zum Lachen. Nicht schlecht. Sein Angstblick ist schon weg.

Ich halte den Daumen hoch und mache ihm ein ›respect!‹-Zeichen. Er sieht es nicht. Später setzt sich ein ›echter‹ Adliger dazu, mit goldenen Blazerknöpfen, roten Haaren und inzuchtbedingter Blässe, ein junger Mann noch, den seine Eltern wahrscheinlich hierhin abkommandiert haben wie früher ins Internat. Altersmäßig und vom Stand her paßt er besser zu den Damen. Aber Flavio gibt Gas. Die Damen sehen nur ihn. Er macht sie an diesem Abend glücklich. Der Windsor-Sprößling schmiert ab.

Limousinen fahren vor, aber nie ein Mercedes mit Fahrer, immer nur Opel Zafira, Skóda Tristessa und so weiter. Das liegt wohl am Land. In Tschechien fährt man nur häßliche Autos. Sie passen zu den häßlichen Menschen draußen, die grundsätzlich im Jogging-Anzug auf die Straße gehen. Schon im Fremdenführer wird man gewarnt, diese Proleten im Adidas-Outfit nicht zu unterschätzen. Die meisten seien Russen und so unermeßlich reich wie kriminell. Wenn das kein Gefahrenpotential für Graf Lottmann ist! Wenn mir die Hand ausrutscht ob des ungebührlichen Betragens eines Plebs, stecken gleich sieben Kugeln in der Lunge. Ich versuche aufzupassen und gehe in den Ballsaal zurück.

Und jetzt hab ich's: die Tanzschule! Diese seltsamen Institute, die es bis in die 90er Jahre des vergangenen Jahrhunderts gab, wo es ebenfalls diese elendig verunsicherten loserhaften Typen gab. Die Zeit war an ihnen vorbeigegangen. Jeder spürte unbewußt den schleichenden Untergang ihrer Kultur, ihrer Art. Die Musik, die Sexiness spielte woanders. Es war die Nachhut einer Gesellschaft; und wir wissen doch, daß der Spaß grundsätzlich immer ganz vorne im Zug ist, in der Avantgarde. Und sie schlichen übers Parkett und hatten Pickel. Sie sprachen sich hölzern und ahnungslos gegen Drogen aus und waren doch so unglücklich, weil arm im Geiste, daß viele von ihnen schon vor der Zeit starben. War es jetzt wieder so?

Zum Glück nicht ganz. Manchmal sicher. Aber dann kamen immer wieder diese Momente, in denen alles paßte. Wenn die Lichter ausgehen, nur die Kerzen brennen, Tausende von Lilien extrem betörenden Duft verströmen, und die Musik – also das echte Orchester – leise spielt, einen leichten Walzer vielleicht, und man von den Frauen nur die herrlichen Kleider und nicht die verkorksten Gesichter sieht, und alle schon milde und glücklich gestimmt sind von den raffinierten Getränken und dem teuren Essen, und einfach jedes Gespräch als liebenswürdig und keines mehr als grottenlangweilig empfunden wird, dann ist es die perfekte Illusion. Oder auch, ich wage es zu sagen, das Glück.

Doch anstatt dabei selig zu bleiben, weiterzuschweben auf der Wolke, wird der schöne Schein regelmäßig nach nur wenigen Minuten brutal gebrochen. Das Orchester verstummt – sind die alle so alt, daß sie nicht länger als zehn Minuten spielen können? –, und vom Band kommt ›Feel‹ von Robbie

Williams, und zwar in der weichgespülten Instrumentalfassung für Supermärkte amerikanischer Kleinstädte. Vorbei ist es mit Habsburg, der Schlagergeschmack von Friseusen, Putzfrauen und Aldi-Angestellten triumphiert. Und es gibt tatsächlich einen DJ, der dafür echtes Geld bekommt, daß er ›Let's get loud‹ oder ›It's raining men‹ auflegt, oder noch schlimmeres Zeug, etwa Mainstream-Soul aus den 70ern. Oder »Let's twist again« von Chubby Checker. Wobei man sagen muß, daß letzteres schon wieder eine Leistung ist. Also ICH wäre nicht darauf gekommen, daß ausgerechnet dieses Gekrächze in die morschen Knochen der Adligen einfahren würde wie ein Blitz, wie die Fanfare zum letzten Balz-Gefecht.

Man möchte dem DJ (junger Mann, Gel im Haar, Frack, Fliege) auf die Schulter tippen und sagen: »Mein Bester, Twist ist nicht mehr angesagt heute. ABBA haben sich getrennt. Soul ist auch nicht mehr das, was es noch vor 35 Jahren war. Wollen Exzellenz nicht einmal die Hitparade DIESES Jahrhunderts berücksichtigen, wenn es schon kein Walzer sein darf?«

Er würde kein Wort verstehen und einen dieser Robotersätze sagen, die an jeder Ecke fallen: »Schaun'S, wir sahn net fixiert aufs Klassische, wir spuin aa moderne Sochn, wie Beatles und Bill Haley. Koane Vorurteile – für uns zählt nur die Qualität!« Ein schmieriges Lächeln, eine Verbeugung, und weiter gehts mit ›Angie‹.

Da braucht man natürlich eiserne Nerven. Nur ein beherzter Angriff auf die Königin des Abends kann mich zerstreuen. Ich habe mit Hilfe des Presse-Attachés und der offiziellen Gästeliste ihren Namen, ihre Stellung und ihre Begleiter recherchiert. Also die junge Geraldine Chaplin heißt in Wirklichkeit Edle Loredana von Carnap-Quernheimp, und die beiden ritterlichen Figuren links und rechts von ihr sind ihre Eltern. Schwer auszumachen, wer Vater und wer Mutter ist.

Beide haben ein Profil wie der späte Mitterrand und leiten mindestens eine europäische Mittelmacht wie Frankreich. Ich stelle Loredana am Buffet, gehe ›erfreut‹ auf sie zu, den rechten Arm leicht erhoben. Auch sie zeigt sich erfreut, es kommt spontan zum Handkuß, und da mir nichts einfällt, sagt sie ganz natürlich:

»Wie schön Sie wiederzusehen. Vor zwei Jahren war das, nicht wahr?«

»Oh … ja ja, gewiß, gnädiges Fräulein … wir sahen uns flüchtig.«

»Ihr Name war …« Sie runzelt die schöne Stirn, was kurios aussieht, als würde Nofretete Falten bekommen können. Ich nehme Haltung an, neige den Oberkörper leicht vor.

»Graf Lottmann.«

»Ach!«

»Und gnädiges Fräulein ist wieder mit den lieben Eltern in Karlsbad, wie ich hörte?«

Schnell kommen wir ins Gespräch. Als sie über eine Bemerkung von mir lacht, bekommen meine Worte Flügel. Ich erkenne mich selbst nicht wieder. Was immer ich sage: es scheint durch einen unsichtbaren Transformator elegant, geistreich und ›amüsant‹ zu werden. Loredana wirft den Kopf nach hinten und lacht. Und auch ich finde alles, was sie äußert und wie sie es tut, hinreißend. Trotzdem schickt es sich nicht, diese erste Konversation in die Länge zu ziehen. Ich spüre das. Aber es ist so schön. Ich schaffe es nicht, mir diesen Ruck zu geben. Wir reden über NICHTS, aber es ist wie Engelsgeflüster.

In dem Moment schnauft der Fotograf mit seiner umfangreichen Fotoausrüstung heran, macht mir kumpelhaft irgendwelche Zeichen. Gleich wird er mich wieder ärgern und lautstark mit ›Na, Reporter Lottmann, schon fündig geworden, ha ha‹ ansprechen. Er ist so unsensibel. Und macht immer diese gestellten Grinsefotos. Dem muß ich zuvor-kommen, indem ich mich fürs erste von Loredana trenne: Ich verweise darauf, meine Tischdame nicht warten lassen zu wollen, nicke martialisch, mache kehrt.

Später falte ich den Kollegen zusammen. Er solle mir nicht die Recherche verderben. Und nicht wertlose, weil gestellte Fotos machen:

»Ich habe es Ihnen bereits gesagt. Die Leute dürfen nicht merken, daß sie fotografiert werden. Nehmen Sie einen Zoom. Einen 3000-ASA-Film, keinen Blitz. Wir brauchen poetische, atmosphärische Bilder.«

»Jo, nocha nähmen da Herr dö Kamera doch gleich sölbst indde Hond.«

»Genau das werde ich tun, Paul, verdammter Halunke.«

Er machte weiter seine Knipsfotos, baute sich direkt vor den Leuten auf und wartete, bis sie sich in Pose warfen. Und rief mir von weitem »Hallo, Herr Kollege!« zu. Seit 20 Jahren fotografierte er die gekrönten Häupter Europas.

Gegen Ende des ersten Abends hatte sich ›Flavio Briatore‹ zu Loredana vorgearbeitet. Er eroberte sie. Stundenlang standen sie zusammen und lachten. Und dann tanzten sie, und auch beim Tanzen redeten, flirteten, lachten sie und unterhielten sich im wahrsten Sinne des Wortes königlich. Ein Filou, dieser Typ. Knapp 30 Jahre älter als sie. Was wohl die Mitterrand-Eltern dazu sagten? Mit durchgedrücktem Kreuz stolzierten sie weg, wie Erpel.

Der zweite Tag begann auf der Rennbahn. Wieder neues Outfit, neue Hüte, hellgrau für die Herren, explodierend bunt für die Damen. Der PR-Mensch macht mich mit einer Dame bekannt, die ganz besonders ›auf der Suche‹ sei. Ich bedanke mich, ich hatte ihn ja darum gebeten. Die Frau entspricht genau dem Anforderungsprofil, das ich ihm beschrieben hatte: um die 40, schlank, kinderlieb, anlehnungsbedürftig. Und vor mir steht tatsächlich: Marisa Berenson aus ›Barry Lyndon‹, zwanzig Jahre nach ihrem tiefen Fall. Sie hatte sicher viel Pech gehabt im Leben, damals mit Mr Lyndon, alias Ryan O'Neil. Ich verstehe das. Ich reiche ihr meinen Arm, wir gehen zu den Pferden, und der verschmitzte PR-Mensch, ein lustiger Niederbayer ohne Titel, macht sich händereibend davon.

»Leben Sie in einer Beziehung?« fragt mich die Unglückliche als erstes. Darauf bin ich so unvorbereitet, daß ich mich in geheimnisvolles Schweigen flüchte. In mir rasen die Gedanken. Was sagt man da? Schweigend gehen wir durch den Torf. Die Gesellschaft sieht prächtiger denn je aus. Ich sehe ›Flavio‹, und er steht mit seinem ›Schwiegervater‹ eng zusammen, der euphorisch auf ihn einredet. Loredana sehe ich nicht. Flavio wirkt weniger euphorisch als der alte Herr; er steht gebückt vor dem, also vor Mitterrand, und der sitzt und redet unaufhörlich. Da muß in der Nacht etwas geschehen sein.

Nun überschlagen sich die Ereignisse. Ich komme richtig rein in den Laden, lerne in schneller Folge Dutzende von Blaublütlern gut kennen. Ein Wort gibt das andere, ein Freund winkt den nächsten heran. Mrs. Lyndon wird in den nächsten Ballnächten meine Begleitung, aber eine Handvoll weiterer Bewerberinnen ist im Rennen. Loredana ignorierte Flavio auf der Rennbahn, begrüßte ihren Vater, den neben ihm gebückt Verharrenden keinesfalls. Daraufhin schnappte ich mir den Mann. Ich wollte wissen, was passiert war.

Er gab mir seine Visitenkarte. Auf geschöpftem Büttenpapier stand da etwas von Professor, Direktor, Doktor, und noch irgendwas Wohlklingendes, auch der Name klang wie ausgedacht, ›Burgherrenschloß‹ oder so, aber er war bürgerlich. Scheiße, dachte ich. Er erriet meinen Gedanken sofort:

»Wilhelm Zwo hatte die Erhebungsurkunde schon auf dem Schreibtisch, als er abdankte.«

»Ja, dumm gelaufen.«

»Und selbst? Aus der baltischen Linie, Graf Lottmann?«

»Ja! Woran haben Sie das erkannt, mein Lieber?«

Er strahlte. Es tat ihm gut, daß ich ihn, den Bürger, ›mein Lieber‹ genannt hatte.

Ich sprach ihn nun in plumper Vertraulichkeit auf Loredana an. Ach, sie sei noch so jung, noch nicht einmal 30 wahrscheinlich, seufzte er ein bißchen verlogen. Sie ist 20, und genau das hat dir doch so gefallen, dachte ich gehässig. Wir blieben auf der verlogenen Ebene:

»Ist es nicht traurig, eine so anmutige Frauensperson kennenzulernen und dann womöglich doch alleine wieder zurückfahren zu müssen?« fragte ich mitfühlend. Ein kleines verdächtiges ›he he he‹ kam aus seinem schmächtigen Brustkorb, direkt über dem rotseidenen Halstuch, und dann trat er näher an mich heran und wurde wirklich ehrlich:

»Am ersten Abend lernt man sich kennen. Am zweiten flirtet man. Am dritten streitet und trennt man sich. Und am vierten gibts den Heiratsantrag.«

»Aber Sie haben sich doch schon jetzt gestritten?«

»Warten Sie's nur ab. Man exponiert sich nicht in Karlsbad. Vor allen Leuten. Man sammelt Visitenkarten. Jeder fährt mit fünf, sechs Visitenkarten nach Hause, und dann, nach einer Schamfrist, baut man die Beziehung in aller Ruhe auf.«

Ich hatte verstanden. Flavio hatte sich am ersten Abend ›exponiert‹, und deshalb mußte er jetzt kürzer treten. Er hatte vierzehn Kliniken in Süddeutschland und Osteuropa. Wenn er könnte, würde er wahrscheinlich wirklich gern mithelfen, das womöglich überschuldete Gut der von Carnap-Quernheimps zu retten. Aus Passion für schöne Dinge, für die Vergangenheit, für Werte an sich. Er war alt genug, um sich für so was zu engagieren. Das Leben lag ja im großen und ganzen schon hinter ihm.

Am zweiten Abend fand der Frühjahrsball statt, im legendären ›Grand Hotel Pupp‹, das seit 1701 Adlige von Welt aufnimmt. Ich hatte mich darauf verlegt, grundsätzlich jede Frau anzulächeln und möglichst schnell zur Sache zu kommen. War ich betrunken, konnte mir schon mal der Satz »Gnädigste, darf ich um Ihre Handynummer bitten?« rausrutschen. Oder, und das war wohl der Gipfel an Trunkenheit:

»Verehrteste, gnädigste Frau, ich beobachte Sie seit einer Viertelstunde. Ich möchte mit Ihnen leben!«

Kicher, kicher. Comme c'est amusant! Quel trefflich Witz … die Stimmung war eben danach. Sie schlug immer wieder in die eine oder in die andere Richtung. Mal strengste Intensität der Form, der Schönheit, der Gefühle, und dann doch wieder nur Mensa-Fete. Was das ist? Mensa-Feten gab es früher in der Uni, und sie waren der definitive Abgrund der menschlichen Möglichkeiten, und diese völlig unbefriedigten Studentinnen gingen da hin. Die dann wohl ganz am Ende mit dem Chilenen abzogen, so lange hab ichs nie ausgehalten. Heute MUSS ich aushalten, ich werde dafür bezahlt.

Und es ist ja auch viel schöner. In einem Seitenflügel singen fünfzig Herren plötzlich sudetendeutsche Lieder, erschreckend laut, überstimmen das Orchester. Der Kronprinz von Burma zieht mit Gefolge vorbei. Der späte Knut Hamsun alias Max von Kienling gibt eine imposante Erscheinung ab, so daß bei seinem Anblick Leute unwillkürlich »Ah« und »Oh« sagen, wie im Hörspiel. Er wirkt so sensationell, weil er inmitten der Frack-Gesellschaft im Räuberzivil gekommen ist, in einer alten Gartenjacke und einer rußgeschwärzten Streifenhose aus dem amerikanischen Sezessionskrieg. Er ist ein sogenanntes Original, und er ist von allerhöchstem Stand. Gäbe man ihm zwanzig Kartätschen und genügend Pferde, würde er noch in dieser Nacht die gottlosen Postkommunisten in Prag festsetzen lassen und die Macht den Habsburgern zurückgeben.

Doch dann lande ich wieder an einem Tisch, an dem ein Kassenarzt mit Goldrandbrille darüber doziert, daß unter den 68ern die guten Sitten abhanden gekommen seien. Und seine 14jährige Tochter sagt pflichtgemäß, es sei gut, daß sie hier »die Sitten lernen« könne, denn woanders gäbe es sie ja nicht mehr. »Welche Sitten?« frage ich, und sie sagt, na ja, daß man keine Jeans anzieht.

So was will man nicht wirklich länger als zehn Minuten ertragen, zumal die Mutter auch noch wie die ehemalige FDP-Generalsekretärin Pieper aussieht (was hier viele tun); also nächster Tisch, nächster Versuch.

Endlich einer, der dem Klischee des Reaktionärs entspricht. Die Tschechin sei »beste Frau von Welt«, mit der laufe immer was, und das liege an den ›Heloten‹-Männern der Tschechen. Mit denen sei nichts los. Karlsbad gehöre jetzt dem Russen, und das sei perfide, denn die hätten bei Kriegsende 260 000 Deutsche totgeschlagen. Der Weltkrieg sei ein Kampf der Kulturen gewesen, Abendland gegen Asien, und die Proleten hätten gewonnen. Und so weiter. Schließlich stürze ich mich geradezu auf Loredana.

Die Wahrheit dieses Adelstreffens ist, daß wir dasselbe tun wie die 298 anderen auch: Wir erzählen uns unsere Leben (vulgo: wir lernen uns kennen). Alle reden, und alle reden über sich. Zwar gibt es auch die Form des gepflegten Tischgesprächs, wo dann tatsächlich über die EU-Erweiterung oder die Pisa-Studie oder die Wirtschaft der Tiger-Staaten konversiert wird. Aber das ist die Ausnahme.

Und so erzählt mir die Königin der Nacht alles über ihr ungeliebtes Studium, ihre beruflichen Träume als Kind, die drei großen Lieben, die sie gehabt habe, die unmenschlichen Eingriffe des Mitterrand-Vaters in ihr Leben in der Teenagerphase, die Bücher, die Vorlieben, die Zukunftsvorstellungen.

Im Vergleich dazu berichtet die angediente 40jährige Heiratswillige von ihrem mittelständischen Betrieb (Großgärtnerei), ihrer Scheidung, ihren drei Kindern, ihren Erziehungsprinzipien, ihrem Mann, einem Bankrotteur (leider). Eigentlich habe ich keine Lust, erst die ganzen Visitenkarten einzusammeln. Es soll schneller gehen. Madame hat ein Zimmer im ›Pupp‹, ganz prachtvoll und herrlich, aber mit einer Freundin zusammen. Vom Ballsaal zum Zimmer sind es nur ein paar Schritte, und wir köpfen bei offenem Fenster und lauer Frühlingsnacht eine Flasche Champagner. Mitternacht ist gerade gekommen, in der Nacht zum 1. Mai, und ich habe für diesen Moment extra ein paar Zeilen auswendig gelernt, die ich nun mit samtener Stimme murmele:

»Im wunderschönen Monat Mai,
Als alle Knospen sprangen,
Da ist in meinem Herzen,
Die Liebe aufgegangen.«

Wir kommen nicht weit, weil die Freundin ebenfalls mit einem Galan in den Rokoko-Raum poltert. Wir waren noch beim ersten Glas. Ich hätte es auch zu viert ausgehalten, aber die Leute waren pikiert oder so. Eben enttäuscht, daß sie nicht allein waren. Also ging ich wieder, zumal mir die Biographie Loredanas ungefähr dreißigmal besser gefallen hatte als die der bankrotten Blumenfrau. So ist das eben. Man vergleicht. Jeder zeigt seine Waren in Karlsbad, und jeder kann kaufen oder weitergehen. Alles ganz menschlich. We're livin' in a free world, yeah! Gegen die Börse sagt ja auch keiner ein Wort, und zwar zu Recht.

Dann lerne ich Katharina Wosch kennen. Sie behauptet, nur zum Spaß da zu sein. Ihre Schwester habe hier jemanden gefunden und geheiratet. Aber sie, Katharina, denke nicht daran. Ihr gehe es um, ja, wie gesagt, um ›Spaß‹.

»Welchen ›Spaß‹ denn?«

Na, Spaß eben. Sie ist geschätzte 39,9 Jahre alt und alleinstehend. Sie steht einsam am Geländer, guckt nichtssagend ins Nichts. Ich glaube ihr kein Wort.

»Nehmen Sie das hier nicht auf die leichte Schulter«, sage ich warnend und gehe weiter. Das Fest hat Millionen gekostet. Da kann man nicht so ignorant sein.

Der dritte Abend ist ein Kostümball. Ich gehe als ›Danton‹. Leider sehe ich eher wie der selige Franz Josef Strauß unmittelbar vor seinem Jagdunfall aus. Das Kostüm und die weiße bauschige Perücke machen mich feist, böse und undemokratisch. Und immer noch ist der Fotograf in der Nähe, der mich mit ›Herr Kollege‹ anredet und alle Camouflage sinnlos macht. Er knipst weiter ungerührt seine grellen, farbverzerrenden Blitzbilder aus nächster Nähe:

»Ja! Baby, zeig's mir! Ja! Sehr gut! Lächeln! Cheeese!«

Ich nehme ihn beiseite:

»Paul, kommen Sie mal. Sehen Sie die Leute da, die sich gerade gegenseitig mit ihren IXUS-40-Kameras ablichten? Das sind genau die Fotos, die der Spiegel NICHT drucken wird.«

»Hörn'S, Herr Graf! I hob letzte Woche die Königin Sylvia von Schweden fotographiert. Wollen Sie mir allen Eanstes sogn, wie i orbeiten muaß?!«

Ich kapitulierte.

»Aber, bittschön, Paul, sagen'S wenigstens net immer ›Herr Kollege‹ zu mir. Vor allem, wenn i mit dem gnädigen Fräulein beisammensteh, der Loredana, Sie wissen schon …«

Loredana ging als ›Mozarts Muse‹ und sah bezaubernd aus. Sie gestand mir nun, daß sie Goethe im Original gelesen habe und sogar selber eine Ader zum Schreiben habe. Ja, ein ganzes Buch habe sie verfaßt, und sogar veröffentlicht. Einen Roman.

»Wo ist das Werk denn erschienen?« fragte ich höflich. Sie nannte den größten deutschen Verlag.

»Wissen Ihre lieben Eltern schon davon?«

O ja, natürlich. Der alte Freiherr hatte getobt, aber sie

hatte ihm versprochen, daß es nur ein Steckenpferd sei und bleibe. Ich interessierte mich für das Buch, dessen Titel ich schon einmal gehört hatte, oder so ähnlich. Hatte Françoise Sagan nicht solche Romane geschrieben, ›Traurig im Regen‹? ›Leichtes Herz im Juni‹? ›Gripsholm, melancholisch‹? Loredana sagte, im ›Pupp‹ gebe es neben dem Billardroom einen Internet-Anschluß, und da könnten wir ihren Bestseller abrufen, der auszugsweise auf ihrer Website stehe. Ich wollte zustimmen, aber Paul kam dazwischen. Er haßte mich.

»Aber Hallo, der Herr Kollege!«

Ich erklärte Loredana die Situation: Dies sei mein Diener Paul, der sich nebenher noch ein Taschengeld dazuverdiene, indem er anspruchslose Fotos für ein Hamburger Nachrichtenmagazin herstelle. Ich scheuchte ihn weg. Aber wir blieben im ›Kaiserbad‹, in dem ohne Vorwarnung deutsche Kunstlieder von Schubert, Schumann und auch Mozart zum besten gegeben wurden.

Der Raum war ideal dafür. Wunderbar unrenoviert, aus den tiefsten Tiefen des vorvorigen Jahrhunderts, dunkelbraun gebeiztes Holz, der schiere Wilhelminismus ohne jeden Neuanstrich seit 1875. Die Adligen standen alle da und taten andächtig. Wahrscheinlich war es immer schon so gewesen. Auch vor 100 Jahren haben diese ekligen deutschen Kunstlieder niemandem gefallen, diese falschen Opernstimmen, bei denen man kein Wort versteht, und alle haben ›andächtig‹ dagestanden und so getan, als wäre es was. Und haben ›Kultur‹ dazu gesagt, als Entschuldigung.

Die vielen weißen Perücken stehen vor allem den jungen Frauen gut. Später wird ein Singspiel von Mozart aufgeführt, und dabei passiert etwas Wahnsinniges, bei dem das ganze Adelstreffen implodiert:

Draußen im Garten startet plötzlich ein ohrenbetäubendes Feuerwerk. Jemand hat wohl die Zeit verwechselt. Das Mozart-Singspiel wird aber fortgesetzt. So hat man Zauberflöte und Feuerwerk gleichzeitig, quasi im selben Raum, und die Folge ist, daß die Adligen, einem fehlgeleiteten Pawlowschen Reflex folgend, alle gleichzeitig auf ihre Digitalkameras drücken und knipsen, knipsen, ohne Ende knipsen.

Auch Paul rennt wie Lumpi im Kreis herum und knipst und knipst, während es kracht, als würden die Bomben einschlagen, und es jodelt, als wäre der Klassik-Kanal zu Stuhle gekommen und verrückt geworden.

Wo bin ich? Was ist die Situation? Bin ich gaga, oder sinds die anderen? Ich renne nach draußen, nehme das nächste Taxi. Aber was ist das auch für ein Land, in dem in allen Taxis Tag und Nacht ›We are the Champions‹ von Queen gespielt wird? Was kann man da anderes verlangen?

Am vierten Tag habe ich keinen Heiratsantrag gemacht. Ich habe mich vorzeitig von Paul zum Flughafen fahren lassen. Er wollte meine Visitenkarten sehen. Ich zeigte sie ihm. Neun Stück.

»Reschpeckt, Herr Graf!«

»Und selbst, Paul?«

Er haut mir ein ganzes Kartenpaket in die Hand, wie einen Satz kleiner Spielkarten.

»Aber Paul, da werden Sie ja bald zu uns gehören!«

»Da sehn'S amal, wos Sie von einem kleinen Photographen noch lernen können.«

Ich ließ ihn in dem Glauben. Loredanas E-Mail-Adresse bekam er nicht zu sehen. Die hatte ich mir so gemerkt.

28. Die glücklichen Kinder der Revolution

Die beiden großen Gedanken unserer jetzigen Zivilisation sind – läßt man einmal die »Der Baum stirbt«- und »Das Klima kommt«-Debatten als zeitlose Folklore durchgehen – der wirtschaftliche Aufstieg Chinas und der wirtschaftliche Aufstieg der Frauen. Das sind die beiden Angstmacher. Hier hört der Text auf, und das wahre Interesse beginnt. Ob der Baum stirbt oder nicht: Jeder weiß, daß das wurscht ist. Ob die Sonne bald auch in Hamburg scheint oder es dort weiter regnet: egal. Das tangiert nichts und niemanden, nicht den Job, nicht die Liebe. Aber die fleißigen Asiaten. Wir hören es seit 50 Jahren. Ludwig Erhard gab den Takt vor: »Ich sage nur ›China, China, China‹!« Und: »Die Frauen kommen« (*stern*, 1964). Auch das ein Dauerbrenner. Ihnen gehört die Zukunft, sie werden bald alles übernehmen: die starken Frauen, die starken Chinesen. Der Spiegel titelt immer hübsch abwechselnd im 4-Wochen-Takt: »Die neuen Frauen kommen« und »Die Chinesen kommen«.

Wie aber lebt es sich in einem Land, das diese beiden Gedanken gar nicht kennt, nämlich Kuba? Wie ticken Leute, die mehr als nur diese beiden Gedanken im Kopf haben? Deren Weltbild seit 40 Jahren OHNE diesen Schmarrn auskommt, ohne das immer gleiche Bild von der Skyline Schanghais in den Zeitungen, ohne Frauen in Talkshows, die sieben Kinder haben, drei Doktorentitel und einen Ministerposten? Anders gefragt: Gibt es ein Leben jenseits der Leistungsangst? Eine Philosophie, die noch andere Wünsche kennt als »Ich will nicht versagen«? Kuba ist das vielleicht einzige Land, das darauf eine Antwort gibt.

Würde man den Kubanern das unfaßbar armselige Sklavendasein der Chinesen zeigen – es besteht nur aus Maloche und Glotze, als hätten Ton Steine Scherben nie die passenden

Songs darüber geschrieben über ihre »Alten«, die sinnlos vegetierenden Säcke –, so würden sie nicht verstehen, was da bedrohlich sein soll. Und diese entsetzlich unmenschlichen Städte – gemeint ist wieder die »beeindruckende« Skyline Schanghais – würden sie nicht reizen. Ebenso nicht der Workaholismus jedweden Geschlechts. »Frauen jetzt noch kränker als Männer!« würde ihnen kein Hurra entlocken. Was gäbe es, was man ihnen wegnehmen könnte? Ihr Bruttosozialprodukt ist nach westlichen Maßstäben so niedrig, daß man es gar nicht mehr messen kann. Trotzdem hat jeder Arbeit. Und Essen. Die Leute sind wohlgenährt, die Kinder rundlich, alle sind gesund und haben gute Zähne, keiner bettelt, nirgendwo liegt irgendeine ehemals menschliche Kreatur auf der Straße, wie in Berlin überall. Es kommt auch nicht bei JEDER U-Bahn-Fahrt ein Geistesgestörter auf einen zu und will einem die Armenzeitung verkaufen.

Wer jetzt denkt, haha, die haben ja gar keine U-Bahn, der irrt. Die Kubaner haben alles. Allein 5.000 Bahnkilometer Fernbahn, was für eine Fläche von der Größe der ehemaligen DDR gewaltig ist. Sie haben Busse, Fluglinien, kostenlose medizinische Betreuung und all die Dinge, die aufzuzählen den Leser langweilen würden. Stichwort Propaganda. Auch die »DDR« brüstete sich immer mit diesen sozialen Errungenschaften und war doch ein Scheißsystem. Weswegen unsereins ja auch immer noch denkt, in Kuba gehe es bestimmt ähnlich zu.

Dabei vergißt man: In der »DDR« gab es keine Revolution, sondern eine feindliche Besatzung. In Kuba dagegen siegte eine völlig eigenständige Volksbewegung, die dafür fast 100 Jahre lang gekämpft hatte. Castro war nur der Endpunkt dieser Bewegung, der Tropfen, der das Faß zum Überlaufen brachte. Schon 1871 hatten die Herrschenden 200 000 Revolutionäre einfach abgeknallt. Und die Amerikaner machten aus Kuba anschließend ein einziges riesiges Bordell. Wer die kubanischen Männer nur ein bißchen kennt, ahnt, daß es ihnen nicht gefallen haben konnte, wie ihre Frauen und Töchter von besoffenen Gringos gefickt wurden. Haha, sagt jetzt wieder der schlaue Westler, die Frauen dort treiben es doch heute schon wieder mit den Weißen, den Europäern, den Dollar-Touristen. Dieses Bild muß präzisiert werden. Man hörte Mitte und Ende der 90er Jahre von diesem Phänomen. Das war auch die Zeit, als Kuba vom Zusammenbruch des Sozialismus mit erfaßt wurde. Als Castro die Dinge wieder in den Griff bekam, was alle überraschte, wurde auch die Prostitution wieder ausgemerzt. Castros erste Amtshandlung nach dem Sieg 1959 war bekanntlich die sofortige Abschaffung der Prostitution gewesen, sehr zur Freude von Alice Schwarzer, nehme ich an. Das wiederholte er nun. Was aber nicht heißt, daß es auch diesmal funktionierte.

Natürlich werden Leute, die wie Touristen aussehen, von allen möglichen Leuten angesprochen, und es wird ihnen so gut wie jede Dienstleistung, jeder Spaß, jede verrückte Idee angeboten. Die Kubaner langweilen sich manchmal ein bißchen und sind froh über jedes neue Gesicht, mit dem sie reden, das sie ein bißchen nerven können. Aber niemals würde ein Mann so penetrant angemacht wie in der Oranienstraße in Berlin oder wie auf der Reeperbahn in Hamburg. Wer mit einer Kubanerin etwas anfängt, hat es mit 99prozentiger Wahrscheinlichkeit nicht mit einer Nutte zu tun, sondern einem Menschen, der neugierig ist, viel Zeit hat und nie ins Ausland kann. Und sich über ein kleines Geschenk freut. Und noch mal für Alice Schwarzer, die ich verehre: Frauen kommen noch eher in den Genuß dieses Vergnügens als Männer. Ein Klischee diesmal, das stimmt. Wenn sie es wollen. Meine blonde Freundin, die in Berlin nicht von der Torstraße bis zum Bäcker kommt, ohne sexuell belästigt zu werden, kann hier ihres Weges gehen. In Würde.

Die zweite ideologische Keule ist natürlich die Sache mit

dem Polizeistaat. Überall laufen Uniformen herum, es ist wie unter Wilhelm II. in Deutschland. Ständig wird man Zeuge, wie Leute festgenommen werden. In den berüchtigten Folterkellern rattendurchseuchter Gefängniskatakomben schmachten angeblich die Regimegegner: aufrechte Homosexuelle, die ihr demokratisches Menschenrecht auf gleichgeschlechtlichen Sex ausüben wollten. Nach meinen Erfahrungen wird die Suppe weniger heiß gegessen, als sie gekocht wird. Einmal wurde ich Zeuge, wie ein junger Mann, als Transvestit verkleidet, mit einem Polizisten in Streit geriet. Die sogenannte Schwuchtel – ich würde sie nicht so nennen – hatte überhaupt keine Angst vor einer Verhaftung. Sie schrie sogar: »Dann verhafte mich doch, du Arsch!« Der Polizist verwarnte die Figur zweimal streng, und ich mußte an eine Fußballübertragung denken. Schließlich die rote Karte: Er holte die Handschellen hervor und verhaftete die Transe oder den Homosexuellen oder was das war. Dann ging der Polizist weg, und der Homo stand mit den Handschellen auf der Straße und quakte herum. Der Polizist war einfach ein Bier trinken gegangen. Zwei Stunden später sah ich den Verhafteten wieder gelöst im Nachtleben, ohne Handschellen. Solche Erlebnisse hatte ich durchgehend, und ich halte die rattigen Folterkeller für eine dieser Infos, die sich Bush und Condi Rice am Handy ausdenken. Vielleicht klingt es auch alles schlimmer, wenn man die Sprache nicht versteht. Aber meine Freundin kann Spanisch perfekt, stellte sich genau daneben und wußte, daß es um Banalitäten ging, Menschlich-Allzumenschliches. Er sei gar nicht schwul, sondern Balletttänzer, daher die Strumpfhose, und er probe halt ein bißchen, auf der Straße, vor den Kindern, warum denn nicht, und so weiter. Keine Spur von diesem hochgefährlichen Paragraphensprech, wie bayerische Feldjäger ihn anwenden, bevor sie in putativer Notwehr den vermeintlichen Kriminellen kaltmachen (»bestand der Anfangstatverdacht eines Führens von Kfz ohne Papiere«). Auch sieht man niemals brutale Hubschrauber mit Suchscheinwerfern armselige Schwarzenhütten terrorisieren und hört nicht dauernd Sirenen heulen wie in den USA. In dreieinhalb Wochen habe ich keine einzige Polizeisirene gehört.

Will sagen: Kuba ist ein glückliches Land. Wahrscheinlich gibt es keinen größeren Unterschied als den zwischen einem sozialistischen und einem kapitalistischen Dritte-Welt-Land Wobei es auch wirklich sozialistisch sein muß und sich nicht nur so nennen darf. Wirklicher Sozialismus ist konsequent umgesetzter Marxismus. Vergleicht man Kuba mit seinen kapitalistischen Brüdern, z. B. Haiti, oder noch krasser: mit kapitalistischen Dritte-Welt-Staaten in Afrika, wird der Unterschied schnell augenfällig. Nämlich wenige Meter außerhalb der Security Zone des Fünfsternehotels. Spätestens da ist es vorbei mit dem Glück, und man muß aufpassen, daß einem nicht der Kopf abgeschlagen wird.

Kuba dagegen ist absolut »safe«. Man braucht keinen Schutz, keine Laterne, kein Reizgas. In Sichtweite steht überall ein Schutzmann, die ganze Nacht hindurch. Er ersetzt sozusagen die Straßenbeleuchtung, die ja in Kuba so gut wie nicht besteht, wegen Energieknappheit.

Unangenehm ist einzig die Aufdringlichkeit der Kubaner. Aber die läßt vollkommen nach, sobald man die touristischen Viertel überwunden hat und meidet, oder aber auch, wenn man sich nicht mehr als Tourist FÜHLT. Wenn man die Körpersprache der Eingeborenen angenommen hat. Dann wird man auch noch oft angesprochen, aber nur, wenn man es auch will, und auch auf andere Art. Die Leute wollen einem dann nichts mehr verkaufen, sondern ihren neuen Club zeigen, eine Disco, in der die neuesten Hits von Harry Belafonte gespielt werden. Popmusik kennt man in diesem Land nicht und würde sie auch nicht verstehen. Fidel Castro hatte sich bereits gewundert, warum die Beatles lange Haare trugen;

war das nicht den Mädchen vorbehalten? Seitdem bleibt man lieber bei Harry Belafonte. Und das ist gut so.

Kommen wir zu »Fidel«. Niemand im Land spricht von Castro, alle nennen nur seinen Vornamen. Es gibt Leute, die sich gegen den Sozialismus, aber für den Fidelismus ausspre-chen. Wenn Fidel tot ist, so das verbreitete Urteil, ist über Nacht alles vorbei. Wie damals in der »DDR«. Dann kommen die japanischen Autos, die Wirtschaft bricht zusammen, die Millionen Straßenkreuzer aus den 30er bis 50er Jahren, die die Hauptbeförderungsmittel für kinderreiche Familien sind, werden binnen Stunden verschrottet, in der Karibik versenkt, johlend und tanzend gegen scheinbar wertvollere Corollas I und Golf II eingetauscht. Durchs Land ziehen Halunken, die Versicherungspolicen verkaufen. All diese Schreckensbilder. Castro ist tot, und Kuba ist Albanien. Und ist Castro nicht schon so gut wie tot? Seit einem Jahr schon? Hat man es dem Volk nur noch nicht gesagt?

Mein Eindruck ist: Fidel Castro Ruz lebt. Er hat den Gift-anschlag der CIA vom letzten Sommer ebenso überlebt wie Juschtschenko den des KGB in der Ukraine. Es gibt heute offenbar wirksamere Methoden des Giftanschlags als zu Edgar Hoovers Zeiten, wie die gelungenen Anschläge auf Putin-Gegner zeigen. Aber es gibt für die Mächtigen auch eine bessere medizinische Hilfe als früher. Wäre Castro ein einfacher Journalist gewesen wie Liwinko, wäre er gestorben. Aber er hatte die besten Spezialisten der Welt an seiner Seite. Schließlich rechnete man seit langem mit diesem Versuch. Es war nicht der erste, sondern, so Castro in einer Erklärung am Dienstag, einer von knapp 100 Mordversuchen seit 1960. Die CIA hat diese Aussage teilweise bestätigt.

Nur: Castros Tod wäre gar nicht das Ende. Diese fixe Idee der amerikanischen Präsidenten ist wahrscheinlich falsch. Den Kubanern geht es nämlich gut. Die Frauen wollen auch nicht – Überraschung! – weggeheiratet werden. Allen, denen ich das angeboten habe, haben sich geziert und ziemlich genau Folgendes gesagt: Heiraten ja, Liebe ja, reich werden ja, aber aus Kuba wegziehen: niemals!

Jedes Dorf hat seine kleine Schule, seinen HO-Laden, seinen Arzt, sein kleines Restaurant mit Getränkeausschank, seinen Dorfplatz. Die Kinder gehen ALLE neun Jahre zur Schule und tragen dabei hübsche Schuluniformen, die so aussehen, als habe Coco Chanel die Tracht der Thälmann-Pioniere noch mal überarbeitet. Alle Menschen können lesen und tun das auch. Nicht das Fernsehen mit dem Staatssender ist das Leitmedium dieses Volkes, sondern das Buch und die Zeitung. Das Fernsehen zeigt täglich mindestens eine Sendung über Che Guevara, der überdeutlich als Jesusfigur aufgebaut wurde. Es ist, als gäbe es von Christus kleine, unscharfe Schwarzweißfilme. Und so, wie die Taten des Mannes aus Bethlehem an zwei Händen abzuzählen sind, gibt es auch über Che nur immer dasselbe zu berichten. Eine Ikonographie der wenigen überlieferten Heldentaten in Sachen Revolution. Wem diese tägliche Messe nicht reicht, greift zum guten Buch. In meinem ersten Hotel lag im Nachttischkästchen ein schwarzer Schmöker. Nicht die Bibel, sondern Goethes »Dichtung und Wahrheit« auf spanisch.

Das Auffälligste an Kuba ist das völlige Fehlen von Werbung. Wer das erlebt hat, will nie wieder zurück in den Medienfaschismus westlicher Prägung, der ja von der Werbung gesteuert wird. Und mit der Werbung fehlt natürlich auch die Pornographie. Wenn man nicht pausenlos mit pornographischen Reizen bombardiert wird, beginnt man die Mitbürger wieder als Menschen zu sehen. Nicht mehr das geile Tier hüpft einem entgegen, sondern die nette Kassiererin vom HO-Laden. Sex ist nicht mehr von der Liebe abgespalten, mit dem Ergebnis, daß beides wieder möglich wird. Freilich muß man gut Spanisch können. Denn wo die entfremdete West-Pussy künstlich stöhnt, plaudert die Kubanerin lieber. Man hat ja alle Zeit der Welt, davor, danach, immer.

Um im Bild zu bleiben: Die Kinder rollen sich abends wohlgenährt ins Bett, die Eltern liegen händchenhaltend im Liegestuhl auf der knirschenden Holzveranda. Es ist offiziell gerade Regenzeit, was nur bedeutet, daß man den täglichen Besuch im Schwimmbad schon zu Hause absolvieren kann. Denn es schüttet kurz, sintflutartig und angenehmst warm. Danach scheint wieder die Sonne. Mittags steht sie exakt im 90-Grad-Winkel zur Erde, denn der nördliche Wendekreis geht durch Kuba, und auf dem bewegt sich die Sonne gerade. Fidel geht es jeden Tag besser, und Bush jeden Tag schlechter. Papa liest Granma, Bild-Zeitung des Kommunismus, und vielleicht sieht er irgendwann einmal ein unscharfes Bild der Skyline von Schanghai. Nicht der Skyline von Detroit, São Paulo, Madrid, Sydney, Kairo oder der anderen 100-Millionenstädte des Westens, nein, es müssen immer die paar Häuser des Agrarstaates China sein. Dann fragt ihn der Gast aus Berlin, ob er denn keine Angst habe, daß die Chinesen kämen. Also wirtschaftlich. Die seien doch so auf dem Vormarsch. Da müsse man sich doch nur einmal die Skyline von Schanghai anschauen. Und im neuen Spiegel stehe es auch, den habe er, der informierte Gast aus Deutschland, extra mitgebracht. Und außerdem, davon einmal ganz abgesehen: Was halte er, José Louis, denn von dem Vormarsch der Frauen? Die seien STARK im Kommen, nicht wahr? Das seien Realitäten der Zukunft, an denen die armen Männer nicht vorbeikämen, was?

Die Kubaner machen weiter ihre Witze, bleiben prächtig gelaunte Gastgeber. Der Rum ist umsonst, die Liebe danach auch.